DES
REICHTUMS
FETTE BEUTE

Gustav A. Horn, geboren 1954, ist einer der bekanntesten deutschen Ökonomen. Er leitet das Institut für Makroökonomie und Konjunkturforschung (IMK) in der Hans-Böckler-Stiftung. Mit zahlreichen Medienauftritten hat er sich als eine der markantesten Stimmen gegen die vorherrschende marktliberale Ökonomie etabliert.

Gustav A. Horn

DES REICHTUMS FETTE BEUTE

Wie die Ungleichheit unser Land ruiniert

Campus Verlag
Frankfurt/New York

ISBN 978-3-593-39347-6

Copyright © 2011 Campus Verlag GmbH, Frankfurt am Main
Umschlaggestaltung und Motiv: Anne Strasser, Hamburg
Satz: Fotosatz L. Huhn, Linsengericht
Druck und Bindung: Beltz Druckpartner, Hemsbach
Gedruckt auf Papier aus zertifizierten Rohstoffen (FSC/PEFC).
Printed in Germany

Inhalt

Vorwort

Dieses Buch entstand, nachdem das tiefste Tal der globalen Wirtschafts- und Finanzkrise bereits durchschritten war. Viele bejubeln angesichts sinkender Arbeitslosenzahlen und steigender Binnennachfrage das Ende der Krise. Doch deren Wurzeln im Denken und Handeln bestehen fort. Deswegen droht uns ein böses Erwachen, wenn die Krise zurückkehrt. Mein Buch möchte dazu beitragen, dies zu verhindern.

Wir müssen erkennen, dass wir die Krise einer ganz bestimmten Entwicklung zu verdanken haben – einer Entwicklung, die sich international genauso zeigt wie innerhalb der Grenzen unseres Landes. Ich meine die zunehmende Bereicherung weniger und das Zurückfallen vieler im Hinblick auf Einkommen und Vermögen. Diese Entwicklung stellt unsere Gesellschaften nicht nur vor große intellektuelle, politische und auch ethisch-moralische Herausforderungen, die bei Weitem noch nicht angenommen wurden. Sie ist vor allem für unsere Wirtschaft von letztlich zerstörerischer Wirkung. Deshalb ist es höchste Zeit, dass die Ökonomie ihre gewohnten Bahnen verlässt und neue Denkweisen entwickelt. Schon im Vorfeld der Krise hat der Mainstream der deutschen Ökonomen mit seiner von einzelwirtschaftlichem Denken geprägten wirtschaftspolitischen Ausrichtung krass versagt. Nun gilt es, die richtigen Schlüsse zu ziehen und das Ruder herumzureißen. Mit diesem Appell wende ich mich als Ökonom aber nicht nur an die Kollegen vom Fach, sondern vor allem an die Bürger und die Politik.

Das Buch ist aus meiner Perspektive geschrieben – der eines Konjunkturforschers, der im Herbst 2007, als die Finanzkrise in den USA begann, sehr nervös wurde, und der im Sommer 2008, als sie sich weltweit auf die übrige Wirtschaft auszudehnen begann, das Fürchten lernte. Es ist die Perspektive des wirtschaftspolitischen Beraters, der in vielen Krisensitzungen erleben musste, wie wenig die Wirtschaftspolitiker von den Ökonomen intellektuell auf eine Krise vorbereitet worden waren. Der Grund für dieses Versagen liegt auf der Hand: Aus der – theoretischen – Sicht dieser Ökonomen durfte es eine solche Krisen gar nicht geben. Das Buch zeigt die Geschehnisse aus der Perspektive eines Beobachters, der erleben durfte, wie Politiker nolens volens von den Verhältnissen zu richtigen Entscheidungen gedrängt wurden, sodass die Wirtschaftspolitik diese historische Herausforderung zunächst bestanden hat. Und es ist die Perspektive eines Ökonomen, der leider auch erleben musste, dass viele Lehren aus der Krise schnell wieder vergessen wurden.

Dieses Buch wäre ohne das Zutun vieler Menschen, die mir nahestehen, nicht geschrieben worden. Mein Dank gilt in erster Line meiner Frau Sabine und meinen Töchtern Janna und Julith, die über ein halbes Jahr hinweg ihren schreibenden Mann und Vater zu ertragen hatten. Mein Dank gilt auch den Mitarbeiterinnen und Mitarbeitern des Instituts für Makroökonomie und Konjunkturforschung, die mit einem schreibenden Chef zurechtkommen mussten. Mein Dank geht an Thomas Oechsle für das Korrekturlesen und vor allem an Heike Joebges für die Einführung in die Logik der Finanzmärkte sowie Sabine Malsbender und Torsten Niechoj für die grafische Darstellung. Ohne die kritischen und weiterführenden Anmerkungen meines Lektors Olaf Meier und die Feinpolitur des Textes durch Sabine Rock ließe sich dieses Buch deutlich schlechter lesen. Mein Dank gilt den vielen Kolleginnen und Kollegen in und außerhalb der Hans-Böckler-Stiftung, ohne deren intellektuelle Unterstützung dieses Buch nicht möglich gewesen wäre. Ich danke auch für die Anregungen vieler Politiker und Journalisten, die meinen Blick für die Realität geschärft haben. Ihnen allen sei das Buch gewidmet.

Zeitenwende
oder Ende aller Zeiten

Rerum Cognoscere Causas

(Die Ursachen der Dinge erkennen)

Vergil, Motto der London School of Economics

Eine Frage der Gerechtigkeit ... und mehr

Warum regen sich alle bloß so auf? Eine Kassiererin wird entlassen, weil sie widerrechtlich Getränkebons im Wert von 1,30 Euro eingetauscht hat. Sie muss sich vor Gericht mühsam durch mehrere Instanzen wieder auf ihre Stelle einklagen. Ein Investmentbanker, dessen Bank wegen riskanter Geschäfte mit Milliarden Euro an Steuergeldern gerettet werden musste, erstreitet sich vor Gericht Bonuszahlungen in Millionenhöhe, die sein Arbeitgeber ihm aufgrund der schwierigen Lage der Bank verweigerte. Ist doch alles rechtens! Und dennoch regen sich alle auf. Warum nur?

Weil die Bürger dieses Landes es als ungerecht empfinden. Sie empfinden es als ungerecht, wenn eine Mitarbeiterin, die über Jahre hinweg zuverlässig für ihren Arbeitgeber die anstrengende und oft stressige Arbeit an der Kasse eines Supermarktes erledigt hat, wegen einer Lappalie entlassen wird. Diese Frau verliert auf diese Weise nicht nur ihre derzeitige Arbeit, sondern – angesichts ihres Alters – höchstwahrscheinlich jegliche Jobperspektive. Die Menschen empfinden es auch als ungerecht, wenn ein Investmentbanker, der mit seiner Tätigkeit hohe Risiken für seinen Arbeitgeber und vor allem für die Steuerzahler eingegangen ist, dafür noch mithilfe von Steuergeldern hoch belohnt wird, selbst wenn seine Tätigkeit im Einverständnis mit seinem Arbeitgeber geschah. Die Kassiererin und der Investmentbanker – am Beispiel dieses ungleichen Paares wird deutlich: In unserem Land stimmt etwas nicht. Und daran ändert auch ein zeitweiliger Aufschwung nichts. Denn das Schicksal der beiden ist nur das Treibgut auf einem Meer der Ungerechtigkeit. Die Ursachen für diese Skandale liegen tiefer, und die Folgen beschränken sich nicht auf das Vorhandensein von Ungerechtigkeit. Sie sind auch ökonomischer Natur. Ich möchte hier zunächst nur die wichtigsten nennen: hohe Krisenanfälligkeit, schwaches Wachstum, niedrige Beschäftigung und ein tief verschuldeter Staat. Das Grundübel lässt sich auf einen Satz reduzieren: Deutschland hat sich auf den Weg zu einem plutokratischen System begeben, einem System also, das der Herrschaft des Reichtums unterliegt.

Die wirtschaftliche Leistung unseres Landes wird zunehmend eine Beute des Reichtums. Die Menschen, die bereits über hohe Einkommen und Vermögen verfügen, sind in der Lage, diese unter den bestehenden wirtschaftspolitischen Bedingungen immer stärker zu steigern, während breite Kreise der Bevölkerung schon seit Jahren vom Wohlstandszuwachs abgeschnitten sind. Dass es so gekommen ist, hat vielfältige Ursachen. Es entspricht auch nicht einem abgefeimten Plan, sondern ist im Kern das Ergebnis intellektuellen Versagens vor allem der Ökonomen und einer langen Kette falscher wirtschaftspolitischer Entscheidungen, über die noch zu reden sein wird.

Schon seit Jahren herrscht in einer bestimmten Frage Übereinstimmung zwischen der Mehrheit der Ökonomen, den Wirtschaftspolitikern und den Medien: Der ungebremste Markt schafft Wohlstand, Stabilität und Gerechtigkeit – mehr jedenfalls, als es ein gezügelter Markt, der sich an wirtschaftspolitischen Rahmenbedingungen orientieren muss, vermag. Man stimmt in diesen Kreisen zudem darin überein, dass Leistung sich wieder lohnen muss. Was damit gemeint ist? Der viel Verdienende, der gefühlte Leistungsträger, soll einen immer größeren Anteil seines Einkommens behalten und in seinem ökonomischen Tatendrang nicht durch allzu viele Vorschriften gebremst werden. Die Wirtschaftspolitik sorgt durch niedrigere

Steuern auf Einkommen und Vermögen sowie durch den Abbau von Vorschriften und Regulierungen auch gerne für ein entsprechendes Umfeld. Seit Jahren kann man den Weg der Wirtschaftspolitik in Deutschland, aber nicht nur hier, so beschreiben.

Keine Einsicht in Sicht

Und das hat anhaltende Folgen. Über Jahre hinweg verschlechterte sich in Deutschland wie auch in anderen Ländern die Einkommenslage des Mittelstands, von den Einkommensperspektiven der Unterschichten ganz zu schweigen. Der Zusammenhalt der Gesellschaft wurde immer brüchiger. Die Kaufkraft weiter Bevölkerungskreise schwand, während einige wenige gewaltige Einkommenszuwächse erzielten. Die Folge: Es entstand eine polarisierte Gesellschaft. Den vielen mit verschlechterter Einkommensperspektive standen die wenigen mit glänzenden Aussichten gegenüber. Und dann kam die Krise.

Der Finanzsektor war kurz vor dem Zusammenbruch, die Konjunktur stürzte ab, die Staatsverschuldung explodierte und die Spekulation blühte. Der Euroraum stand nach Ansicht vieler Finanzinvestoren zeitweise kurz vor seinem Zerfall. Man hätte nun erwarten können, dass diese Turbulenzen und Verwerfungen auf breiter Front die Einsichten in das Wirtschaftsgeschehen verändern würden. Es hätte sich endlich die Erkenntnis durchsetzen können, dass in der Wirtschaftspolitik etwas grundsätzlich falsch gelaufen ist – und dass dies eine wesentliche Ursache der Krise ist. Es war genau der richtige Zeitpunkt für eine echte Kurskorrektur, die sicherlich nicht nur ich mir gewünscht habe. Man hätte ganz neu fragen müssen, wie Märkte funktionieren. War die freie Marktwirtschaft von den meisten Ökonomen zuvor als ein Ideal verstanden worden, das für alle am Wirtschaftsgeschehen Beteiligten optimale Ergebnisse lieferte, hätte man nun den Fokus auf ihre Unvollkommenheiten und Gefährdungen richten müssen – vor allem, um sie wirtschaftspolitisch entschärfen zu können. Wohin hatte der Glaube an das freie Spiel der Kräfte uns bis dahin gebracht? Es gab eine deutlich Tendenz, die Einkommen immer ungleicher zu machen und diesen Zustand zu verfestigen. Es gab Schieflagen in den globalen Handelsbeziehungen und vor allem eine Anfälligkeit für Krisen in Zeiten großer Unsicherheit. All das schien die Wirtschaftspolitik rund um den Globus zeitweilig vollkommen zu überfordern. Und an Vorwarnungen hat es nie gemangelt. Seit 2007 war es doch überdeutlich, dass der Finanzsektor ein Krisenherd globalen Ausmaßes ist.

Doch es hat sich wenig geändert. Darüber sollte der Jubel über einen möglicherweise beginnenden Aufschwung in Deutschland nicht hinwegtäuschen. Woanders herrscht noch Krise. Dabei erzürnen die rücksichtslosen Bereicherungen der Finanzmarktakteure vor der internationalen Kulisse zusammenbrechender Märkte mit rasant steigender Arbeitslosigkeit und ausufernder Staatsverschuldung die Menschen in den betroffenen Ländern umso mehr, je länger die Krise dort dauert. Besonders provozierend ist dabei nicht nur die Tatsache, dass die Investmentbanker kein Unrechtsbewusstsein zeigen. Sie denken auch nicht daran, ihr Verhalten – möglicherweise geläutert durch die Erfahrungen der Krise – auch nur im Geringsten zu ändern. Es ist ihnen offensichtlich völlig gleichgültig, ob infolge ihres Handelns Millionen Menschen arbeitslos oder ganze Staaten insolvent werden. Damit siedeln sie sich nicht nur im Hinblick auf ihre Einkommen und ihre Vermögen, sondern auch im Hinblick auf ihre Normen außerhalb der bestehenden Gesellschaften an. Das entspricht ihrem unveränderten Selbstverständnis als globale Elite, die sich politisch gesetzten und zumeist national begrenzten Gegebenheiten nicht mehr fügen muss. Diese stehen in ihren Augen ohnehin unter dem Verdacht provinzieller Beschränktheit und mangelnder Kenntnis. Und das Schlimme ist, dass Letzteres sogar richtig sein dürfte.

Doch diese ungeheure Provokation demokratischer und gesellschaftlicher Verhaltensweisen wird bis heute nicht richtig verstanden und aufgenommen. Das liegt nicht zuletzt an der geradezu unterwürfigen Haltung der meisten Ökonomen gegenüber Marktergebnissen, die sie auch mitten in der sich überschlagenden Krise nicht ablegten. Auch die schädlichsten spekulativen Attacken finden noch ihre Billigung. Sie betrachten sie als rationale und Erkenntnis erzeugende Verhaltensweisen der Märkte. Es gab zwar angesichts der massiven Gewalt der Probleme ein gewisses Umdenken – das jedoch vor allem in den USA, weniger stark in Europa. Aber selbst in den Vereinigten Staaten hatte Präsident Obama große Schwierigkeiten, seine weit gehenden Reformvorschläge gegen die überaus starke Lobby der Finanzwirtschaft durchzusetzen. Er wurde zu halbherzigen Kompromissen gezwungen. Allein das spricht Bände über die wahren Machtverhältnisse.

In Deutschland hingegen, wo die Dogmatik des ökonomischen Mainstreams mit besonderer Inbrunst gepflegt wird, ist von einer Zeitenwende des ökonomischen Denkens kaum etwas zu spüren. Noch immer gilt hier vor allem derjenige als ökonomisch vernünftig, der die Beute des Reichtums zu erhöhen verspricht – nicht aber derjenige, der es sich zum Ziel setzt, Armut zu bekämpfen und eine breite Teilhabe am wirtschaftlichen Leistungszuwachs zu erreichen. Er ist in den Augen der meisten Ökonomen ein naiver Gutmensch. Man wird seine Ziele zwar großmütig als ehrenhaft anerkennen, aber sofort eilig anfügen, dass sie die Wirtschaft schädigen würden. Und das ist ein absolutes Tabu.

Die ökonomische Wissenschaft in Deutschland macht ungerührt dort weiter, wo sie schon vor der Krise stand. Vielleicht akzeptiert sie die eine oder andere etwas strengere Regulierung auf den Finanzmärkten, schließlich sind die Missstände dort unübersehbar. Aber im Prinzip sind ihre Vertreter der Meinung, dass auch vor der Krise alles richtig gemacht wurde. Mehr noch: Eigentlich war man doch nicht streng genug mit der eigenen Bevölkerung, oder? Die Verschuldungsregeln für den Staat hätten noch strikter sein sollen und man hätte den Kündigungsschutz noch flexibler gestalten müssen.

In wohl keinem anderen Satz spiegelt sich dieses Denken besser wider als in der Aussage, die von den Spitzen unseres Staates – dem ehemaligen Bundespräsidenten Köhler, der Bundeskanzlerin und dem Bundesbankpräsidenten Weber – immer und immer wieder zu hören ist: »Wir haben über unsere Verhältnisse gelebt.« Mit diesem Satz sollen breite Kürzungen im Sozialbereich und eine Fortsetzung des ökonomischen Drucks auf weite Kreise der Mittel- und Unterschicht erklärt und vorbereitet werden. Wen aber meinen all diese Menschen eigentlich mit dem »Wir« – wer soll da über seine Verhältnisse gelebt haben? Und, falls wir uns angesprochen fühlen, was haben »wir« eigentlich getan? Darüber möchte ich gerne reden. Und auch darüber, dass genau diese Politik, dieses Festhalten am Nicht-Bewährten, bereits den Keim für die nächste Krise gelegt hat. Ich bin mir ganz sicher: Nur eine scharfe Wende im ökonomischen Denken und im wirtschaftspolitischen Handeln kann verhindern, dass diese ungute Saat aufgeht.

Blick zurück im Zorn: unsere verfehlte Wirtschaftspolitik

Schon lange hatte es beunruhigende Signale gegeben, doch dass dem Weltfinanzsystem im September 2008 der unmittelbare Zusammenbruch drohte, hatten die meisten Ökonomen nicht vorhergesehen. Es war ein echter Schock. Eigentlich war es sogar unvorstellbar. Doch der Zusammenbruch der Investmentbank Lehman Brothers erschütterte die Finanzwelt in ihren Grundfesten. Der Blick in den Abgrund vermittelte vor allem eines: eine tiefe und fundamentale Unsicherheit. Sie wurde noch verstärkt durch die Ratlosigkeit der politischen Akteure. Sie wussten einfach nicht, wie sie mit dieser dramatischen Situation umgehen sollten. Die gängigen Vorstellungen der ökonomischen Wissenschaft waren gescheitert.

Der Absturz der Volkswirtschaften in die größte Krise seit dem Zweiten Weltkrieg zwang die Wirtschaftspolitik im Herbst 2008, sich mit ökonomischen Realitäten auseinanderzusetzen, die in der ökonomischen Wissenschaft und damit auch in der wirtschaftspolitischen Beratung so nicht vorgesehen waren. Zunächst herrschte eine gewisse Ratlosigkeit vor, aus der sich dann aber doch eine neue Dynamik entwickelte. Die Dinge kamen in Bewegung. Es bildete sich allmählich eine neue Sichtweise auf das wirtschaftliche Geschehen heraus – eine Entwicklung, die sicherlich wirtschaftspolitischen Nöten und Notwendigkeiten geschuldet war. Diese ökonomische Zeitenwende wird nach wie vor von den drängenden Fragen der Wirtschaftspolitik angetrieben. Ihre Entstehung, die zwangsläufig eine Geschichte der Wirtschaftspolitik dieser Zeit ist, möchte ich in diesem Kapitel skizzieren. Daraus lassen sich wertvolle Erkenntnisse ziehen: Wir werden sehen, wie die Wirtschaftspolitik sich grundlegend ändern muss, um die globale Wirtschaft in Zukunft krisensicherer zu machen.

Wirtschaftspolitische Wende in den Siebzigern

Alles schien auf einem guten Weg zu sein. Das, was die (meisten) Ökonomen vom Wesen der Marktwirtschaft halten, ist durchaus optimistisch. Im Kern gehen die gängigen Vorstellungen davon aus, dass Märkte, wenn sie ungehindert funktionieren, nicht nur optimale Ergebnisse liefern, sondern dass sie auch stabil sind. Auf wohlfunktionierenden Märkten werden alle Wünsche für Käufe und Verkäufe bei gegebenen Preisen erfüllt. Die Marktteilnehmer sind zufrieden und es wird nichts vergeudet. Der Markt ist also effizient. Auch unerwartete Ereignisse wie ein besonders steiler Anstieg der Produktion oder ein plötzliches Abfallen der wirtschaftlichen Aktivität können diese Idylle nicht nachhaltig stören. Sie werden, lässt man den marktwirtschaftlichen Kräften nur genug Raum, dank flexibler Preise und Löhne relativ rasch bewältigt, ohne nachhaltige Spuren zu hinterlassen. Man interpretiert sie als konjunkturelle Beulen und Dellen, die keine weitere Bedeutung für die wirtschaftliche Entwicklung haben. Schon gar nicht vermögen sie die Grundfesten der Volkswirtschaft zu erschüttern. Es ist daher nur folgerichtig, solche Schwankungen eher als ein Problem für die Wirtschaftsstatistiker und Wirtschaftshistoriker zu verstehen, die sie möglichst exakt messen und dann archivieren. Bleibt man bei dieser Logik, dann müssen die Wirtschaftspolitiker diese Schwankungen der wirtschaftlichen Aktivität jedenfalls nicht für allzu bedeutsam halten und sollten deshalb auch nicht versuchen, sie durch Konjunkturpolitik zu bekämpfen.

Diese Linie konnte sich auf die vorherrschende ökonomische Lehre berufen, die diese Sichtweise seit Mitte der 1970er Jahre immer wieder zur Grundlage ihrer wirtschaftspolitischen Beratung gemacht hatte. Damals war die zuvor dominierende keynesianische Lehre in eine tiefe Krise geraten.

Der erste Ölpreisschock führte 1973 in eine tiefe Rezession und darüber hinaus zu enormen Inflationsraten und einer extrem hohen Staatsverschuldung. Die letzten Erfahrungen mit solchen Herausforderungen lagen vor dem Zweiten Weltkrieg. Das gleichzeitige Auftreten von hoher Arbeitslosigkeit und hoher Inflation brachte die damals gängige Lehre, den Keynesianismus, in eine paradoxe Situation: Die Arbeitslosigkeit musste durch eine stimulierende Wirtschaftspolitik bekämpft werden, während die Inflation eher nach bremsenden Instrumenten verlangte. Dieser Konflikt wurde zugunsten der Bekämpfung der Rezession entschieden. Aus jener Zeit stammt die Aussage des damaligen Bundeskanzlers Helmut Schmidt, dass ihm 5 Prozent Inflation lieber seien als 5 Prozent Arbeitslosigkeit. Trotz dieses markigen Bekenntnisses war jedoch unverkennbar, dass der Niedergang des Keynesianismus eingesetzt hatte. Er war anscheinend nicht in der Lage, Inflation und Arbeitslosigkeit gleichzeitig zu bekämpfen, und führte außerdem dazu, dass der Staat immer tiefer in eine Schuldenfalle geriet. Meiner Meinung nach lag dies daran, dass diese Denkrichtung sich in einseitiger Weise verhärtet hatte. Anstatt permanent nur auf die Nachfrage zu schauen, hätten die Keynesianer damals auch die Angebotsbedingungen mit in den Blick nehmen müssen. Zu Beginn der Ölkrise herrschte weitgehend Vollbeschäftigung. Unter diesen Umständen die Nachfrage zu stimulieren konnte am Ende nur zur Inflation führen und hatte im Übrigen mit den Gedanken von

Keynes nicht viel zu tun.*¹ So konnte die Inflation jedenfalls nicht bekämpft werden.

Es war Zeit für ein neues Heilmittel. Eine damals aufsteigende Theorierichtung, die als Neuklassik bezeichnet wird**, schien besser dafür geeignet zu sein, die Inflation zu stoppen. Sie begründete aus einzelwirtschaftlich rationalem Verhalten, bei dem alle Akteure jederzeit nach ihrem maximalen Gewinn oder Nutzen streben, dass Märkte in sich stabil sind. Anders als vom Keynesianismus postuliert bedürften diese Märkte keiner Stabilisierungspolitik seitens des Staates. Dieser vermöge letztlich nicht besser zu stabilisieren, als die Märkte es aus eigener Kraft könnten. Er erzeuge durch die vergebliche Bekämpfung der Rezession mit hohen staatlichen Finanzmitteln zudem auf längere Sicht nichts anderes als eine unerträglich hohe Staatsverschuldung und Inflation. Besser sei es, das Marktsystem sich selbst zu überlassen und auf dessen eigene Stabilisierungsfähigkeit durch flexible Löhne und Preise sowie im internationalen Handel auf flexible Wechselkurse zu vertrauen. So weit die verlockende Theorie. Die Niederlage des Keynesianismus blieb nicht ohne Folgen für die keynesianische Lehre; sie änderte sich gleichfalls. Es entstand der Neukeynesianismus.² Er übernahm die neuklassische Methodik, gesamtwirtschaftliche Phänomene aus einzelwirtschaftlich rationalem Verhalten herzuleiten. Der wesentliche Unterschied zur Neuklassik besteht darin, dass im Neukeynesianismus Märkte nicht als vollkommen stabil angesehen werden. Löhne und Preise seien aufgrund von Anpassungskosten und Informationsproblemen nicht hinreichend flexibel, um dieser Aufgabe jederzeit und mit hoher Geschwindigkeit gerecht zu werden. Das ist aber nur ein eher gradueller Unterschied, über dessen Bedeutung es auch innerhalb des Neukeynesianismus verschiedene Meinungen

---

* Der gleiche Fehler wurde in der Phase der deutschen Vereinigung erneut begangen, als man bei ohnehin hohem Nachfragedruck aus Ostdeutschland noch ein Konjunkturprogramm aufsetzte.
** Dieser Name wird damit begründet, dass sich die Vertreter dieser Lehre auf einen der Klassiker der ökonomischen Wissenschaft, Adam Smith, berufen, der mit seinem berühmten Bild von der unsichtbaren Hand des Marktes ebenfalls von einem in sich selbst stabilen Marktsystem ausgeht.

gibt. Während manche kaum eine Divergenz zur Neuklassik ausmachen und folglich auch jede Form von Stabilisierungspolitik weitgehend ablehnen, betonen andere deren Notwendigkeit.[3]

Es ist daher nicht verwunderlich, wenn sich in den vergangenen Jahren ein Art Konsens herausgebildet hat. Der sogenannte »Washington-Konsens« ist nach dem Sitz des Internationalen Währungsfonds (IMF) benannt.[4] Der IMF vertrat bis vor Kurzem gegenüber seinen Mitgliedsstaaten genau diese Politik. Im Grundsatz geht man dabei von der Stabilität der Märkte aus. Zeitweilige Störungen, die nicht ausgeschlossen werden, sollten im Wesentlichen durch Automatismen in der Finanzpolitik wie zum Beispiel die gesetzlich geregelte Zahlung von Arbeitslosengeld oder, falls nötig, durch die von Tagespolitik unabhängige Geldpolitik bekämpft werden. Für Konjunkturprogramme und ähnliche Einzelentscheidungen der Finanzpolitik gibt es in dieser Lehre keinen Raum. Damit wird Wirtschaftspolitik im Kern als Störfaktor für ein reibungsloses Funktionieren der Märkte angesehen.

Probleme treten nach dieser vorherrschenden Lehre in einem marktwirtschaftlichen System nur dann auf, wenn Märkte an ihrer freien Entfaltung gehindert werden. Gerne werden immer wieder rechtliche Vorschriften als aussagekräftiges Beispiel genannt, um diese These zu stützen. Insbesondere rechtliche und tarifvertragliche Regulierungen auf dem Arbeitsmarkt wurden in Deutschland als ein maßgebliches Hemmnis für wirtschaftliche Dynamik angesehen und entsprechend bekämpft. Aber auch auf den Finanzmärkten wurden in Kontinentaleuropa und vor allem in Deutschland beschränkende Vorschriften gelockert, um der zuvor vermeintlich gebremsten Dynamik dieser Märkte freien Lauf zu lassen.

Die scheinbar moderne Wirtschaftspolitik von Rot-Grün

Die Wirtschaftspolitik in Deutschland hinkte in dieser Hinsicht den internationalen Tendenzen sogar hinterher. Die Regierungen unter

Thatcher in Großbritannien und Reagan in den USA in den 1980er Jahren hatten ein klares wirtschaftspolitisches Profil. Der Markt, der – angeblich oder tatsächlich – durch staatliche Fesseln oder gewerkschaftliche Machtpositionen stranguliert war, musste von diesen Fesseln befreit werden. Gerade dieses angelsächsische Modell, das vermeintlich deutlich höhere Wachstumsraten erzeugte als das kontinentaleuropäische und vor allem der in Deutschland praktizierte rheinische Kapitalismus, der auf der Zusammenarbeit der Sozialpartner (Unternehmen und Gewerkschaften) basierte, wirkte höchst attraktiv. Also nahm die Wirtschaftspolitik in anderen Ländern es sich zum Vorbild. Dies war der Beginn des Aufstiegs neoliberaler Wirtschaftspolitik in Deutschland, die die Kooperation der Sozialpartner als ein Relikt der Nachkriegszeit betrachtete. Alles, was zählte, war der Markt.

Gegen Ende der Ära Kohl machten sich selbst Parteien wie die SPD und Bündnis 90/Die Grünen, die zuvor eine durchaus kritische Haltung zum ungehinderten Wirken der Marktkräfte an den Tag gelegt hatten, mehrheitlich zu Fürsprechern einer »modernen« Wirtschaftspolitik (Bundeskanzler Schröder), die den ungehinderten Marktkräften eine entscheidende Rolle einräumte. Im Zuge eines auch von der britischen Labour-Partei vertretenen dritten Wegs sollten die Marktkräfte genutzt werden, um Arbeitslosigkeit zu bekämpfen und umweltpolitische Ziele zu erreichen. Man betrachtete das als mächtiges Gegenbild zu einer verkrusteten Wirtschaftspolitik der Regierung Kohl, deren Untätigkeit und Konsenssucht jeden wirtschaftspolitischen Aufbruch behinderte. Politisch entstand in dieser Zeit ein Bündnis, in dem sich die Gegner des rheinischen Kapitalismus mit politischen Linken und Linksliberalen zusammentaten. Die Linke versöhnte sich mit der Marktwirtschaft. Die kritischen Debatten der unmittelbaren Nachkriegszeit und der 1970er Jahre, als sich im Gefolge der 68er-Umwälzungen ebenfalls eine sehr marktkritische Haltung entwickelte, gehörten damit der Vergangenheit an. Eine neue Ära begann. Wie die Bundestagswahl 1998 zeigte, war dieses Bündnis von linker Politik und neoliberaler Wirtschaftspolitik durchaus eine mehrheitsfähige Konstellation. Daran änderte auf Dauer auch die kritische Haltung des kurzzeitigen Finanzministers und SPD-Parteivorsitzenden Lafontaine und seiner Anhänger nichts. Sie blieben nicht lange in ihren Ämtern. Damit war der Weg frei für den Durchbruch einer Wirtschaftspolitik, die den ungehinderten Kräften des Marktes mehr Raum gab.

Man kann die nachfolgende Zeit auch als eine Phase des linken Neoliberalismus verstehen, in der sich linke politische Inhalte wie die Verweigerung der Teilnahme am Irakkrieg oder der Ausstieg aus der Atomindustrie mit einer neoliberalen Wirtschaftspolitik paarten. Angefeuert wurde das Ganze von einer Opposition, die einen immer noch radikaleren neoliberalen Kurs einforderte. Das führte zu einer Wirtschaftspolitik mit massiven Steuersenkungen für Unternehmen und Gutverdiener, Deregulierungen und Privatisierungen auf den Güter- und Finanzmärkten sowie Kürzungen in der Rentenversicherung. Der Schwerpunkt der Maßnahmen war eine ausgeprägte Deregulierung des Arbeitsmarktes durch erleichterte Zulassung von geringfügiger Beschäftigung, befristete Verträge und Zeitarbeit. Die Vermittlung von Arbeitslosen sollte effizienter werden, und man wollte die Anreize für Arbeitslose, Arbeit anzunehmen, verbessern. Dies wurde in Anknüpfung an ganz andere Vorstellungen aus den 1970er Jahren als eine Politik der »Reformen« bezeichnet – vermutlich, um sich auch sprachlich vom ökonomischen Stillstand der letzten Jahre der Regierung Kohl abzugrenzen. Wenn es in jener Zeit eine wirtschaftspolitische Ikone gab, dann war es ein möglichst junger und intelligenter Finanzinvestor, der mühelos mit komplexen Wertpapieren global agiert und horrende Gewinne einfährt. Auf diese Weise kommt er nicht nur zu privatem Reichtum, nein, er erfüllt darüber hinaus auch eine geradezu gemeinnützige Aufgabe – dass überall und zu jeder Zeit Kapital zur Verfügung steht. Das alles geschieht auf einem Markt, der wie kein zweiter Modernität ausstrahlt: keine schmutzige Industrieproduktion, sondern saubere Dienstleistung; keine alten Maschinen, sondern das Internet.

All das befand sich im Einklang mit der vorherrschenden ökonomischen Lehre. Die Wissenschaftler kritisierten allenfalls die in ihren Augen zu zögerliche Vorgehensweise der Wirtschaftspolitik. Diese Ungeduld teilten sie mit den meisten Medien, die ansonsten den vorherrschenden wirtschaftspolitischen Kurs mit unverhohlenem Wohlwollen begleiteten.

Der amerikanische Nobelpreisträger für Ökonomie Robert Solow hat in diesem Kontext einmal geschrieben, dass eine Ökonomie »the high road or the low road« zu mehr Beschäftigung nehmen könne.[5] Die Wirtschaftspolitik könne die Schwerpunkte entweder so setzen, dass möglichst viele gut qualifizierte und sozial abgesicherte Stellen entstehen, oder sie legt den Schwerpunkt so, dass die Anzahl der Jobs maximiert wird, ohne Rücksicht auf deren Qualität. Im ersten Fall (»high road«) werden zwar Anreize zur Ausweitung der Beschäftigung gesetzt, es gibt aber Auflagen im Hinblick auf die soziale Sicherung und er ist mit Qualifizierungsmöglichkeiten für die Einzustellenden verbunden. Auf diese Weise sollen qualifizierte und vor allem gut bezahlte Jobs entstehen, die dann ein hohes Steueraufkommen generieren und aufgrund guter Einkommen kräftige Nachfrageimpulse auslösen. Diese Impulse sollen wiederum dazu beitragen, die Binnenwirtschaft zu beleben. Die »low road«, von der Solow spricht, sieht anders aus. In diesem Fall werden Anreize für neue Jobs vor allem dadurch geschaffen, dass beschränkende Vorschriften zur sozialen Sicherung abgeschafft oder aufgeweicht werden. Auf diese Weise sollen möglichst viele Stellen geschaffen werden, unabhängig von deren Qualität.

Während die erste Strategie vor allem in den skandinavischen Ländern bevorzugt wurde, folgten sowohl die USA als auch Deutschland eher dem letzteren Pfad. Die Konsequenzen der jeweiligen Strategie liegen auf der Hand: Während die erste Strategie eine starke Tendenz zu einer egalitäreren Einkommensverteilung begründet, trägt die zweite zu einer merklich gespreizten Verteilung der Einkommen bei. Aber das ist ja, folgt man der gängigen ökonomischen Lehrmeinung, durchaus gewollt. Nicht mehr die Bekämpfung der Armut steht im Mittelpunkt wirtschaftspolitischer Anstrengungen, sondern die Förderung des Reichtums. Reichtum wird schick – und geht zulasten einer breiten Bevölkerungsschicht, die nicht daran beteiligt ist.

Um die Dynamik des wirtschaftspolitischen Umbruchs zu Beginn des neuen Jahrhunderts zu verstehen, muss man etwas über die damaligen wirtschaftlichen Hintergründe wissen. Die wirtschaftliche Lage war in Deutschland zwischen 2001 und 2005 alles andere als gut. Wie in allen anderen großen Industrienationen war die Wirtschaft auch in Deutschland im Verlauf des Jahres 2000 in eine Rezession gestürzt, die sich durch die Terroranschläge in den USA im September 2001 und die damit verbundene wirtschaftliche Unsicherheit noch verlängerte. Während sich aber die Wirtschaft in den meisten Staaten rasch erholte, schwenkte Deutschland auf einen Pfad wirtschaftlicher Stagnation mit nahezu Nullwachstum, hoher Schuldenaufnahme des Staates und hoher Arbeitslosigkeit ein. Es entstand das Bild einer lahmen Volkswirtschaft, die sich nicht oder nur unzureichend an die Erfordernisse der Globalisierung angepasst hatte. Die deutsche Wirtschaft war in den Augen der Reformer offensichtlich weniger erfolgreich darin, die Herausforderungen der Gegenwart zu bewältigen, als die meisten anderen europäischen Volkswirtschaften. Der kranke Mann Europas war deutsch. Ein grundlegender Reformprozesses schien absolut notwendig zu sein.

Die wirtschaftlichen Reformen jener Zeit zielten folgerichtig primär darauf ab, die internationale Wettbewerbsfähigkeit zu stärken, die öffentlichen Haushalte zu sanieren und auf diese Weise schließlich die Arbeitslosigkeit zu senken. Um diese Ziele zu erreichen, musste – zumindest aus Sicht der angesagten ökonomischen Lehre – der Arbeitsmarkt im Mittelpunkt der Reformbemühungen stehen. Die Wurzel der diagnostizierten Krankheit waren aus dieser Sicht die zu hohen Löhne, welche wiederum als das Resultat eines inflexiblen Arbeitsmarktes, zu hoher Sozialleistungen und zu mächtiger Gewerkschaften erschienen. Wäre der Arbeitsmarkt flexibler, indem vor allem der strenge Kündigungsschutz gelockert würde, so die Überlegung, wären die Unternehmen schneller bereit, auch in unsicheren Zeiten Menschen einzustellen. Zugleich würde der aufgeweichte Kündigungsschutz die Gewerkschaften schwächen und so verhindern, dass diese hohe Löhne durchsetzen.

Die hohen Sozialleistungen verhindern laut dieser ökonomischen Denkschule, dass sich insbesondere im Niedriglohnbereich die Löhne deutlich genug nach unten anpassen. Nur so aber hätten gering Qualifizierte mit niedriger Produktivität eine Beschäftigungschance. Zugleich verringerten niedrigere Sozialleistungen auch die Lohnnebenkosten. Damit verbilligt sich Arbeit auch für die Unternehmen, was deren Bereitschaft, die Beschäftigung auszuweiten, erhöhen würde. Die Gewerkschaften gelte es schließlich zu schwächen, um die im internationalen Vergleich anscheinend zu hohen Löhne in Einklang mit den Erfordernissen des globalen Wettbewerbs zu bringen. So viel zum Arbeitsmarkt.

Gleichzeitig wurde für den Staat ein massiver Sparkurs empfohlen, um die Fehlbeträge in den öffentlichen Haushalten zu vermindern. Die Befürworter dieses Ansatzes begründen das in erster Linie mit den Erfordernissen des europäischen Stabilitäts- und Wachstumspaktes, der eine obere Grenze für die Neuverschuldung des Staates von 3 Prozent des Bruttoinlandsprodukts (BIP) vorsah. Diesen Grenzwert überschritt Deutschland in jener Zeit regelmäßig. Aus Sicht der meisten Ökonomen gefährdete dies aber die Stabilität der gemeinsamen Währung. Die Idee, der misslichen Lage mit konjunkturpolitischen Maßnahmen zu begegnen, welche die gesamtwirtschaftliche Nachfrage angeregt hätten, wurde gar nicht erst in Erwägung gezogen. Es war eben »old school«.

Der eingeschlagene Kurs, die öffentlichen Ausgaben zu kürzen, deckte sich außerdem perfekt mit der Forderung nach geringeren Sozialleistungen. Zwei Fliegen konnten mit einer Klappe geschlagen werden. Da die Ansprüche an das Rentensystem und die Arbeitslosenversicherung verringert wurden, konnte man öffentliche Mittel einsparen.* Außerdem sollten Subventionen gekürzt werden, und

---

* Gemeint sind dabei primär die Zuweisungen aus dem Bundeshaushalt an die Renten- und Arbeitslosenversicherung.

man plante, vor allem Personal im öffentlichen Dienst abzubauen. Diese Maßnahme stand zumindest auf den ersten Blick im Widerspruch zum Ziel einer höheren Beschäftigung. Wer sich jedoch in der Logik der reinen Lehre bewegt, sieht das ganz anders. Denn: Indem der Staat seine Beschäftigung abbaut, erhöht er den Druck auf die Löhne auf dem privaten Arbeitsmarkt, was die Beschäftigung dort steigert. Das grundlegende Argument ist, dass ein Rückzug des Staates aus dem Wirtschaftsgeschehen per se die Wirtschaft beflügelt. Demnach führt eine geringere Staatsquote, also ein geringerer Anteil der Staatsaugaben am Bruttoinlandsprodukt, zu einer effizienteren Verwendung der vorhandenen Ressourcen in einer Volkswirtschaft. So viel zur Rolle des Staates.

Diese wirtschaftspolitische Strategie kann man ökonomisch als angebotsorientiert bezeichnen. Alle diese Maßnahmen führen letztendlich dazu, dass das Angebot an Gütern und Dienstleistungen sich verbilligt. Es soll eben rentabler werden. Hinter diesen Überlegungen steht das Say'sche Theorem, demzufolge sich jedes Angebot an Gütern und Dienstleistungen seine Nachfrage schafft. Hält ein Unternehmen die Produktion eines Gutes für rentabel, dann stellt es Beschäftigte ein und entlohnt sie. Auf diese Weise kreiert es als Folge seiner Angebotsentscheidung auch Nachfrage. Entscheidend ist, dass ein Unternehmen zunächst ein solches Angebot für rentabel hält. Politisch würde man eine solche Strategie eher mit dem Etikett »neoliberal« versehen, wobei viele Verfechter einer solchen Politik auf der linken Seite des politischen Spektrums diese Bezeichnung zurückweisen würden. Wirtschaftspolitisch ist es aber durchaus gerechtfertigt.

Über all diese Punkte gab es in der Zeit der rot-grünen Koalition einen weitgehenden Konsens – das galt sowohl in der Wirtschaftswissenschaft als auch in der Wirtschaftspolitik und es kam in den parteiübergreifenden Reformbeschlüssen zur Agenda 2010 zum Tragen. Besonders markant manifestierte sich diese Sichtweise in den Gutachten des Sachverständigenrates und der von über 270 Ökonomen unterzeichneten Hamburger Erklärung (darunter fast all jene, die wie Hans-Werner Sinn die öffentlichen Debatten maßgeblich bestimmten). Diese Erklärung forderte im Vorfeld der Bundestagswahl 2005 zu einer eindeutig angebotsorientierten Politik auf.

Erstaunlich war nur, dass der versprochene Aufschwung sowohl beim Wachstum als auch bei der Beschäftigung auf sich warten ließ. Tatsächlich erlebte Deutschland trotz der auch im internationalen Vergleich vielfältigen Reformbemühungen die längste Stagnationsphase der Nachkriegszeit. Im Nachklang der Agenda 2010 war außerdem die Arbeitslosigkeit sogar auf ein Rekordniveau von nahezu 5 Millionen gestiegen, und auch alle Sparbemühungen vermochten das hartnäckige Haushaltsdefizit nicht unter die Marke von 3 Prozent zu drücken.

Wie sah die Antwort der meisten Ökonomen und vieler Politiker auf diese missliche Situation aus? Statt ihren Ansatz zu hinterfragen, legten sie noch mal nach. Sie forderten noch mehr Reformanstrengungen in die gleiche Richtung, weil ja offensichtlich die bisherige Dosis nicht ausgereicht hatte. Gleichzeitig mehrten sich aber, vor allem im Hinblick auf die Wirtschaftspolitik, die Zweifel. Das lag sicherlich eher daran, dass weite Teile der Bevölkerung gegenüber dem sogenannten Reformkurs immer skeptischer wurden – und weniger an einem Wechsel der Überzeugungen bei den meisten Wirtschaftspolitikern.

Umfragen ergaben, dass die wirtschaftspolitische Haltung der Deutschen überwiegend eher links anzusiedeln war.[6] Damit stand die Meinung der Bevölkerung nicht nur in starkem Gegensatz zur ökonomischen Lehrmeinung, sondern auch zu den in den Medien veröffentlichten Überzeugungen. Vor allem aber bestand eine beträchtliche Kluft zur wirtschaftspolitischen Mehrheitsmeinung der im Bundestag vertretenen Parteien. Das hatte sich bereits bei zahlreichen Wahlentscheidungen angedeutet, bei denen die größte Regierungspartei, die SPD, herbe Verluste hinnehmen musste. Ein weiteres Menetekel der Veränderung war der Aufstieg der PDS und ihre Vereinigung mit der westdeutschen WASG (Wahlalternative Arbeit und Soziale Gerechtigkeit), die vom ehemaligen SPD-Vorsitzenden Lafontaine und vielen vormals der SPD zugeneigten Gewerkschaftsmitgliedern gegründet wurde. Das alles spricht eine deutliche Sprache: Hier schälte sich eine grundlegende Veränderung im deutschen Parteiensystem heraus, deren Wurzel eindeutig in der mangelnden Übereinstimmung zwischen den wirtschaftspolitischen Vorstellungen der Wähler und der Gewählten lag.

Der halbe Kurswechsel der Großen Koalition

Mit dem Beginn der Großen Koalition 2005 veränderte sich die wirtschaftspolitische Tonlage. Schon in den Koalitionsverhandlungen zwischen SPD und CDU/CSU wurde weniger Wert auf neue Reformanstrengungen auf der Basis angebotspolitischer Überlegungen gelegt. Stattdessen standen zunächst konjunkturpolitische Maßnahmen im Vordergrund, die im Gegensatz zum bisherigen Kurs das Ziel hatten, die gesamtwirtschaftliche Nachfrage zu stimulieren. So wurden zum Beispiel Abschreibungserleichterungen für Unternehmen und steuerliche Anreize für private Haushalte beschlossen. Sie sollten die Nachfrage nach Investitionsgütern oder nach die Energieeffizienz steigernden Baumaßnahmen anregen. Die Idee dahinter war, dass die Konjunktur nicht weiter durch staatliche Sparmaßnahmen belastet werden sollte. Vielmehr wollte man mit dem Rückwind der kräftigen weltwirtschaftlichen Dynamik auch die deutsche Wirtschaft in Schwung bringen. Mit einem Aufschwung im Rücken sollten dann über höhere Steuereinnahmen die Fehlbeträge in den öffentlichen Haushalten entscheidend reduziert werden. Das Motto lautete: Erst stimulieren, dann sanieren.

Darüber hinaus wurde ein leichter Kurswechsel in der Arbeitsmarktpolitik vorgenommen. Auf Betreiben der SPD und gegen den Widerstand der CDU/CSU wurde die Einführung branchenspezifischer Mindestlöhne beschlossen – unter der Voraussetzung, dass die Tarifparteien in den entsprechenden Branchen dem zustimmten. Ursprünglich hatte die SPD einen allgemeinen gesetzlichen Mindestlohn durchsetzen wollen. Das scheiterte jedoch am massiven Widerstand des Koalitionspartners. In jedem Fall war das eine spürbare Abkehr von einer Politik, die die Verhandlungsposition der Gewerkschaften fortwährend schwächte.

Dieses Vorgehen traf auf wenig Gegenliebe in der ökonomischen Wissenschaft, deren Vordenker ja im Gegenteil eine verschärfte Fortsetzung des bisherigen Reformkurses im Rahmen der Hamburger Erklärung gefordert hatten. Der Sachverständigenrat hatte leitmotivisch noch im Titel seines Jahresgutachtens von 2005 verkündet: »Die Chance nutzen – die Reformen mutig fortsetzen«. Die Wirtschaftspolitik der Großen Koalition begann also unter dem Trommelfeuer der Kritik – ein Großteil der ökonomischen Zunft zeigte deutlich sein Missfallen am eingeschlagenen Kurs.

Erstaunlich war nur eines: Auch wenn der Kurswechsel der Großen Koalition alles in allem doch recht bescheiden ausfiel, funktionierte die neue Politik. Die verringerte Bremswirkung der heimischen Finanzpolitik ließ endlich den schon lange anhaltenden weltwirtschaftlichen Aufschwung auf Deutschland übergreifen. Im Jahr 2006 begann ein für die meisten Ökonomen völlig unerwarteter Aufschwung. Die gängigen Prognosen gingen hingegen von einem bescheidenen Wachstum von rund 1 Prozent[7] aus. Stattdessen wuchs die deutsche Wirtschaft um 2,9 Prozent, ein Wert, den man angesichts der vermeintlich gravierenden Strukturprobleme des Landes für nahezu unmöglich gehalten hatte. Und ich finde es besonders bemerkenswert, dass genau jene Größen, an denen sich eine strukturelle Schwäche hätte zeigen müssen, besonders kräftig expandierten. So nahmen die Exporte um sagenhafte 12 Prozent zu, und die Investitionen in Maschinen und Ausrüstungen stiegen um rund 8 Prozent. Ein medizinisches Wunder schien den kranken Mann Europas geheilt zu haben.

Dennoch war das Vertrauen der meisten Ökonomen in diesen Aufschwung gering. Der Sachverständigenrat plädierte noch im Herbst 2006 dafür, bei Tarifverhandlungen nur geringe Lohnsteigerungen zu vereinbaren.[8] Dahinter stand die Überzeugung, dass weiterhin die Angebotsbedingungen durch eine gesteigerte Rentabilität verbessert werden müssten – und das, obwohl eine fundamentale Schwäche bei den Exporten und Investitionen weniger denn je zu erkennen war. Zugleich sollte auch weiterhin die internationale Wettbewerbsfähigkeit der deutschen Exporteure verbessert werden. So gesehen entstand mit dem Machtantritt der Großen Koalition erstmals seit Jahren eine gewisse Distanz zwischen der wirtschaftspolitischen Ausrichtung der Bundesregierung und den meisten Ökonomen.

Diese blieb erstaunlicherweise auch bestehen, als die Bundesregierung begann, den zweiten Teil ihres Konzepts, die Sanierung des Staatshaushalts, in Angriff zu nehmen. Dabei war der Zeitpunkt optimal gewählt. Die Konjunktur brodelte und kochte, die deutsche Wirtschaft wuchs mit Raten um die 3 Prozent, und die Steuereinnahmen flossen reichlich. Um den Sanierungsprozess noch zu beschleunigen, beschloss die Bundesregierung zum Jahresbeginn 2007, die Mehrwertsteuer um 3 Prozentpunkte zu erhöhen. Die Einnahmen in Höhe von 1 Prozentpunkt des Steuersatzes sollten dazu genutzt werden, die Beiträge zur Arbeitslosenversicherung abzusenken.

Das bedeutete im Klartext, dass vor allem die Konsumenten, also alle privaten Haushalte, die Last der beschleunigten Konsolidierung tragen mussten. Es handelte sich um eine in diesem Ausmaß bisher nicht bekannte zusätzliche Belastung breiter Bevölkerungskreise. Eine höhere Mehrwertsteuer trifft schlussendlich *alle*, die konsumieren. Sie trifft besonders jene, die besonders viel von ihrem Einkommen konsumieren. Das sind die Haushalte mit niedrigem Einkommen, die in der Regel all das, was sie an Gehalt oder sonstigen Einnahmen wie beispielsweise Wohngeld beziehen, für ihren Verbrauch an Gütern und Dienstleistungen verwenden müssen. Wer ein höheres Einkommen bezieht, kann hingegen auch sparen und damit die höhere Mehrwertsteuerbelastung teilweise vermeiden. Gemildert wird diese ungleiche Belastung nur dadurch, dass der Mehrwertsteuersatz auf Nahrungsmittel, die einen hohen Anteil am Verbrauch von Haushalten mit niedrigen Einkommen ausmachen, reduziert ist und auch nicht angehoben wurde. Das fällt jedoch nicht so stark ins Gewicht.

Generell gesprochen vermindert eine höhere Mehrwertsteuer auf breiter Basis die Kaufkraft der privaten Haushalte. Die Reaktion der Konsumenten ließ dann auch nicht lange auf sich warten. Obwohl auch im Jahr 2007 die Wirtschaft in Deutschland insgesamt außerordentlich kräftig wuchs, ging der private Verbrauch zurück. Das hatte es in einem Aufschwungjahr bisher noch nicht gegeben. Die Erhöhung der Mehrwertsteuer hat dazu beigetragen, dass in diesem jüngsten Aufschwung die Einkommen der Mehrheit der Bevölkerung unter Berücksichtigung der Preissteigerungen nicht gestiegen sind. Auch das hatte es noch nicht gegeben. Der Begriff »Aufschwung« bekam eine neue Qualität:[9] Es war ein Wachstum ohne Einkommenszuwachs. Und das allein hätte schon Anlass zur Sorge geben müssen.

Zum ersten Mal seit dem Bestehen der Bundesrepublik Deutschland waren breite Teile der Bevölkerung von einer wirtschaftlichen Aufwärtsentwicklung abgekoppelt. Das gesamtwirtschaftliche Wachstum kam nur noch wenigen zugute. Hier zeigte sich erneut die seit Ende der 1990er Jahre vorherrschende Tendenz, Reichtum zu schonen. Ein genauerer Blick enthüllt, dass die höhere Mehrwertsteuer aber nur einer von drei Gründen für die Einkommensbelastung war – man muss das genauer analysieren.

Weitere Ursachen waren die geringen Lohnzuwächse und die stark gestiegenen Importpreise für Rohstoffe und Energie. Der verstärkte Zugriff des Staates auf die Einkommen durch die höhere Mehrwertsteuer muss dabei auch mit Blick auf die Staatsfinanzen gesehen werden. Wenn die Steuern stärker steigen als das Bruttoinlandsprodukt, dann sichert sich der Staat einen höheren Anteil an der gesamtwirtschaftlichen Wertschöpfung. Angesichts der hohen Haushaltsdefizite in den Jahren zuvor und des Schuldenstands gemessen am Bruttoinlandsprodukt, der die im Vertrag von Maastricht festgelegte Obergrenze von 60 Prozent des BIP bereits seit Jahren überschritt, war es prinzipiell verständlich und auch richtig, dass die Steuern angehoben wurden. Indem man aber dafür die Mehrwertsteuer wählte, traf es vor allem die niedrigen und mittleren Einkommen besonders stark – das war das eigentliche Problem. Zwar wurde die Kaufkraft der Einkommen durch die steuerlich bedingt höheren Preise insgesamt vermindert. Die wohlhabenderen Bevölkerungsschichten wurden aus bekannten Gründen jedoch nur mäßig belastet. Die reicheren Haushalte beteiligten sich, verglichen mit den weniger gut gestellten, somit in relativ geringerem Ausmaß an der Sanierung der Staatsfinanzen. Die Konsequenz? Eine zunehmende Ungleichheit.

Um diesen Effekt in seiner Größenordnung abzuschätzen, muss man den jüngsten Aufschwung im Vergleich zu früheren setzen. Daraus ergibt sich, dass wegen der höheren Mehrwertsteuer[10] (zusammen mit Kürzungen von Transferzahlungen des Staates an die privaten Haushalte) die Preise um mehr als 1 Prozentpunkt höher waren. Die realen verfügbaren Einkommen fielen dagegen im Vergleich zum vorherigen Aufschwung als Folge dieser Politik um knapp 3 Prozent niedriger aus. Eigentlich eine ganz einfach Rechnung – aber offenbar war dieser Zusammenhang den Wirtschaftspolitikern nicht bekannt. Oder sie waren schlecht beraten.

In die gleiche Richtung wirkten auch die höheren Importpreise für Energie und Rohstoffe wie Öl, Gas oder Kupfer. Im Vergleich zum vorigen Aufschwung zogen diese Preise spürbar stärker an. Das hängt zum einen mit den zumindest auf mittlere Sicht immer knapper werdenden Vorräten an nicht erneuerbaren Rohstoffen zusammen. Zugleich nahm die Nachfrage nach genau diesen Rohstoffen im Zuge des industriellen Aufstiegs von Ländern wie China und Indien merklich zu. Allein das sind hinreichende Gründe für einen tendenziellen Anstieg dieser Preise. Sie erklären jedoch nicht das dramatische Ausmaß des Anstiegs und dessen hohe Volatilität.

Diese haben mit den veränderten Gegebenheiten auf den Finanzmärkten zu tun. Mit der Deregulierung dieser Märkte war es möglich, Wertpapiere zu konstruieren und zu emittieren, mit deren Hilfe man sich gegenüber künftigen Preisentwicklungen auf den Rohstoffmärkten absichern konnte. Das aber können nicht nur jene tun, die unmittelbar von diesen Tendenzen betroffen sind, weil sie mit Rohstoffen handeln, sondern prinzipiell alle Finanzmarktakteure. Und so wurden in der Folge auch bald unzählige Wetten auf Rohstoffpreise abgeschlossenen, wodurch der Markt erheblich liquider wurde. Höhere Liquidität eines Marktes bedeutet, dass mehr Geld im Umlauf ist als vorher. Dies wiederum beschleunigte die zugrunde liegende Trendentwicklung in den Rohstoffpreisen, führte also zu einem beschleunigten Preisanstieg. Im Ergebnis bedeuten höhere Rohstoffpreise für ein Rohstoffimportland wie Deutschland einen Transfer von Wohlstand in Richtung Ausland – also eine Belastung der heimischen Wirtschaft.

Dieser Verlust ist kurzfristig weitgehend unvermeidbar und nur durch langfristig angelegte Energiesparpolitik zu vermindern. Der Wohlstandsverlust betraf vor allem die Verbraucher und damit die privaten Haushalte. Zwar wurden auch die Unternehmen durch die höheren Importpreise belastet. Doch sie konnten die höheren Kosten weitgehend auf die Verbraucher abwälzen. Im Ergebnis wurden die realen verfügbaren Einkommen im Vergleich zum vorherigen Aufschwung um 1 Prozent gedämpft.

Neben diesen Sondereffekten stelle ich jedoch schon seit über zehn Jahren einen deutlichen Trend zu nur noch sehr geringfügigen Lohnsteigerungen fest – und bin mit meiner Meinung da sicherlich nicht alleine. Dieser geringe Lohnanstieg ist der Hauptgrund für die schwache Kaufkraft. Gemessen an den prozentualen Zuwächsen in der Vergangenheit und vor allem gemessen am Zuwachs der Produktivität fielen die Lohnsteigerungen deutlich zu niedrig aus. Das Produktivitätswachstum ist aber der entscheidende Maßstab für die Höhe der Lohnsteigerungen. Bleiben die Reallöhne hinter dem Produktivitätszuwachs zurück, der nichts anderes ist als der Zuwachs der Wirtschaft an Leistungsfähigkeit, werden die erzielten Einkommen zugunsten der Gewinne umverteilt. Genau das ist in Deutschland über Jahre hinweg geschehen – auch im jüngsten Aufschwung. So sind die realen Nettolöhne je Beschäftigtem in dieser Zeit um gut 3 Prozent hinter dem Anstieg im vorigen Aufschwung zurückgeblieben. Das hat die realen Einkommen der Beschäftigten um rund 2,5 Prozent vermindert. In der gleichen Zeit sind die Gewinneinkommen entsprechend stark gestiegen. Das erzeugt nur noch mehr Ungleichheit.

Denn: Wenn die Gewinneinkommen den Lohneinkommen enteilen, profitieren Unternehmen und die Bezieher höherer Einkommen am meisten – und die anderen gehen leer aus.

Waren die Reformen erfolgreich?

Kaum ein anderes Thema hat die ökonomische Debatte in den vergangenen Jahren so aufgeheizt wie die Frage, ob die Arbeitsmarktreformen von 2003 und 2004 ein Erfolg waren oder nicht. Die geteilten Reaktionen waren wenig überraschend. Jene, die von Anfang an für die Reformen waren, denen sie vielleicht sogar nicht weit genug gingen, sprachen von großen Erfolgen. Diejenigen, die von Anfang an dagegen waren, kritisierten das Ergebnis zum Teil massiv.

Allerorten wird die jüngste positive Wirtschaftsentwicklung von damaligen Reformbefürwortern eben jenen Reformen zugeschrieben. Ich möchte die Resultate hier nun aus kritischer Distanz beurteilen – mit aller gebotenen Vorsicht, da die Ereignisse, über die wir hier sprechen, noch nicht so lange zurückliegen. Meine kritische Ausgangsposition ergibt sich aus einer anfänglich großen Skepsis gegenüber diesen Reformen. Als sie eingeführt wurden, hatten sie negative konjunkturelle Wirkungen – und das ließ nicht gerade auf bessere Zeiten hoffen.[11] Ob sie als erfolgreich bezeichnet werden können, hängt jedoch noch von vielen anderen Dingen ab. Nun ist seit der Einführung der Reformen einige Zeit vergangen, und die Dramatik der Ereignisse auf den Finanzmärkten hat ihre Bedeutung in den Hintergrund gedrängt. Diese Aussage enthält an sich schon eine Wertung. Offensichtlich hing, entgegen den Behauptungen von Hans-Werner Sinn, die Rettung Deutschlands nicht von der Bereitschaft der Politik ab, den Arbeitsmarkt zu reformieren.[12] Die Zustände auf den Finanzmärkten waren im Grunde viel wichtiger, wurden aber lange missachtet – ein schwerwiegendes Versäumnis.

Zunächst aber muss man sich fragen, woran der Erfolg überhaupt gemessen wird (und wie er überhaupt gemessen werden kann). Diese

Entscheidung ist alles andere als trivial. Im Kern geht es doch um folgende Fragen: Haben die Reformen die Arbeitslosigkeit reduziert oder haben sie die Beschäftigung erhöht? Im Idealfall hängt beides zusammen, dann wird die Arbeitslosigkeit durch mehr Beschäftigung abgebaut und Arbeitslose wechseln direkt aus der Arbeitslosigkeit in eine Beschäftigung.

Allerdings tritt dieser Idealfall nicht zwangsläufig ein. So kann die Arbeitslosigkeit auch deshalb abnehmen, weil bei gleichbleibender Beschäftigung aus demografischen Gründen der Zustrom an Arbeitswilligen auf den Arbeitsmarkt abnimmt. Dies hätte dann gar nichts mit den Reformen zu tun, wohl aber mit der demografischen Entwicklung. Oder: Die Reformen halten – infolge des erhöhten Drucks, eine Beschäftigung anzunehmen – eigentlich Arbeitsunwillige davon ab, sich arbeitslos zu melden und die Grundsicherung und andere Leistungen in Anspruch zu nehmen. Diese Arbeitslosen würden zwar keine Beschäftigung aufnehmen, stattdessen aber in die sogenannte Stille Reserve des Arbeitsmarktes eingehen. Zu dieser Gruppierung zählen all jene, die sich entmutigt vom Arbeitsmarkt zurückgezogen haben, obwohl sie noch im erwerbsfähigen Alter sind. Die Beschäftigung steigt in diesem Fall nicht. Man kann dies als Erfolg der Arbeitsmarktreformen werten, weil staatliche Mittel effizienter ausgegeben werden. Der »Erfolg« kann aber auch darin bestehen, dass Menschen gezielt *entmutigt* werden, weiter nach Arbeit zu suchen. Dies ist also ein durchaus ambivalentes Resultat, obwohl die Arbeitslosigkeit sinkt oder zumindest nicht steigt.

Anders sieht es für die Beschäftigung aus. Jede Zunahme dieser Größe ist ein Erfolg. Aber ist dieser Erfolg wirklich immer das Ergebnis der Reformen? Beschäftigung kann man außerdem auf unterschiedliche Weise messen. Die geläufigste Weise ist die in Köpfen. Es wird ermittelt, wie viele Menschen als Ergebnis der Reformen zusätzlich eine Stelle finden, also beschäftigt sind. Die Ökonomie hingegen verwendet als Maß für die Beschäftigung häufig die geleisteten Arbeitsstunden. Die Stundenzahl gibt den Umfang der gesamten Arbeitsleistung wieder, unabhängig davon, von wie vielen Menschen sie geleistet wird. Das bedeutet auch, dass die Zahl der Arbeitsstunden sehr wohl steigen kann, ohne dass die Zahl der Beschäftigten es tut. Die Beschäftigten arbeiten dann einfach pro Kopf mehr; sie haben längere Arbeitszeiten. Der umgekehrte Fall gilt selbstverständlich auch: Bei unveränderter Zahl der Beschäftigten wird weniger gearbeitet; ihre Arbeitszeit verkürzt sich. Die Arbeitsmarktreformen sollten über den verstärkten Druck auf Arbeitslose und Löhne im Idealfall zu einer Zunahme sowohl der Zahl der Beschäftigten als auch der Arbeitsstunden führen. Allerdings sollte der Druck auf Arbeitslose primär das Ergebnis haben, dass sie schneller eine Beschäftigung finden, für wie viele zu leistende Arbeitsstunden auch immer. Der Erfolg müsste sich daher zunächst einmal in einer höheren Zahl von Beschäftigten zeigen.

Neben der rein quantitativen Messung dürfen wir aber die Qualität der Beschäftigung nicht aus den Augen verlieren. Was aber macht diese Qualität aus? Man muss überprüfen, ob die zusätzlichen Stellen unbefristet und sozialversicherungspflichtig sind oder ob es sich um befristete Stellen möglicherweise im Rahmen von Zeitarbeit handelt. Im schlechtesten Fall unterliegen sie nicht einmal der Sozialversicherungspflicht. In den Augen überzeugter Arbeitsmarktreformer wäre dies dennoch ein Erfolg – das wäre eben der Preis, den man für eine erhöhte Beschäftigung zahlen müsse. Die schlechtere Qualität der Stellen – so die Argumentation – mache die Beschäftigung für Unternehmen ja billiger. Nur so ließen sich diese neuen Stellen überhaupt schaffen. Diese Interpretation ist umstritten. Die verschlechterte Qualität kann nämlich auch das Ergebnis von umgewandelten Stellen sein, die zuvor von höherer Qualität waren. Die Unternehmen nutzen demnach den von den Arbeitsmarktreformen ausgehenden Druck und ihre erweiterten rechtlichen Möglichkeiten, um zum Beispiel Zeitarbeit einzuführen und so ihre Kosten zu senken. Ein solches Verhalten kann schwerlich als ein Erfolg der Arbeitsmarktreformen interpretiert werden. Eine verschlechterte Qualität der Stellen ist allenfalls dann hinnehmbar, wenn man gleichzeitig zusätzliche Stellen schafft, die ansonsten nicht entstehen würden. Man muss also bei der Bewertung der Arbeitsmarktreformen sehr genau hinsehen, um zu einem nachvollziehbaren Urteil zu kommen.

Dazu gehört auch ein Blick auf die Methode, also wie der Effekt der Arbeitsmarktreformen auf Arbeitslosigkeit und Beschäftigung gemessen wird. Beide Größen sind stets vielfältigen Einflüssen ausgesetzt, die nichts mit den Arbeitsmarktreformen zu tun haben. Es geht also darum, den Effekt der Arbeitsmarktreformen unter einer Vielzahl von Einflussfaktoren möglichst exakt und sicher zu identifizieren. Und das ist gar nicht so leicht, wie beispielsweise ein Blick auf den Einfluss der Konjunktur zeigt. Die konjunkturelle Dynamik beeinflusst Beschäftigung und Arbeitslosigkeit jederzeit, das ist unstrittig. So ist es »normal«, dass in einem Aufschwung die Beschäftigung steigt und die Arbeitslosigkeit abnimmt. Wie aber können wir nun zwischen dem Einfluss der Konjunktur und dem Einfluss von Arbeitsmarktreformen unterscheiden? Genau diese Frage stellte sich im Vorfeld der Krise, als im Aufschwung zwischen Ende 2004 und Mitte 2008 die Beschäftigung zunahm und die Arbeitslosigkeit zurückging. Manche sagten, diese verbesserte Lage sei allein den Arbeitsmarktreformen zuzuschreiben. Eine solche Aussage hat nichts mit seriöser Wissenschaft zu tun, weil sie den Einfluss der Konjunktur völlig unterschlägt. Nun ja – hin und wieder neigen wohl einzelne Wissenschaftler und Politiker dazu, die Wissenschaft in die letzte Bank zu setzen. Es soll eben alles ein Erfolg ihrer Reformen sein. Ich erlaube mir trotzdem (oder gerade deswegen) einen wissenschaftlichen Blick auf die Arbeitsmarktreformen – wenn auch mit einigen Einschränkungen.

Was uns die Statistik zu sagen hat

In der ökonomischen Wissenschaft verfügen wir über statistische Verfahren, die genau diese Identifizierung der verschiedenen Einflussfaktoren leisten. Um zu gesicherten Aussagen zu gelangen, benötigt man aber erheblich mehr Daten, als uns aktuell zur Verfügung stehen. Aus statistischer Sicht ist der Zeitraum seit 2003/2004 recht kurz. Eine Antwort auf die Frage nach der Wirksamkeit der Reformen auf dem üblichen methodischen Niveau der Ökonomie wird wohl noch einige Jahre warten müssen.

Um dennoch eine erste vorläufige Bilanz ziehen zu können, bediene ich mich im Folgenden diverser Vergleiche, die Hinweise auf eine Antwort geben können. Alle diese Versuche weisen zwangsläufig einen vorläufigen Charakter auf. So wurde im Frühjahr 2007 erstmals ein Vergleich der beiden jüngsten konjunkturellen Aufschwungphasen bezogen auf den Arbeitsmarkt durchgeführt.[13] Auf diese Weise vergleicht man zwei prinzipiell gleichartige Phasen der Konjunktur, in denen aus konjunkturellen Gründen eine verbesserte Arbeitsmarktlage erwartet werden kann. Wenn nun in einer dieser Phasen die Arbeitsmarktentwicklung besonders günstig verläuft, dann muss es neben der Konjunktur noch andere Einflussfaktoren dafür geben. Zu diesen Faktoren könnten, in Abwesenheit anderer spektakulärer Veränderungen, die Arbeitsmarktreformen zählen. Als Vergleichszyklen dienen der Aufschwung von 1998 bis Ende 2000, als es die Arbeitsmarktreformen noch nicht gab, und der jüngste Aufschwung von Ende 2004 bis Mitte 2008, als die Reformen schon Wirkung gezeigt haben dürften. Ich gehe dabei insbesondere auf die Argumente des Sachverständigenrates ein, der die Reformen eindeutig als Erfolg interpretiert.

Der jüngste Aufschwung von 2006 bis 2008 war deutlich kräftiger und hielt merklich länger an als sein »Vorgänger«. Insofern ist eine insgesamt günstigere Arbeitsmarktentwicklung keine Überraschung und eher auf die markant gute Konjunktur zurückzuführen. Die Skepsis, dass die Arbeitsmarktreformen – wegen der Einkommensverluste vieler Langzeitarbeitsloser, wegen des starken Drucks auf die Löhne und der Verunsicherung durch die Reformen – die Konjunktur zunächst belasten würde, war durchaus berechtigt. Das Wachstum zu Beginn des Aufschwungs war zu schwach, um positive Beschäftigungseffekte zu zeigen. Die Unternehmen konnten die anziehende Nachfrage mühelos mit dem Bestand an Beschäftigten oder, wegen der Zunahme der Produktivität, sogar mit weniger Arbeitskräften befriedigen. Am Anfang des Aufschwungs standen also per saldo Beschäftigungsverluste, wie Abbildung 1 zeigt. Das ist zwar zu Beginn eines Aufschwungs keinesfalls ungewöhnlich, fiel aber im jüngsten Fall doch stärker aus als erwartet. Diese anfänglichen Beschäftigungsverluste müssen Bestandteil einer korrekten Bilanz sein. Sie werden häufig nicht berücksichtigt, weil der Beginn des Aufschwungs auf den Zeitpunkt der ersten Beschäftigungszunahme datiert wird. Ein solches Vorgehen blendet aber die Anfangskosten bewusst aus und gibt damit ein unvollständiges Bild.

Im weiteren Verlauf stieg die Beschäftigung bis zum Ende des Aufschwungs erwartungsgemäß an. Es lohnt auch ein Blick auf die Länge des Aufschwungs. Der Sachverständigenrat kommt in seiner Analyse zu einer Aufschwunglänge von 7 Quartalen für den älteren und 13 für den jüngeren.[14] Daher ist es wenig überraschend, dass im jüngsten Aufschwung die Beschäftigung sowohl in Arbeitsstunden gemessen als auch der Zahl der Beschäftigten nach insgesamt stärker gestiegen ist als im früheren. Dies wird auch vom Sachverständigenrat als Beleg für den Erfolg der Arbeitsmarktreformen angeführt. Aber lässt sich die längere Dauer des Aufschwungs wirklich als Erfolg der Arbeitsmarktreformen interpretieren? Dies wäre so, wenn die Reformen den Aufschwung angetrieben hätten. Aufgrund der insgesamt schwachen Einkommensentwicklung kann dies direkt über die Nachfrageseite nicht geschehen sein. Im Gegenteil, von dieser Seite sind deutlich negative Impulse zu erwarten.

Allerdings hat der Lohndruck die Angebotsbedingungen verbessert, sodass insbesondere ein Teil der bemerkenswerten Exportdynamik eine Folge der Arbeitsmarktreformen sein dürfte. Dies beeinflusst indirekt über eine erhöhte Beschäftigung auch die Binnennachfrage positiv. Insgesamt ergibt dies jedoch wegen des größeren Anteils der Binnennachfrage an der wirtschaftlichen Entwicklung immer einen eher negativen Saldo. Man kann also mit Fug und Recht behaupten, dass die Arbeitsmarktreformen keinen spürbaren Einfluss auf die Dauer des Aufschwungs hatten – weder in die eine noch in die andere Richtung.

Um das positive Urteil des Sachverständigenrates noch etwas genauer zu prüfen, bietet es sich an, den Vergleich zunächst auf die Länge des kürzeren Aufschwungs zu begrenzen. Nur so lassen sich vergleichbare Resultate erhalten. Hier zeigt sich ein interessantes Ergebnis. Folgt man Logeay/Zwiener[15], die die Beschäftigungswirkungen bei gleich starkem Wachstum berechnet haben, so ist das Ergebnis für die Reformbefürworter ernüchternd. Erst nach elf Quartalen holte der jüngere Aufschwung das Wachstum ein, das der ältere bereits nach sieben Quartalen erreicht hatte. An diesem Vergleichspunkt hatte die Zahl der Beschäftigten im ersten Aufschwung stärker zugenommen als im zweiten. Dagegen war die Zahl der Arbeitsstunden im zweiten Aufschwung stärker gestiegen.

Dieser Befund besagt nichts anderes, als dass im jüngsten Aufschwung vor allem die durchschnittliche Arbeitszeit der Beschäftigten massiv ausgedehnt wurde. Die verlängerte Arbeitszeit ergibt sich aus zwei einander verstärkenden Tendenzen. Zum Einen wurden im Aufschwung Ende der 1990er Jahre Neueinstellungen in Form von Mini- und Midi-Jobs getätigt. Die Subventionierung dieser Jobs durch geringere Steuer- und Abgabenbelastung trat damals als wesentlicher Teil einer Arbeitsmarktreform in Kraft und wurde von den Unternehmen weidlich genutzt. Das war zwischen 2006 und 2008 nicht mehr der Fall. Zum Zweiten waren in der Zwischenzeit in vielen Unternehmen flexible Arbeitszeitvereinbarungen in Kraft getreten, die es erlaubten, bei unverändertem Gehalt innerhalb vereinbarter Grenzen die Arbeitszeit der Beschäftigten flexibel an die Auftragslage der Unternehmen anzupassen. Folglich konnten die Unternehmen im Zuge des Aufschwungs die Arbeitszeit ihrer Beschäftigten ohne größere Mehrkosten erhöhen. Dies war, insbesondere am Beginn des Aufschwungs, für sie erheblich rentabler, als jemanden neu einzustellen. Es ist also letztlich nicht überraschend, dass als Folge dieser internen Flexibilisierung vor allem die Zahl der Arbeitsstunden massiv ausgeweitet wurde.

Ist dies ein Erfolg der Arbeitsmarktreformen? Wohl kaum. Die Arbeitsmarktreformen setzen ja gerade auf eine externe Flexibilisierung des Arbeitsmarktes. Vor allem Arbeitslose sollten durch finanziellen

Druck und mithilfe besser qualifizierter sowie zahlreicherer Arbeitsvermittler schneller eine Arbeit finden und aufnehmen. Dies hätte aber primär zu einer stärkeren Ausweitung der Zahl der Beschäftigten führen müssen. Genau das ist aber nicht geschehen. Die Zahl der Beschäftigten ist in geringerem Ausmaß gestiegen.

Mein Fazit: Der Beleg des Sachverständigenrates im Hinblick auf den Beschäftigungserfolg der Reformen ist ungültig, da er allein auf die längere Dauer des Aufschwungs zurückzuführen ist – was wiederum nicht auf die Arbeitsmarktreformen zurückgeführt werden kann. Der Erfolg, den die stärkere Ausweitung der Arbeitsstundenzahl im Hinblick auf die Arbeitsmarktlage darstellt, kann also nicht den Arbeitsmarktreformen zugeschrieben werden. Er ist vielmehr das Ergebnis der in der Regel gemeinsamen Bemühungen von Unternehmen und Gewerkschaften um eine Flexibilisierung der Arbeitszeit. Um es auf den Punkt zu bringen: Die Arbeitsmarktreform von unten war erfolgreicher als die von oben.*

Es ist also für die Arbeitsmarktlage von entscheidender Bedeutung, dass ein Aufschwung möglichst lange anhält. Nur dann steigt die Beschäftigung richtig kräftig an. Hinzu kommt, dass mit der Länge des Aufschwungs die Beschäftigung überproportional zunimmt und sich zudem die Qualität der Arbeitsverhältnisse verbessert. So ist die bemerkenswerte Zunahme der sozialversicherungspflichtigen Beschäftigungsverhältnisse im jüngsten Aufschwung auch erst in dessen Spätphase erreicht worden. Der Aufschwung veredelt sich gleichsam im Laufe der Zeit. Das alles zu erreichen ist aber weniger die Aufgabe von Arbeitsmarktpolitik. Es fällt eher in das Gebiet der Konjunkturpolitik. Das zeigt einmal mehr, wie bedeutsam dieser häufig unterschätzte Politikbereich ist.

---

* Gleichwohl muss aus gesamtwirtschaftlicher Sicht ein wenig Wasser in den Wein dieses Erfolgs geschüttet werden. Denn diese Strategie konnte nur funktionieren, weil der Aufschwung im Kern auf die kräftige Expansion der Exporte zurückzuführen ist, wo sich allein der Kostenvorteil der flexiblen Arbeitszeitregelung positiv bemerkbar macht. Binnenwirtschaftlich schlägt hingegen das entgangene Einkommen durch Verzicht auf Überstundenzahlungen negativ zu Buche.

Das zweite Kriterium, nach dem die Arbeitsmarktreformen beurteilt werden müssen, ist ihr Einfluss auf die Arbeitslosigkeit. Hier ist das Ergebnis eindeutig. Die Arbeitslosigkeit hat im jüngsten Zyklus deutlich stärker abgenommen als im vorherigen. Auch dies führt der Sachverständigenrat als Beleg für den Erfolg der Reformen an. Und ich muss sagen: Dieser Beleg ist deutlich triftiger als der vorige. Es ist nicht von der Hand zu weisen, dass zumindest der Einsatz der finanziellen Mittel effizienter als früher erfolgt. So wird durch die intensivere Betreuung von Arbeitslosen und den finanziellen Druck die eigentlich unberechtigte Inanspruchnahme der Sozialversicherung deutlich erschwert. Das gilt ebenfalls, wenn auch in geringerem Ausmaß, für den Rückgang der Arbeitslosigkeit bei gering Qualifizierten. Es gilt erstaunlicherweise nicht für den Rückgang der Langzeitarbeitslosigkeit, wie Tabelle 1 zeigt. Erstaunlich ist das, weil die Arbeitsmarktreformen es zum Ziel hatten, insbesondere diese Gruppe von Arbeitslosen möglichst rasch wieder in Beschäftigung zu bringen.

Was lässt sich aus all diesen Beobachtungen schließen? Der vergleichsweise starke Rückgang der Arbeitslosigkeit ist meiner Meinung nach vor allem jenen zu verdanken, die ohnehin relativ gute Chancen auf dem Arbeitsmarkt hatten. Sie fanden infolge des gestiegenen Drucks nun schneller eine Beschäftigung. Gleichzeitig hat sich durch die intensivere Prüfung der Missbrauch der Arbeitslosenversicherung wohl vermindert; es ist aber auch nicht auszuschließen, dass mehr Menschen als früher einfach entmutigt werden, sich arbeitslos zu melden.

Hinzu kommt, dass die demografische Entwicklung den Abbau der Arbeitslosigkeit derzeit ohnehin erleichtert. Seit etwa einem halben Jahrzehnt nimmt das Angebot an Arbeit ab. Es strömen weniger junge Menschen auf den Arbeitsmarkt, als Ältere ihn verlassen, und die Erwerbsneigung von Frauen nimmt auch nicht mehr zu. Da außerdem der Zustrom an Zuwanderung fast vollständig versiegt ist, wird diese Tendenz anders als noch vor einem Jahrzehnt nicht mehr durch Migration aufgefangen. Der sichtbare Erfolg beim Abbau der

Tabelle 1: Kennzahlen der Arbeitsmarktentwicklung in den letzten Aufschwüngen für Deutschland

Zeitperiode	99:1-01:1	05:2-08:1
ΔBIP (in %)	5,60	8,30
ΔErwerbstätige (in %)	2,80	3,60
ΔErwerbstätige (in %)/ΔBIP (in %)	0,50	0,43
ΔArbeitsvolumen (in %)	0,90	3,90
ΔArbeitsvolumen (in %)/ΔBIP (in %)	0,16	0,47
ΔArbeitslosenquote (in %-Pkt.)	–1,20	– 3,10
ΔArbeitslosenquote der Gering-qualifizierten (in %-Pkt.)	–2,30	–3,00
ΔLangzeitarbeitslose in % der Arbeitslosen (in %-Pkt.)	–2,40	–1,70

Preis- und saisonbereinigte Werte; Δ = Änderung
Quellen: Eurostat; OECD Economic Outlook; eigene Berechnungen

Arbeitslosigkeit ist also wahrlich kein überragender und hat mehr als einen Vater.

Der Sachverständigenrat verwendet noch ein weiteres Argument als Beleg für einen Erfolg der Reformen. Er berechnet mittels üblicher statistischer Verfahren eine strukturelle Arbeitslosenquote. Diese zeigt an, wie hoch die Arbeitslosigkeit wäre, wenn sich die Volkswirtschaft in einer Art Gleichgewichtszustand befinden würde.[*16] So sollen vor allem konjunkturelle Effekte ausgeblendet werden. Diese Rate ist nach den Berechnungen des SVR seit den Reformen leicht zurückgegangen, nämlich um 0,3 Prozentpunkte. Interessant ist ein Vergleich, den Sturn und van Treeck vornehmen.[17] Sie untersuchen mit der gleichen Methode wie der Sachverständigenrat, wie sich die strukturelle Arbeitslosigkeit in anderen Zyklen und in anderen Län-

---

* Dieser wird – wie üblich – als ein Zustand definiert, in dem die Inflationsrate konstant ist.

dern verändert hat. Anhand eines Vergleichs der Größenordnungen lassen sich bessere Schlussfolgerungen im Hinblick auf die quantitative Bedeutung der Reformen ziehen.

Die Ergebnisse zeigen deutlich, wie begrenzt die Wirksamkeit der Reformen ist. Da die strukturelle Arbeitslosenquote in früheren Zyklen in etwa gleicher Größenordnung anstieg, könnte man das Resultat im jüngsten Zyklus zumindest als eine Art vorsichtige Trendwende bezeichnen. Allerdings ist schon erstaunlich, dass in anderen Ländern und auch im Euroraum insgesamt die strukturelle Arbeitslosigkeit im jüngsten Aufschwung deutlich stärker zurückgegangen ist. So sank sie in Spanien und Italien – also in Ländern, die im fraglichen Zeitraum nicht durch übermäßige Reformanstrengungen auf dem Arbeitsmarkt aufgefallen waren – um jeweils 0,7 Prozent. Im Euroraum insgesamt ging sie um 0,4 Prozent zurück. Das Resultat für Deutschland ist im internationalen Vergleich also völlig unauffällig. Die hingegen im internationalen Vergleich sehr auffälligen Reformen haben demzufolge die strukturelle Arbeitslosigkeit nicht besonders stark reduziert. Vor allem der Rückstand zu Spanien und Italien lässt darauf schließen, dass eher andere Faktoren als die Arbeitsmarktreformen für den Pfad der strukturellen Arbeitslosigkeit entscheidend sind.

Diese Vermutung erhärtet sich aus meiner Sicht, wenn man auf die weiteren Resultate von Sturn und van Treeck schaut. Sie führen einen ähnlichen Zyklenvergleich für andere Länder des Euroraums und den Euroraum insgesamt durch. Das Ergebnis im Hinblick auf die Beschäftigung deckt sich mit dem für die strukturelle Arbeitslosigkeit: Es ist völlig unauffällig. Die Zahl der Beschäftigten stieg in Frankreich, Spanien, Italien und dem Euroraum insgesamt zum Teil deutlich stärker als in Deutschland. Bei den Arbeitsstunden hinkt Deutschland ebenfalls hinter Frankreich und Italien her.* Allein im Hinblick auf die Arbeitslosigkeit weist Deutschland einen stärkeren Rückgang auf, wobei die Langzeitarbeitslosen, die

---

* Für den Rest des Euroraums stehen keine entsprechenden Datenreihen zur Verfügung.

eigentliche Zielgruppe der Reformen, hiervon am wenigsten profitierten.

Wenn ich mir das Gesamtbild der vorläufigen Wirkungen ansehe, die von den Arbeitsmarktreformen auf die Lage am Arbeitsmarkt ausgingen, macht sich Enttäuschung breit. Der verschärfte Druck zeigte zwar Wirkung, aber dieser beschränkte sich primär auf jene Arbeitslosen, denen es sowieso leichter fiel, Arbeit zu finden. Schaut man sich den zentralen Faktor »Beschäftigung« an, ist die Wirkung der Reformen als marginal zu bewerten. Viel Lärm also um wenig.

Betrachtet man aus heutiger Sicht insgesamt die Wirtschaftspolitik des vergangenen Jahrzehnts und dabei vor allem die Zeit direkt vor der Krise, fügt sich alles zu einem merkwürdig unscharfen Bild. Vor allem in der zweiten Legislaturperiode der rot-grünen Bundesregierung ist die Wirtschaftspolitik geprägt von einer einzelwirtschaftlichen Sichtweise, nicht zuletzt von der Bewunderung individuellen Reichtums und letztlich der individuellen Verantwortung eines jeden für sein ökonomisches Schicksal. Beispielhaft hierfür sind die öffentlichen Kampagnen über das Schicksal von Arbeitslosen zu nennen. Es wird ihnen unterstellt, sie seien primär selbst schuld an ihrer Arbeitslosigkeit und müssten sich einfach mehr anstrengen, oder sie werden als Schmarotzer des Sozialsystems beschrieben (so der berüchtigte »Florida Paul« in der BILD-Zeitung). Jeder muss eben wissen, wo er bleibt. Gleichzeitig scheinen die Politiker das Interesse an gesamtwirtschaftlich orientierter Wirtschaftspolitik verloren zu haben. So spielt insbesondere Konjunkturpolitik keine große Rolle mehr. Auf eine kurze Formel gebracht: Förderung des Reichtums trat an die Stelle von Bekämpfung der Armut. Diese Wirtschaftspolitik schien in die Zeit zu passen und war keinesfalls nur auf Deutschland begrenzt. Viele Befürworter dieser Richtung forderten sogar mehr und Radikaleres in dieser Richtung. Die Wirtschaftspolitik war, gemessen an ihren eigenen Zielen, kein Erfolg. Weder die Wachstums- noch die Beschäftigungsperspektiven haben sich damals deutlich verbessert.

Zu Zeiten der Großen Koalition wurde die Bedeutung der Konjunktur und folglich auch der Konjunkturpolitik wesentlich angemessener eingeschätzt als unter der Vorgängerregierung. Gesamtwirtschaftliche Politik gewann wieder an Stellenwert. Dieses Umdenken war einer der Gründe, warum der weltweite Aufschwung endlich auch in Deutschland spürbar wurde – leider aber kam er nicht bei den Beschäftigten an. Im Gegenteil: Sie hatten am Ende des Aufschwungs unter Berücksichtigung der Preissteigerungen weniger Geld in ihren Portemonnaies als zu Beginn. Immerhin gelang ein langer und kräftiger Aufschwung mit entsprechenden Beschäftigungszuwächsen. Die Politik der Großen Koalition war also nicht ganz erfolglos.

Wenn aber selbst in einem Aufschwung – einer Phase der wirtschaftlichen Entwicklung, in der normalerweise breite Bevölkerungskreise an Wohlstand gewinnen – genau das Gegenteil der Fall ist; wenn also die Früchte wirtschaftlicher Leistung immer einseitiger verteilt werden, dann konnte mit der Wirtschaftspolitik doch irgendetwas nicht stimmen. Aber was war es?

Die Ungleichheit der Einkommen

Auch die wirtschaftswissenschaftliche Lehre und Forschung unterliegt gewissen Trends und Strömungen. In der Zeit, über die wir hier sprechen, war es die Theorie und Empirie der Verteilung von Einkommen und Vermögen, nach der kein Hahn mehr krähte. Die Probleme ungleicher Entlohnung von Arbeit und Kapital oder der ungleichen Verteilung von Einkommen und von Vermögen waren vollkommen aus dem Blickfeld geraten – sie waren »von gestern«. Die vorherrschende und nach eigener Ansicht moderne Lehre sieht Ungleichheit geradezu als Voraussetzung für eine dynamische Marktwirtschaft an. Ungleichheit als Marktergebnis ist so gesehen zunächst einmal gerecht. Empfindet die Gesellschaft (oder Teile davon) dies als untragbar, muss eben der Staat über seine Sozialsysteme einspringen. Soll er doch diese Schieflage durch Transferzahlungen, die durch Steuern oder Abgaben finanziert werden, entsprechend korrigieren! Das wird von Ökonomen aber gleichzeitig immer wieder als leistungsfeindlich charakterisiert.[18] Diese Haltung liefert ein Hauptargument für den Rückbau der Sozialsysteme – schließlich ist aus Sicht der modernen Lehre ja jeder seines Glückes Schmied.

Marktbestimmte Ungleichheit begründet sich durch unterschiedliche Leistungen, so lautet die Argumentation. Der Markt produziert also Leistungsgerechtigkeit. Er belohnt demnach gute Leistungen mit hohen Einkommen und bestraft schlechte mit niedrigen oder gar keinem Einkommen. Bleibt die Frage, was eine gute und was eine schlechte Leistung ist.

Ein kleiner Exkurs über Gerechtigkeit und Bezahlung

Es gibt eine notwendige Voraussetzung dafür, dass der Markt eine Leistung als gut bewertet: Sie muss auf dem Markt sowohl angeboten als auch nachgefragt werden. Qualität und Preis des Angebots müssen sowohl mit den Wünschen und dem Budget der Nachfrager als auch mit den Gewinnen oder, allgemeiner, mit dem Einkommen für den Anbieter vereinbar sein. Nur so kann ein Handel überhaupt zustande kommen. Produkte, die keiner will oder die für die Kunden zu teuer sind, werden nicht nachgefragt, und Produkte, die in der Herstellung zu teuer sind und keinen Gewinn oder kein positives Einkommen erwarten lassen, werden erst gar nicht angeboten. Dann entsteht auch kein Einkommen, und aus Marktsicht wird auch keine Leistung erbracht. Je günstiger ein Anbieter also sein Produkt herstellen kann und je besser er die Wünsche der Kunden trifft, desto mehr Einkommen wird er erzielen und desto größer ist demnach seine Leistung. Diese Überlegungen gelten prinzipiell nicht nur für Unternehmen oder Unternehmer, sondern auch für die Arbeitnehmer. Und über die Leistungsgerechtigkeit für Arbeit will ich nun sprechen.

Das Angebot der Arbeitnehmer ist ihre Arbeitskraft. Ihre Nachfrager sind die Unternehmen. Je besser sie also die Wünsche der Unternehmen im Hinblick auf ihre Qualifikation erfüllen und je günstiger sie ihre Arbeitskraft anbieten, desto eher werden sie eine Beschäftigung finden und somit Einkommen erzielen. Dieses wird umso höher sein, je besser sie aus Sicht des Unternehmens für eine bestimmte Tätigkeit geeignet sind, denn umso höher ist das Gehalt, das sie verlangen können. Die gängigen theoretischen Ansätze führen zu dem Ergebnis, dass auf wohlfunktionierenden Märkten jeder genau das Gehalt bekommt, das seiner Produktivität entspricht.* Mit anderen Worten: Jeder wird exakt nach seiner Leistung bezahlt. Es ist also im Rahmen eines solchen Modells nur logisch, zu behaupten, dass hinter einem hohen Gehalt oder einem hohen Gewinn auch eine hohe Leistung steckt. Daher erscheint das Marktergebnis als gerecht, wenn man Leistungsgerechtigkeit zum Maßstab nimmt. So weit die Lehrbücher.**

Dass etwas in diesen Standardüberlegungen fehlt, ist schnell klar. Aus eigener Erfahrung dürfte jeder wissen, dass sein Gehalt nicht so festgelegt wird, wie es in der grauen Theorie geschrieben steht. In der Regel hat der Arbeitgeber bei der Einstellung eine klare Einkommensgröße im Kopf, und der einzelne Arbeitnehmer hat lediglich die Wahl, das zu akzeptieren oder sich eine andere Stelle zu suchen. In Ausnahmefällen wie bei bekannten Künstlern, Fußballern, Unternehmensvorständen oder auch Investmentbankern ist das Gehalt jedoch durchaus verhandelbar. Häufig ist es dann der potenzielle Arbeitgeber, der eine bestimmte Gehaltsgröße akzeptieren oder sich einen anderen Bewerber suchen muss – was nicht ganz so einfach sein dürfte. Aber was ist dann dran an den Überlegungen aus dem Lehrbuch?

Zwei wesentliche Aspekte fehlen in diesen Standardüberlegungen. Erstens sind die Leistungen in einem Unternehmen – anders als in der Theorie – in der Regel nicht individuell zurechenbar. Zweitens gehen die Theoretiker davon aus, dass es auf den Märkten keine Machtzentren gibt. Alle stehen schön gleichberechtigt im fairen Wettbewerb miteinander. Das aber ist eine Illusion und gehört ins Märchenreich.

---

* Präzise formuliert bekommt jeder einen Stundenlohn, der seinem Grenzprodukt, das ist die Leistung der letzten geleisteten Stunde, entspricht.
** Die Überlegungen lassen sich ohne Weiteres auf den Gütermarkt übertragen.

Die individuelle Zurechenbarkeit von Leistung – eine sperrige sprachliche Wendung, die es aber genau trifft – ist eine notwendige Voraussetzung für Leistungsgerechtigkeit. Dieser Idealzustand kann relativ einfach erreicht werden, wenn es um wenig komplexe Produktionsvorgänge wie beispielsweise die Herstellung von Schrauben geht. In diesem Fall werden die Arbeitnehmer, die an den Maschinen arbeiten, entsprechend der Zahl der von ihnen individuell hergestellten Schrauben entlohnt. Das ist nichts anderes als ein Akkordlohn. Aber schon ein zweiter Blick auf den Produktionsprozess macht das Ganze etwas schwieriger. Was ist mit der Leistung derjenigen, die die Maschinen instand halten? Tragen sie nicht auch dazu bei, dass überhaupt Schrauben produziert werden können? Was ist mit der Putzkolonne, die die Arbeitsplätze sauber hält? Ist sie nicht auch ein wesentlicher Bestandteil der Gesamtleistung? Ohne sie würde auf Dauer die Produktion zusammenbrechen.

Erst recht schwierig wird es, wenn es darum geht, eine individuelle Leistung für anspruchsvolle Dienstleistungen zu ermitteln, bei denen in der Regel in Teams gearbeitet wird. Es ist also in der Praxis in fast allen Fällen nahezu unmöglich, eine individuell adäquate Belohnung von Leistung zu erreichen. Viele Unternehmen behelfen sich mit komplexen Leistungsprämien, die zum Teil individuell und zum Teil teambezogen sind. Das sind jedoch bestenfalls Versuche, sich einer individuell erbrachten Leistung anzunähern und diese gerecht zu entlohnen. Die aus der ökonomischen Theorie so einfach abzuleitende Bedingung für eine leistungsgerechte Entlohnung ist jedenfalls in der ökonomischen Realität kaum herzustellen. Schon aus diesem Grund sind Zweifel an der Leistungsgerechtigkeit eines Marktergebnisses berechtigt – auch mich treiben diese Fragen immer wieder um.

Eine Frage der Macht

Woraus erklären sich aber nun die teilweise gewaltigen Unterschiede in der Einkommensverteilung? Steckt nicht doch im Kern auch ein

Leistungsgefälle dahinter? Die Antwort lautet: Es ist primär ein Machtgefälle, das die Unterschiede ausmacht. Aber Macht statt Leistung? Ich meine an dieser Stelle natürlich nicht politische Macht, sondern Marktmacht. Dazu noch mal etwas Theorie. Marktmacht besteht darin, dass ein Marktteilnehmer im Zuge von Preis- oder Lohnverhandlungen in der Lage ist, seine Ziele mehr oder minder stark durchzusetzen. Ein Marktteilnehmer ist machtlos, wenn er die Preis- oder Lohnvorstellungen seines Gegenübers einfach akzeptieren muss. Dies ist eine vertraute Situation für Arbeitnehmer, die eine Stelle suchen. Es gibt aber auch den Investmentbanker, der über heiß gesuchte Spezialkenntnisse verfügt und deshalb den Banken sein Gehalt weitgehend diktieren kann. Die echte Situation aus dem Arbeitsleben liegt vermutlich irgendwo zwischen diesen beiden Extremen.

So verfügt der einzelne Arbeitnehmer zwar bestenfalls über wenig, in der Regel aber über keine Marktmacht. Indem er sich aber zum Beispiel einer Gewerkschaft anschließt, die für seine Branche die Löhne aushandelt, verschiebt sich das Machtgefüge zugunsten der Arbeitnehmer. Die Unternehmen können in diesem Fall die einzelnen Arbeitnehmer auf Jobsuche nicht mehr gegeneinander ausspielen. Im Gegenteil: Die Gewerkschaften können dann einzelne Unternehmen gegeneinander ausspielen. Um dies zu vermeiden, werden auch die Unternehmen sich zu Verbänden zusammenschließen. Die Löhne werden dann zwischen Gewerkschaften und Unternehmensverbänden auf Augenhöhe ausgehandelt. Damit kommt diese Konstellation dem marktwirtschaftlichen Ideal gleichberechtigter Verhandlungen sogar am nächsten. Genau das ist bis heute auch das Modell für Lohnverhandlungen in Deutschland. Es hat allerdings in den vergangenen Jahren nach der Wiedervereinigung und der zähen Krise nach dem Jahr 2000 an Bedeutung verloren. Das liegt sicherlich vor allem an fehlenden Organisationsstrukturen sowohl auf Arbeitnehmer- als auch auf Unternehmerseite und gilt besonders für den Osten Deutschlands.

Wenn ich diese Überlegungen zusammenfasse, dann lässt sich die Wurzel von Marktmacht eindeutig identifizieren: Es ist Knappheit. Sie unterscheidet den Investmentbanker von der Putzfrau oder dem Fensterputzer. Der Banker verfügt über so spezielle Fachkenntnisse, dass er nur schwer zu ersetzen ist. Für Reinigungskräfte hingegen ist das Angebot groß. Die einzelnen Arbeitnehmer in diesen Berufen können also leicht ersetzt werden, egal wie gut sie ihren Job machen. Das erschwert ihre Verhandlungsposition. Für einzelne Arbeitnehmer in diesen Bereichen wäre es unter normalen Umständen unmöglich, über Lohnverhandlungen zu einem Gehalt zu kommen, das auch nur annähernd ihre Produktivität widerspiegeln würde. Sie müssten sich mit einem Angebot des Unternehmens zufrieden geben, das deutlich darunter liegen dürfte, während ihr Arbeitgeber erhebliche Zusatzgewinne aus ihrer Beschäftigung zieht. Erst mithilfe von Gewerkschaften, die durch die organisatorische Bündelung der Arbeitnehmerinteressen eine Art künstlicher Verknappung erreichen, verfügen sie über die Macht, Löhne durchzusetzen, die auch ihre Leistung abbilden.

Knappheit auf einem Markt ist keine Konstante. Sie hängt mittel- bis längerfristig davon ab, wie stark das hergestellte Produkt nachgefragt wird. Gibt es zum Beispiel eine steigende Nachfrage, nimmt auch die Nachfrage nach den entsprechenden Arbeitskräften zu: Ihre Knappheit steigt, ihre Arbeitskraft ist begehrt und ihre Verhandlungsposition verbessert sich. Folglich werden auch höhere Löhne gezahlt. Bereits kurzfristig schlägt sich auch eine veränderte Konjunkturlage in veränderten Knappheiten nieder. Bricht die Konjunktur ein, steigt die Zahl der Arbeitslosen. Die Knappheit von Arbeitskräften nimmt ab. In der Folge verschlechtert sich ihre Verhandlungsposition und die Löhne geraten mit oder erst recht ohne Gewerkschaften unter Druck. So funktioniert das System von Angebot und Nachfrage für den Arbeitsmarkt.

Was aber hat Knappheit nun mit der Leistungsgerechtigkeit zu tun, die ein Marktergebnis anscheinend immer herbeiführt? Die Leistung des Einzelnen besteht darin, die Knappheitsverhältnisse des Marktes richtig einzuschätzen und in Einklang mit seinen Fähigkeiten seine Arbeitskraft anzubieten. Belohnt wird also ein Verhalten, das marktgerecht ist, bestraft wird eines, das am Markt vorbeigeht. Ob das auch leistungsgerecht ist, lässt sich so nicht beantworten – es sei denn, man attestiert dem Markt Gerechtigkeit aus eigenem Recht, indem nur das Leistung ist, was der Markt mit all den genannten Unvollkommenheiten als Leistung erbringt. Das aber ist eine triviale Sichtweise, denn damit wird automatisch jedes Marktergebnis als gerecht angesehen. Eine solche Sichtweise dient allein einer pauschalen Rechtfertigung jedes Marktergebnisses. Das bringt uns nicht weiter.

Um gehaltvoller urteilen zu können, muss man Prinzipien heranziehen, die Marktergebnisse gleichsam von »außen«, also außerhalb des Marktsystems bewerten. An dieser Stelle möchte ich auf die Gerechtigkeitstheorie des amerikanischen Philosophen John Rawls hinweisen.[19] In dem geschilderten Kontext ist insbesondere sein Differenzprinzip von Bedeutung. Demnach sollten ökonomische Ungleichheiten den am wenigsten Begünstigten der Gesellschaft den größten Vorteil bringen. Nach Rawls können also Ungleichheiten, auch der Einkommen, zwar gerecht sein, das gilt aber nur dann, wenn diejenigen mit den niedrigsten Einkommen hiervon am meisten profitieren. Zu theoretisch? Dann schauen wir uns die Praxis an.

Ein positives Beispiel für Rawls' Theorie ist der erfolgreiche Unternehmer, der ein neues Produkt auf den Markt bringt. Auf diese Weise kann er sein Einkommen eventuell dramatisch über den Durchschnitt der Gesellschaft anheben. Dies wäre im Rawls'schen Sinne dann gerecht, wenn er durch die Produktion Menschen Beschäftigung und damit Einkommen verschafft, die zuvor zum Beispiel arbeitslos waren oder sehr wenig verdient haben. Es ist dabei unerheblich, ob diese Beschäftigung direkt in seinem Unternehmen entsteht oder indirekt in anderen. Ein negatives Beispiel ist der ebenfalls erfolgreiche Unternehmer, der durch Lohnkürzungen und Entlassungen sein Einkommen drastisch steigert. Die Ungleichheit besteht in diesem Fall darin, dass sich die Einkommen der Beschäftigten verschlechtern oder sie sogar arbeitslos werden. Dieses Ergebnis ist im Rawls'schen Sinn nicht gerecht, denn es widerspricht dem Differenzprinzip.

Mithilfe dieser Prinzipien lassen sich Marktergebnisse im Hinblick auf ihre Gerechtigkeit beurteilen. Wie die Beispiele zeigen, gibt es dabei keinen Blankoscheck, sondern jeder Einzelfall muss gesondert betrachtet werden. Mir drängt sich nun die Frage auf, ob die wirtschaftlichen Entwicklungen der vergangenen Jahre zu einer leistungsgerechten Verteilung der Einkommen geführt haben und welche Rolle all dies für das Entstehen der Krise gespielt hat.

Eine Wirtschaftspolitik für mehr Ungleichheit

Eigentlich dachte man, dass das Problem der Ungleichheit von Einkommen und Vermögen in Deutschland längst gelöst sei. Noch bis zu Beginn der 1980er Jahre verteilten sich die Einkommen immer gleicher in Deutschland. Zu der Zeit begann vielmehr die Kritik an zu viel Gleichheit – die Kritiker führten an, dass dieses Zuviel jeglichen Anreiz zur Leistung zunichte mache. Was für ein Gedanke! Danach kam es sukzessive zu einem Kurswechsel in der Wirtschaftspolitik, der wieder mehr Raum für Ungleichheit ließ. Die Agenda 2010 ist ein markanter Meilenstein dieser veränderten Haltung. Mit der Einführung der Grundsicherung im Rahmen der Hartz-Reformen ließ man bewusst zu, dass Menschen, die längere Zeit ohne Arbeit waren, sich im Hinblick auf ihre Einkommen deutlich vom Rest der Bevölkerung nach unten entfernen. Das gilt zum einen direkt für die Hartz-IV-Bezieher (korrekt ALG II = Arbeitslosengeld II), und es gilt indirekt für alle, die infolge des dadurch ausgelösten Lohndrucks gleichfalls in ihrer Einkommensentwicklung zurückfallen.

Hinzu kommt, dass das Arbeitsrecht oft in einer Weise »reformiert« wurde, die das »Normalarbeitsverhältnis« mit unbefristeter Beschäftigung, Kündigungsschutz und Sozialversicherung immer weiter aushöhlte. Diese bedenkliche Entwicklung begann schon in den 1990er Jahren, indem spezielle Arbeitsverhältnisse mit geringfügiger Beschäftigung steuerlich subventioniert wurden. Das führte dazu, dass diese Form der Beschäftigung im Aufschwung stark ausgeweitet wurde, ohne dass – und das ist bemerkenswert – im Übrigen die Arbeitslosigkeit entsprechend zurückging. Dies lag wiederum daran, dass diese Stellen vor allem mit Studenten und hinzuverdienenden Ehefrauen besetzt wurden, die zuvor nicht arbeitslos gemeldet waren. Sie sind auch nicht auf eine komplette Sozialversicherung angewiesen, entweder weil sie wie die Studenten ohnehin nur vorübergehend solche Jobs machen, oder weil sie über den Ehepartner abgesichert sind.

Diese Entwicklung setzte sich im folgenden Jahrzehnt mit erweiterten Möglichkeiten befristeter Beschäftigung fort, die von den Unternehmen auch gerne in extenso genutzt wurden. Das Gleiche gilt für den rechtlich vergrößerten Spielraum, Leiharbeiter zu beschäftigen. War das zuvor nur für Phasen wohldefinierter Überauslastung zulässig, gibt es seither die Möglichkeit, permanent Beschäftigte von Verleihfirmen einzusetzen. Auch das wurde und wird weidlich genutzt, zumal die Tarifverträge auch noch eine im Vergleich zur Stammbelegschaft niedrigere Entlohnung der Leiharbeiter zulassen. Insgesamt gesehen hat diese heutige »schöne« neue Arbeitswelt mit den sicheren Beschäftigungsverhältnissen von vor 20 Jahren nur noch wenig zu tun.

Der intendierte gemeinsame Nenner all dieser Arbeitsmarktreformen ist der, Beschäftigungsverhältnisse zu flexibilisieren. Man hatte ursprünglich die Hoffnung, dass ein flexiblerer Arbeitsmarkt durch den erhöhten Wettbewerbsdruck zu niedrigeren Löhnen und dann zu höherer Beschäftigung führen würde. Mehr Ungleichheit am unteren Rand der Einkommensskala in Kauf zu nehmen war insofern Teil der Arbeitsmarktreformen der rot-grünen Koalition. Nur mit dieser erhöhten Ungleichheit ließen sich ja, folgt man dieser Logik, überhaupt Beschäftigungseffekte erzielen. Dass dieser erwünschte Effekt bestenfalls nur begrenzt eingetreten ist, habe ich im vorhergehenden Kapitel ausführlich dargelegt.

Es gibt allerdings einige interessante Nebenüberlegungen im Zusammenhang mit dieser Position. Wenn die Arbeitsmarktreformen so erfolgreich wären, wie sich dies die Initiatoren und so manche Ökonomen sicherlich gewünscht hätten, dann würde die Ungleichheit entweder, im Idealfall, sogar abgenommen haben, oder aber sie hätte sich nur geringfügig erhöht. Ob als Ergebnis solcher Reformen tatsächlich die Ungleichheit zunimmt, hängt vom Ausmaß des Erfolgs der Reformen ab. Nimmt als Folge – preisbereinigt – niedrigerer Löhne die Beschäftigung mehr als proportional zu, würde die Ungleichheit sogar abnehmen. Im Ergebnis wären zwar die Löhne niedriger als zuvor, da aber die Beschäftigung stärker gestiegen wäre, als die Löhne gesunken sind, wäre die Summe der Einkommen sogar gestiegen. Damit hätte die Ungleichheit abgenommen.

Dies ist aber nur der Idealfall; kaum jemand hatte damit gerechnet, dass er eintritt. Realistischer war es, dass die Einkommen zumindest etwas zurückgehen, da der zu erwartende Beschäftigungsanstieg niedriger als die Lohnsenkung ausfallen dürfte. Das heißt im Klartext: Durch die Reformen war realistisch gesehen in jedem Fall ein Anstieg der Ungleichheit zu erwarten. Die Frage war nur, wie stark der Anstieg ausfallen würde. Der geschilderte Misserfolg der Reformen im Hinblick auf eine höhere Beschäftigung lässt nun den Lohndruck ungebremst auf die Einkommen durchschlagen. Damit entpuppt sich die Arbeitsmarktpolitik des vergangenen Jahrzehnts entgegen dem Willen ihrer Begründer als eine Politik der Ungleichheit. Die Schere zwischen Arm und Reich öffnete sich weiter. Das wird deutlich, wenn man sich das andere Ende der Skala ansieht.

Politik für die Reichen

Die Wirtschaftspolitik in Deutschland ließ nicht nur ein Ausfransen der unteren Einkommen zu. Zugleich wurde für die oberen Einkommen mehr Freiraum geschaffen. Die Deregulierung der Finanzmärkte erzeugte für die Finanzmarktakteure neue Möglichkeiten, exorbitant höhere Einkommen zu erzielen, da nunmehr der Vertrieb und die Konstruktion neuer, hochkomplexer Produkte immer mehr Spezialkenntnisse erforderte. Das erhöhte drastisch die Marktmacht derjenigen, die in diesen Bereichen beschäftigt waren. Entsprechend explodierten ihre Gehälter. Ähnliches, wenn auch nicht ganz so extrem, spielte sich in der übrigen Wirtschaft ab. Die Unternehmensführung orientierte sich immer stärker an Finanzmarktkriterien, zu denen aus ihrer Sicht eben auch eine adäquate hohe Entlohnung gehörte. Die offizielle Begründung hierfür war die zunehmende Globalisierung, die eine internationale Angleichung der Managergehälter an das höhere Niveau in den USA erforderte. Und um dem Ganzen die Krone aufzusetzen, wurde das alles durch die Politik auch noch steuerlich flankiert.

So wurde der Spitzensteuersatz von 56 Prozent auf 42 Prozent gesenkt. Kapitaleinkommen werden nur pauschal mit 25 Prozent besteuert, was deutlich unter dem Durchschnittssteuersatz der entsprechenden Einkommensbezieher liegen dürfte und somit rechtlich einer Steuersenkung gleichkommt. Ob es auch faktisch so war, hängt davon ab, ob diese Einkommen zuvor, unter altem Steuerrecht, korrekt besteuert wurden. Angesichts der vielfältigen »Ausweichmöglichkeiten« für Kapitaleinkommen darf man getrost daran zweifeln.

Mit der Einführung der pauschalen Kapitalertragsteuer wurde aber das Prinzip, dass jede Form von Einkommen gleich besteuert wird, gebrochen. Während Arbeitseinkommen weiterhin nach dem Einkommensteuerrecht veranlagt werden, gilt dies für Kapitaleinkommen nicht mehr. Für Bezieher hoher Einkommen* wird Einkommen aus Kapital geringer besteuert als das aus Arbeit. Da gerade bei hohen Einkommen das Kapitalvermögen einen besonders hohen Anteil haben dürfte, liegt die Schlussfolgerung auf der Hand.

Die partielle Privilegierung von Kapitaleinkommen ist umso erstaunlicher, als im Hinblick auf die Vermögen die steuerlichen Privilegierungen spezieller Vermögensarten vom Bundesverfassungs-

---

* Das sind jene Einkommensbezieher, die einen Grenzsteuersatz von höher als 25 Prozent bei der Einkommensteuer haben. Dies ist bei einem zu versteuernden Einkommen ab etwa 16 000 Euro für Ledige und 32 000 Euro für Verheiratete der Fall. Bei all jenen, die einen Durchschnittssteuersatz von weniger als 25 Prozent haben, gilt dies nicht. Sie bekommen die gemessen an ihrem Einkommensteuersatz zu viel gezahlten Kapitalsteuern zurück.

gericht untersagt wurden. Das war jedenfalls der Grund, warum das Bundesverfassungsgericht anordnete, keine Vermögensteuer mehr zu erheben – weil sie Immobilienvermögen steuerlich bevorzugte. Dabei hatte das Gericht keine prinzipiellen Einwände gegen die Besteuerung von Vermögen, wohl aber gegen die Privilegierung einzelner Vermögensarten wie vor allem eben von Immobilienvermögen. Im Ergebnis wird seither Vermögen überhaupt nicht mehr besteuert. Es ist schwer nachvollziehbar, dass einerseits die Privilegierung von Kapitaleinkommen offenbar keine verfassungsrechtlichen Probleme aufwirft, bei den Vermögen andererseits aber doch. Noch unverständlicher ist, dass der rechtliche Spielraum immer zugunsten der hohen Einkommen und Vermögen ausgenutzt wird. Man hätte ja auch anders entscheiden können, indem man die Vermögensteuer ohne die Privilegierung einzelner Einkommensarten wieder eingeführt hätte. All diese Entscheidungen sprechen – leider – eine klare Sprache.

Das finanzielle Ausmaß der Steuerrechtsänderungen lässt sich berechnen. So kommen Truger und Teichmann zu dem Ergebnis, dass der Staat – selbst unter Berücksichtigung der Mehrwertsteuererhöhung, die ihm ja beträchtliche Mehreinnahmen beschert hat – durch die Vielzahl an Steuersenkungen allein im Jahr 2010 51 Milliarden Euro an Einnahmen verloren hat.[20] All dies heißt nichts anderes, als dass die Steuerpolitik, mit der eigentlich die Ungleichheit der Markteinkommen merklich vermindert werden soll, dieses Ziel deutlich zurücknimmt. Im Gegenteil: Mehr Ungleichheit ist erwünscht. Die steuerliche Bekämpfung von Ungleichheit hatte offensichtlich keine wirtschaftspolitische Priorität mehr. Mit fatalen Folgen: Die Früchte höherer wirtschaftlicher Leistung werden immer mehr zu einer Beute des Reichtums.

Die neue Ungleichheit

Diese Wirtschaftspolitik nahm mehr Ungleichheit bewusst in Kauf: Vielleicht kann man sogar sagen, dass sie diese Ungleichheit aktiv anstrebe. Und diese Haltung zeigte dann auch bald Wirkung. Seit dem Jahr 2000, als die ersten der geschilderten Maßnahmen bereits effektiv waren, hat die Ungleichheit in Deutschland drastisch zugenommen. Im Folgenden möchte ich die verschiedenen Aspekte dieses Phänomens und ihre gravierenden Konsequenzen für das wirtschaftliche Handeln etwas näher beleuchten.

Ein erster grober Blick auf die Abbildung 2 zeigt, dass sich in Deutschland die Kapital- und Vermögenseinkommen auf der einen Seite und die Arbeitseinkommen auf der anderen Seite in der Tendenz schon seit den 1970er Jahren – beschleunigt aber seit dem Jahr 2000 – sehr unterschiedlich entwickelt haben. Die Arbeitseinkommen sind immer weiter hinter den Kapitaleinkommen zurückgeblieben. Das wird anhand der bereinigten Lohnquote gemessen. Die bereinigte Lohnquote zeigt, welcher Anteil an den gesamtwirtschaftlichen Einkommen auf die Löhne entfällt. Dabei wird berücksichtigt, wie hoch der Anteil der Selbstständigen im Verhältnis zu den abhängig Beschäftigten ist; deshalb heißt es bereinigte Lohnquote.

Sie ist nun seit ihrem Höhepunkt in den 1970er Jahren, mit kurzen Unterbrechungen während besonders schwacher Wirtschaftsphasen, beständig gesunken. Das heißt im Klartext: Die Einkommenszuwächse aus Arbeit sind deutlich hinter denen für Kapital und Vermögen zurückgeblieben. Selbst die Unterbrechungen beim tendenziellen Fall der Lohnquote waren pathologisch und bedeuteten keine Umkehr des Trends. Sie traten nachweislich nur in Rezessionen auf. In solchen Phasen schwacher wirtschaftlicher Aktivität brechen zunächst die Gewinne und auch die Aktienkurse ein, während die Löhne noch mit relativ unvermindertem Tempo steigen oder zumindest nicht fallen. Daher steigt zunächst ihr Anteil an den gesamtwirtschaftlichen Einkommen. Mit Fortdauer der Rezession setzt sich aber infolge von Beschäftigungsabbau und verschärftem Druck auf die Löhne der ursprüngliche Trend fort. In jedem Aufschwung – wenn die Gewinne besonders stark zunehmen, während sich die Lohnzuwächse erst langsam beschleunigen – verschärft er sich sogar. So war es auch zwischen 2006 und 2008 in Deutschland.

56

Der Fall der Lohnquote ist im Übrigen kein rein deutsches Phänomen. Auch in anderen Ländern sind in unterschiedlichem Ausmaß ähnliche Tendenzen zu verzeichnen, wie Abbildung 2 zeigt. Stärker noch als in Deutschland ist die Lohnquote in Japan gefallen, in ähnlicher Weise wie in Deutschland hat sie sich in Italien, Frankreich und den USA entwickelt. Nur in Großbritannien ist sie seit 1970 lediglich schwach zurückgegangen.

Was sind die Gründe für den allgemeinen Fall der Lohnquote? Meiner Ansicht nach haben sich offensichtlich die Knappheitsverhältnisse in den letzten Jahren zulasten der Arbeit und zugunsten des Kapitals entwickelt. Dahinter steht die im Verhältnis zur Arbeit ausgeprägte globale Mobilität des Kapitals, die sich durch die weltweite Deregulierung der Finanzmärkte noch verstärkt hat. Dahinter stehen sicherlich auch die stärkere Orientierung an Finanzmarktkriterien und die wirtschaftspolitischen Maßnahmen zulasten der Arbeit – ein weltweiter Trend, der fast überall der »reinen« Lehre der Märkte folgte.

Die Umverteilung zulasten der Arbeit und zugunsten des Kapitals bedeutet jedoch nicht zwangsläufig eine Umverteilung von unten nach oben. Theoretisch könnte ja jeder Haushalt sowohl über Arbeitseinkommen als auch über Kapitaleinkommen verfügen. Das hat mit der Realität aber herzlich wenig zu tun. Die Rechnung ist doch ganz einfach: Nur wer ein hohes Arbeitseinkommen hat, wird auf Dauer über finanzielle Mittel verfügen, um über Ersparnisse Kapitalbildung zu betreiben – und hieraus dann wieder Einkommen zu beziehen. Andererseits gibt es auch zahlreiche Selbstständige, deren Kapitaleinkommen sehr gering ist, weil ihre Selbstständigkeit nur geringe Einnahmen abwirft. Im Grunde handelt es sich dann eher um ein prekäres Arbeitsverhältnis. So gesehen kann die Lohnquote nur begrenzt Auskunft über die Einkommensverteilung geben. Sie sagt lediglich etwas über die Bedeutung der Entlohnung von Arbeit im Vergleich zu der von Kapital aus. In dieser Hinsicht sind die Ergebnisse allerdings eindeutig: Arbeit lohnt sich immer weniger, Kapital immer mehr.

Einkommen ist nicht gleich Einkommen

Um aussagekräftige Hinweise über die Einkommensverteilung zu bekommen, muss man auf Einkommensstatistiken und statistische Maße zur Messung von Ungleichheit zurückgreifen.[21] Es gibt grundsätzlich zwei Arten von Einkommen: zum einen das Einkommen, das man am Markt, also durch seine Arbeit erzielt – das Primäreinkommen –, zum anderen jenes Einkommen, das sich später im Portemonnaie befindet – das verfügbare Einkommen. Der Unterschied besteht in den vielfältigen Einflüssen des Staates auf das Einkommen. So wird das Primäreinkommen noch besteuert und mit Sozialabgaben belegt. Diese Beträge stehen dem privaten Haushalt nicht für Ausgaben zur Verfügung und gehen folglich auch nicht in das verfügbare Einkommen ein.

Andere Haushalte, die nur ein geringes oder gar kein Einkommen durch ihre Arbeitsleistung erzielen – weil sie nur schlecht bezahlte Stellen haben oder in Rente, krank oder arbeitslos sind –, erhalten dagegen vom Staat beziehungsweise der Sozialversicherung Geld, das ihnen dann auch für Ausgaben zur Verfügung steht. Es ist völlig klar und auch beabsichtigt, dass die Verteilung der Primäreinkommen wesentlich ungleicher ist als die der verfügbaren Einkommen, bei denen der Staat durch Steuern und Sozialleistungen umverteilend eingreift.

Schaut man sich jedoch die Tendenzen dieser Einkommensverteilungen etwas genauer an, stößt man auf besorgniserregende Entwicklungen. Sowohl bei den Primäreinkommen als auch bei den verfügbaren Einkommen hat die Ungleichheit in Deutschland stark zugenommen. Aber wie lässt sich die Größe »Ungleichheit« überhaupt messen? Dafür wird ein allgemein gebräuchliches Maß, der Gini-Koeffizient, verwendet. Dessen Berechnung basiert auf Daten, die anzeigen, welche Einkommenshöhe von welchem Anteil der Bevölkerung erzielt wird. Wenn alle das gleiche Einkommen erhielten, dann würde der Anteil an den gesamten Einkommen im Gleichschritt mit dem Bevölkerungsanteil zunehmen, weil mit jedem

Prozent an Bevölkerungsanteil der gleiche Prozentsatz an Einkommensanteilen hinzukommt. Beim anderen Extrem, einer maximalen Ungleichverteilung, bei der das ganze Einkommen auf eine Person entfiele, würde der Anteil des Einkommens zunächst überhaupt nicht mit dem Bevölkerungsanteil steigen, weil kein Einkommen vorhanden ist. Erst mit der letzten Person, die das ganze Einkommen besitzt, springt der Wert auf 100 Prozent. Ergo: Je größer der Wert des Koeffizienten ist, desto ungleicher ist die Verteilung.*

In den Abbildungen 3a und 3b ist der Koeffizient für verschiedene Länder für das Jahr 1985 = 100 gesetzt worden, sodass man seine Entwicklung seither gut ablesen kann Ein steigender Koeffizient bedeutet mehr Ungleichheit, ein fallender weniger. Es zeigt sich, dass in fast allen betrachteten Ländern die Ungleichheit gestiegen ist. Das gilt sowohl für die Primäreinkommen als auch für die verfügbaren Einkommen (die hier Sekundäreinkommen heißen). Es hat mich nicht überrascht, dass der Anstieg bei den Primäreinkommen in der Regel deutlich stärker ist als bei den verfügbaren Einkommen. Die Steuer- und Sozialversicherungssysteme sorgen schon dafür, dass die von den Märkten ausgehende Tendenz zur Ungleichheit etwas gedämpft wird. Aber von einem echten Ausgleich kann nicht die Rede sein.

Auffallend ist, dass die Verteilung der Primäreinkommen besonders in Italien und Japan sehr viel ungleicher geworden ist. Dahinter folgt mit einigem Abstand aber schon Deutschland. Auffällig ist aber auch, dass in Italien und Japan die verfügbaren Einkommen nur wenig ungleicher verteilt sind als 1985. Ganz anders jedoch verhält es sich in Deutschland. Hierzulande hat die Ungleichheit der verfügbaren Einkommen in ähnlichem Ausmaß zugenommen wie die der Primäreinkommen. Die Steuer- und Sozialsysteme haben, anders als in Italien und Japan, die von den Märkten ausgehende Tendenz zur Ungleichheit überhaupt nicht aufgefangen, sondern ungebremst auf die verfügbaren Einkommen wirken lassen. Besonders ausgeprägt ist

---

* Präzise liegt der Wert des Gini-Koeffizenten bei null, wenn die Einkommen gleich verteilt sind, und bei eins, wenn sie extrem ungleich verteilt sind.

dieser Trend seit dem Jahr 2000. Selbst der jüngste Aufschwung 2005 bis 2008, in dem sich die Ungleichheit zeitweilig etwas abschwächte, vermochte den Trend nicht zu drehen.

Was mir außerdem aufgefallen ist: dass es bei der allgemeinen Tendenz zu mehr Ungleichheit durchaus Ausnahmen gibt. Die markanteste ist Frankreich. Dort ist sowohl die Verteilung der Primäreinkommen als auch die der verfügbaren Einkommen im Laufe der Zeit gleicher geworden. Das kann also nicht nur an einem egalisierenden Steuerrecht oder einem sehr umverteilungswirksamen Sozialsystem liegen. Schon auf dem Markt ergeben sich dort egalitärere Einkommen als in Deutschland.

Warum ist das so? In der wissenschaftlichen Literatur werden vor allem die Globalisierungstendenzen und der technologische Wandel für die zunehmende Ungleichheit verantwortlich gemacht.[22] Die Globalisierung setzt den Einsatz des Faktors Arbeit unter verschärften Wettbewerbsdruck. Arbeit, egal ob in Frankreich oder in Deutschland, steht mittlerweile in nahezu direkter Konkurrenz zu Arbeit in China oder anderen aufstrebenden Volkswirtschaften. Das sollte sich dämpfend auf die Löhne in jenen Branchen auswirken, in denen diese Konkurrenz besonders relevant ist. Diese bleiben dann hinter den Löhnen in anderen, vor dem globalen Konkurrenzdruck geschützten Branchen zurück. Der technologische Wandel trennt die Beschäftigten in jene, die mit den neuen Technologien umgehen können, und jene, die es nicht können. Entsprechend sollten sich eigentlich überall Gehaltsunterschiede herausbilden, die die Ungleichheit erhöhen. Da sich aber die französische Wirtschaft diesen Tendenzen genauso wenig entziehen kann wie die deutsche, kann diese weit verbreitete Behauptung so nicht stimmen. Es muss also noch etwas anderes geben, das die wachsende Ungleichheit erklärt.

Um der Ursache näher zu kommen, habe ich mich etwas genauer mit den Einkommen befasst. Die relativ gleich gerichtete Tendenz zwischen Primäreinkommen und verfügbaren Einkommen zeigt, dass die Ursachen der Ungleichheit sich schon am Markt herausgebildet haben müssen. Blickt man nun auf die Verteilung der Bruttolöhne, wird dies überaus deutlich. Um diese Verteilung aufzuzeigen, ordnet man die Bruttolöhne nach ihrer Höhe in Dezile, also in Abständen von 10 Prozent; zuerst die höchsten 10 Prozent Einkommen und dann fortlaufend bis zu den niedrigsten 10 Prozent. Auf diese Weise lassen sich zum Beispiel Vergleiche zwischen der Entwicklung jener Bruttolöhne, die zu den 20 Prozent höchsten gehören, und jenen ziehen, die zu den 10 Prozent niedrigsten zählen.

Anhand dieses Vergleichs der Lohnspreizung lässt sich der Abstand zwischen sehr hohen und den niedrigsten Löhnen ermitteln.* Um festzustellen, ob die Lücke sich nur zwischen hohen und niedrigen Löhnen öffnet, weil die hohen so exorbitant steigen, oder ob die niedrigen Löhne auch gegenüber den mittleren zurückfallen, wird dann auch der Abstand zwischen dem mittleren und dem untersten Dezil ausgewiesen. Die Abbildungen 4a und 4b zeigen die Entwicklung.

Der deutsche Weg: besonders ungerecht?

Es zeigt sich nun, dass Deutschland im Hinblick auf eine ungleiche Lohnentwicklung in den letzten Jahren eine besondere Rolle gespielt hat. Die Lohnspreizung ist hier mittlerweile auch im internationalen Vergleich relativ stark ausgeprägt. Das steht in einem deutlichen Gegensatz zur allgemeinen Wahrnehmung und konterkariert vor allem genau gegensätzliche, immer wieder gerne von Ökonomen aufgestellte Behauptungen. Die Abbildung 4a zeigt es ganz klar: In Deutschland hat sich neben den USA seit 1990 der höchste Abstand zwischen hohen und niedrigen Löhnen ergeben. Im Unterschied zu den USA und allen anderen Ländern ist aber in Deutschland zusätzlich noch der Abstand zwischen mittleren und unteren Löhnen seit Ende der 1990er Jahre ebenfalls dramatisch gestiegen, wie Ab-

---

* Man nimmt üblicherweise nicht das Dezil der 10 Prozent höchsten Einkommen, weil es nur aus sehr wenigen Beschäftigten besteht und daher anfällig für Verzerrungen ist.

bildung 4b zeigt. Für die USA, und mit einigem Abstand auch für Großbritannien, kann man davon sprechen, dass die Gehälter von Gutverdienern von der allgemeinen Einkommensentwicklung aus betrachtet nach oben »ausgebrochen« sind. In Deutschland wurden zusätzlich noch die Niedrigverdiener von der allgemeinen Einkommensentwicklung »abgehängt«. Das Fazit, das sich daraus ziehen lässt: Deutschland ist zum Mutterland der Ungleichheit geworden.

Die klaffenden Abstände und vor allem deren Verlauf sprechen dafür, dass die stärkere Orientierung an Finanzmarktkriterien zum Explodieren der hohen Verdienste beigetragen hat. Ferner sagt auch das Zurückbleiben der unteren Löhne und Einkommen in Deutschland seit Ende der 1990er Jahre etwas aus. Offenbar waren die Sozialreformen seit jener Zeit vor allem im Zuge der Agenda 2010 so gestaltet, dass der Druck der Märkte im Niedriglohnbereich voll zum Tragen kam. Mittlerweile gibt es eine breite wissenschaftliche Literatur, in der die Rolle von Arbeitsmarktinstitutionen und gesellschaftlichen Normen für die Ungleichheit von Löhnen und Einkommen betont wird.[23]

Dass eine solche Spreizung nicht zwangsläufig ist, zeigt erneut das Beispiel Frankreich, wo nichts dergleichen zu beobachten ist. Weder haben sich die oberen Löhne vom allgemeinen Trend besonders weit nach oben entfernt, noch sind die unteren weit dahinter zurückgeblieben. Im Gegenteil, die Zahlen für Frankreich deuten eine Tendenz zu mehr Gleichheit an. Allerdings weist Frankreich damit eine auch im internationalen Vergleich besondere Entwicklung auf. Deutschland und Frankreich haben sich ganz offensichtlich in entgegengesetzten Richtungen vom allgemeinen Trend in den OECD-Staaten entfernt – mehr Ungleichheit in Deutschland und mehr Gleichheit in Frankreich. Man muss also für Deutschland das niederschmetternde Fazit ziehen, dass hier – bewusst oder unbewusst – eine Politik für den Reichtum betrieben wurde.

All das veränderte die Gesellschaft. So zeigten 2008 erste Untersuchungen des Deutschen Instituts für Wirtschaftsforschung (DIW), dass sich die Gesellschaft im Hinblick auf die verfügbaren Ein-

kommen mehr und mehr polarisierte.[24] Die Oberschicht der Einkommensbezieher vermochte nicht nur ihre Kaufkraft seit 1996 (und
beschleunigt seit 2000) zu steigern, sondern sie ist auch größer geworden. Es gab also für einige durchaus den Aufstieg in die Gruppe
der Gutverdiener, die mehr als 150 Prozent des mittleren Einkommens verdienen. Zugenommen hat aber auch die Gruppe derjenigen,
die weniger als 50 Prozent des mittleren Einkommens verdienen, das
ist die Unterschicht der Einkommensbezieher. Deren Kaufkraft hat
in dem untersuchten Zeitraum sogar abgenommen.

Die logische Konsequenz aus beidem: eine schrumpfende Mittelschicht. Ihre Kaufkraft hat dabei mehr oder minder stagniert. Man
kann also mit Fug und Recht von einem Ausfransen der Gesellschaft
sprechen. Es gibt mehr Reichtum, aber es gibt auch mehr Armut.
Dieser erschreckende Befund deutet auf tiefgreifende Verwerfungen.
Denn hinter dieser Tendenz steht auch, dass sich immer mehr Menschen in Deutschland um ihre finanzielle Situation sorgen. Das gilt
besonders für die Mittelschicht.[25] Insofern hat der wachsende Ver-
druss über die Wirtschaftspolitik eine durchaus reale wirtschaftliche
Grundlage. Diese Ergebnisse wurden in einer Nachfolgestudie 2010
bestätigt.[26] Ein deutliches Warnsignal, wie ich meine.

Wirtschaftspolitische Denkfehler in Sachen Ungleichheit

Tatsächlich hat die Wirtschaftpolitik der vergangenen zehn Jahre
eine andere Republik geschaffen. Genau das war ja auch beabsichtigt.
Von »modernen« Wirtschaftspolitikern wurde die deutsche Wirtschaft damals schließlich als »dringend reformbedürftig« eingestuft.
Diese Einschätzung gilt noch immer, denn die Reformen konnten
ihren Verfechtern in Politik und Wissenschaft nie weit genug gehen.
Jede kleine Krise wird als Beleg für weiteren Reformbedarf in die
gleiche Richtung gesehen. Eine bemerkenswerte Radikalisierung vor
allem des wirtschaftspolitischen Denkens, aber auch des Handelns
ist die Folge.

Die Philosophie all dieser Reformen materialisiert sich in der zunehmenden Ungleichheit. Ich denke, sie ist geradezu ein Markenzeichen der Reformbemühungen. In ihr spiegeln sich zwei Kernforderungen des ökonomischen Mainstreams wider: Man möchte erstens die sozialen Risiken stärker auf die Individuen verlagern und zweitens die Beschäftigten in größerem Umfang an den unternehmerischen Risiken beteiligen. Grundlage dieser Forderungen ist die ökonomische Theorie des rationalen individuellen Handelns, es handelt sich also um mikroökonomische Ansätze. Deshalb ist ein erneuter Blick in die Lehrbücher nötig. Die dort vertretenen Theorien gehen davon aus, dass Erwerbsarbeit grundsätzlich ein Übel ist, das man nur in Kauf nimmt, wenn man dafür ausreichend gut bezahlt wird. Umgekehrt ist Freizeit, definiert als Zeit ohne Erwerbsarbeit, ein Gut, dessen Besitz nur zu einem hinreichend hohen Preis zu haben ist. Es ist völlig logisch und entspricht rationalem Verhalten, dass in diesem Modell die Zahlung von Arbeitslosengeld wie eine Subventionierung von Freizeit wirkt. Die Menschen wollen in dieser Lesart dann eben weniger arbeiten und mehr Freizeit konsumieren. Dieser so gesehen mangelnde Anreiz, eine Arbeit aufzunehmen, ist der Kern der Arbeitsmarktreformen – er rechtfertigt viele Maßnahmen.

Ähnlich gelagert sind die theoretischen Rechtfertigungen, unternehmerische Risiken auf die Arbeitnehmer zu verlagern. Sie gründen sich auf die – wiederum einzelwirtschaftliche – Überlegung, dass sich ein Unternehmen, dem es aus welchen Gründen auch immer schlecht geht, durch Lohnkürzungen retten kann. Indem es seine Kosten durch geringere Lohnzahlungen senkt, erhöht es seine Wettbewerbsfähigkeit gegenüber anderen Unternehmen. Es kann niedrigere Preise verlangen, auf diese Weise seinen Absatz steigern und sich schließlich retten. Folgt man dieser in sich schlüssigen Logik, dann wäre es möglich, durch geeignete Arbeitsmarktreformen, welche die Ansprüche von Arbeitslosen möglichst niedrig halten, und durch Flexibilisierung der Lohnbildung mehr Beschäftigung zu schaffen. Klingt doch eigentlich nach einer guten Idee.

Der Reformprozess ist zwangsläufig – auch in den Augen seiner Befürworter – zunächst mit wachsender Ungleichheit verbunden. Sie ist geradezu eine Voraussetzung für den Erfolg der Reformen. Nur wenn Arbeitslose ein deutlich geringeres Einkommen haben als jene, die arbeiten, werden sie sich um eine Stelle bemühen und sie auch bekommen. Nur wenn Arbeitnehmer Lohnverzicht leisten und die Gewinneinkommen steigen, können sie ihren Arbeitsplatz erfolgreich verteidigen und die Beschäftigung bleibt erhalten. Erst dann besteht die Chance, infolge eines erfolgreichen Reformprozesses die Ungleichheit auf Dauer wieder zu vermindern. So weit das Versprechen des ökonomischen Mainstreams. Es war also alles gut gemeint. Und es war falsch. Aber warum?

Vom Wert der Arbeit

Die gesamte Argumentation basiert auf falschen und vor allem unvollständigen Annahmen. Das geht schon los mit der Annahme, dass Erwerbsarbeit ein Übel ist. Diese Sichtweise von Arbeit widerspricht den gesellschaftlichen Normen einer Arbeitsgesellschaft diametral. Arbeit zu haben ist in einer Arbeitsgesellschaft gleichbedeutend mit der Mitgliedschaft in und der Teilhabe an dieser Gesellschaft. Wer keine Arbeit hat, ist ausgegrenzt. Er ist nicht Teil der Gesellschaft. Das ist auch der Grund, warum viele Arbeitslose sehr schamhaft mit ihrer Arbeitslosigkeit umgehen, sie teilweise sogar verschweigen. Sie fühlen, dass sie gegen allgemein akzeptierte Normen verstoßen, und versuchen diesen Verstoß zu vertuschen. Das ist zwar nicht gut, aber realistisch.

Daran ändert auch der immer wieder in den Talkshows präsentierte selbstbewusste Arbeitslose nichts, der stolz darauf ist, nicht zu arbeiten. Er ist ein Außenseiter, der gegen die geltenden Normen verstößt, und macht durch sein offensives öffentliches Auftreten einen Skandal daraus. Genau das ist auch seine Funktion für die entsprechenden Medien; und genau daraus zieht er wiederum seine Bedeutung. Würde sein Tun in Übereinstimmung mit den gängigen Normen stehen, dann wäre sein öffentliches Auftreten allerdings schlicht langweilig und man würde ihn nicht mehr einladen. Man kann also gerade die Medienpräsenz dieses Arbeitslosen als schlagenden Beweis für die Gültigkeit der Normen einer Arbeitsgesellschaft sehen.

All dies hat zunächst noch nichts mit der finanziellen Lage von Arbeitslosen zu tun, sondern allein mit ihrem Verhältnis zu gesellschaftlichen Werten. Allerdings sind diese Normen nicht folgenlos, was unsere Löhne und Gehälter betrifft. Auf der Basis dieses Wertesystems würden verzweifelte Arbeitsuchende nahezu jede Beschäftigung annehmen – selbst wenn sie dafür einen hohen Preis zahlen müssten. Oft sind sie bereit, zu niedrigsten Löhnen zu arbeiten: Hauptsache Arbeit. Das macht ihre Verhandlungsposition, die ohnehin für Arbeitslose alles andere als gut ist, gegenüber einstellenden Unternehmen sehr schwach und führt zu massivem Druck auf die Löhne.

Dieser kann nur dort einigermaßen aufgefangen werden, wo tarifvertragliche Regelungen bestehen, die die Unternehmen binden. Das ist aber gerade in vielen Dienstleistungsbereichen und vor allem in Ostdeutschland häufig nicht der Fall. Zudem haben die Arbeitsmarktreformen den Druck in Richtung Niedriglöhne verstärkt. Das geschieht durch verschärfte Zumutbarkeitsregeln für Arbeitslose, die schneller zu Sanktionen führen, wenn ein Arbeitsloser ein Stellenangebot ablehnt. Dann gibt es ja noch die Möglichkeit, ein niedriges Gehalt, das unterhalb gesetzlicher Ansprüche aus dem Arbeitslosengeld II (Hartz IV) oder der Grundsicherung liegt, durch entsprechende Zahlungen seitens des Staates auf die Höhe dieser Ansprüche aufzustocken. Dieses Verfahren öffnet dem Lohndumping Tür und Tor.

Aus juristischer Sicht ist die Möglichkeit zur Aufstockung nur logisch – wenn Mindestansprüche bestehen, müssen sie auch erfüllt werden. Es ist auch sozialpolitisch logisch – wenn dieses Mindesteinkommen das Existenzminimum markiert, dann muss der Staat finanziell eingreifen. Ökonomisch ist es aber eine Einladung zum Lohndumping durch Plünderung der Staatskasse. Denn: Den Betrag, den das Unternehmen nicht zahlt, holen sich die Arbeitnehmer – vom Arbeitgeber hierzu ermuntert – vom Staat. So funktioniert das. Die Situation ist paradox und das Ergebnis unerfreulich. Auf der einen Seite werden die Normen der Arbeitsgesellschaft von breiten Teilen der Bevölkerung – einschließlich der Arbeitslosen – nach wie vor überzeugt vertreten. Bezahlte Erwerbsarbeit ist für sie ein wichtiger Bestandteil ihrer Identität, ihres Lebens. Auf der anderen Seite unterstellen die Arbeitsmarktreformen genau das Gegenteil, und das gilt insbesondere bei Arbeitslosen, die angeblich nicht arbeiten wollen. Die so motivierten Reformen führen zu einem massiven finanziellen Werteverfall von Arbeit, gleichsam zu einer Abwertung von Arbeit im Vergleich zu Kapital. Die Wertschätzung von Arbeit wird materiell herabgesetzt, obwohl sie normativ sehr hoch bewertet wird. Das ist nichts anderes als eine massive Schwächung der Verhandlungsposition von Arbeitslosen. Das Ergebnis ist Ungleichheit zulasten der Unter- und Mittelschichten. Das sind genau die Schichten, die im Wesentlichen von ihren Arbeitseinkommen leben müssen. Dies ist in meinen Augen nicht nur ein eklatanter Verstoß gegen Gerechtigkeitsprinzipien, es verstößt auch gegen die Normen der Arbeitsgesellschaft.

Dass die vorherrschende ökonomische Lehre in Deutschland gesellschaftliche Normen vernachlässigt, ist aber nur der eine Fehler. Bedenklich ist auch, dass soziale Risiken nicht berücksichtigt werden. Was das heißt, lässt sich an den Themen »Anreize zur Aufnahme von Arbeit« und »Lohnzurückhaltung« gut aufzeigen. Ein soziales Risiko tritt ein, wenn die gesamte Wirtschaft von einem negativen Einfluss betroffen wird, der die wirtschaftliche Aktivität lähmt. Man kann das auch als gesamtwirtschaftlichen Schock bezeichnen. Es kann sich dabei um einen weltwirtschaftlich bedingter Nachfrageeinbruch oder eine massive und plötzliche Verteuerung der Rohstoffpreise handeln – also einen Nachfrageschock oder einen Angebotsschock. Die Ursache für die Schwäche ist in beiden Fällen jedenfalls nicht in der Binnenwirtschaft zu suchen. Was schlagen die Lehrbücher in diesen Fällen vor? Nichts anderes als die erwähnten Maßnahmen, als da wären: Die Arbeitslosen müssen unter Druck gesetzt werden, dann finden sie schneller eine neue Beschäftigung, und die Beschäftigten müssen ihre Löhne nur hinreichend senken, dann können sie ihren Arbeitsplatz höchstwahrscheinlich behalten. Klingt eigentlich ganz gut – und logisch.

Der Blick auf das Ganze

In dieser Argumentation steckt jedoch ein weiterer grundlegender Denkfehler: Die gängigen Lehrmeinungen haben immer nur das einzelne Unternehmen im Blick. Ein soziales Risiko besteht aber vielmehr darin, dass es mehr oder minder alle betrifft. Wenn also als Folge solcher allgemeinen Entwicklungen alle Unternehmen unter Absatzmangel oder Kostendruck leiden, sind die Zusammenhänge einfach anders als bei einer einzelwirtschaftlichen Betrachtungsweise. Ich bin sicher: Wenn Arbeitslose bei einem Nachfrageeinbruch stärker unter Druck gesetzt werden, nützt dies überhaupt nichts. Denn hierdurch steigt der notleidende Absatz der Unternehmen um keine einzige Einheit an. Folglich wird auch die Nachfrage nach Arbeit um keine einzige Minute steigen. Der Druck auf die Arbeitslosen geht also ins Leere. Ist der Druck zu stark, wird die Krise sogar verschärft. Dann geraten die Löhne der Beschäftigten auch unter Druck und damit deren Einkommen. Sie müssen ihre Nachfrage reduzieren, so verschärft sich der Absatzmangel der Unternehmen und sie müssen sogar mehr Beschäftigte entlassen, als der ursprüngliche Schock erfordert hätte. Ein echter Teufelskreis.

Nun könnte man einwenden, dass diese Überlegungen nur in einer geschlossenen Volkswirtschaft, also einer Volkswirtschaft ohne Außenhandel und ohne internationale Konkurrenz, gültig wären. In der Realität stünde die deutsche Wirtschaft aber im internationalen Wettbewerb. Gerade durch Lohnzurückhaltung würde die internationale Wettbewerbsfähigkeit gestärkt. Dadurch ließe sich bei Preisvorteilen, die durch Lohnzurückhaltung erzielt wurden, der

Gesamtabsatz sehr wohl durch vermehrte Exporte steigern – selbst wenn der inländische Absatz aufgrund der gedrückten Einkommen dort zurückginge. Das Fazit aus dieser Argumentation: Die einzelwirtschaftliche Betrachtungsweise fände vor dem Hintergrund der internationalen Handelsverflechtungen quasi eine Rechtfertigung auf höherer Ebene. Es gehe zwar nicht mehr um das einzelne Unternehmen oder den einzelnen Haushalt, aber es gehe um die einzelne Volkswirtschaft im globalen Wettbewerb. Kann man das so stehen lassen?

Zweifellos steht die deutsche Volkswirtschaft im globalen Wettbewerb. Gelten dann also für die gesamte Volkswirtschaft die gleichen ökonomischen Gesetzmäßigkeiten wie für einzelne Unternehmen? Die Antwort muss immer noch »Nein« lauten. Eine einzelne Volkswirtschaft kann nur dann auf dem beschriebenen Weg die erhofften Vorteile erlangen, wenn die anderen Volkswirtschaften nicht in gleicher Weise agieren. Nur wenn es keine globale Lohnzurückhaltung gibt, lässt sich durch nationale Lohnmäßigung der Absatz zulasten der anderen Volkswirtschaften steigern. Da frage ich mich doch: Warum sollten die anderen Volkswirtschaften auf den gleichen Schock anders agieren? Etwa, weil ökonomische Weisheit dort nicht so verbreitet ist wie in Deutschland? Dies wäre, vorsichtig formuliert, zumindest eine riskante Annahme.

Es ist wohl doch eher so, dass alle Volkswirtschaften ähnlich agieren. Gilt dann auch der Umkehrschluss: Die anderen Volkswirtschaften reagieren mit Lohndumping auf die ökonomische Schwäche, und Deutschland muss sich durch die gleiche Strategie vor dem Verlust der Wettbewerbsfähigkeit schützen? Dann aber stellt sich als Ergebnis nur ein allgemeiner Lohn- und Preisverfall ein, während sich der Absatz aufgrund der nahezu unveränderten Realeinkommen kaum ändern dürfte. Die Nachfrageschwäche bliebe also bestehen, während gleichzeitig, als Folge der fallenden Löhne und Preise, die Deflationsgefahr stiege. Und diese ist in der Regel mit einer tiefen und zähen Wirtschaftskrise verbunden. Ich möchte an dieser Stelle noch einmal darauf hinweisen, dass die anderen Volkswirtschaften gerade nicht so reagiert haben. Schließlich waren die Lohnzuwächse fast überall höher als in Deutschland. Bleibt die Erkenntnis: Durch Anwendung der Lehrbuchweisheiten wird im Falle eines globalen Nachfrageschocks nichts gewonnen, aber viel riskiert.

Auch im Fall eines Angebotsschocks helfen die gängigen Rezepte nur bedingt weiter. Angenommen, die Ölpreise stiegen deutlich an und die Unternehmen gerieten unter massiven Kostendruck. Das ist für eine Volkswirtschaft in der Tat eine sehr unangenehme Lage. Teurere importierte Rohstoffe bedeuten ja, dass es zu einem Transfer von Wohlstand weg aus der eigenen Volkswirtschaft hin zu den Rohstoffe exportierenden Ländern kommt. Wie das aussieht, lässt sich am sagenhaften Reichtum der Golfstaaten oder an den markanten Fortschritten der russischen Wirtschaft in den vergangenen Jahren beobachten. Das ist die positive Seite des Transfers. Die negative findet sich in den Industriestaaten, wo man die erhöhten Rohstoffrechnungen bezahlen muss. Wie gut diese Volkswirtschaften eine solche Reaktion verkraften, hängt schon davon ab, wer innerhalb der Volkswirtschaft letztendlich die Rechnung zu bezahlen hat. Und das kann man genau nachverfolgen.

Zuerst fallen die Rechnungen bei den die Rohstoffe importierenden Unternehmen an. Ihnen drohen deswegen sinkende Gewinne. Also versuchen sie die Preise zu erhöhen, um die Rechnung mehr oder minder elegant an ihre Kunden weiterzureichen. Dies wird umso besser gelingen, je weniger die Kunden auf andere Produkte ausweichen oder ganz auf den Kauf verzichten können. Alle brauchen Rohstoffe – der Spielraum der Kunden ist angesichts dessen und mit Blick auf die Energieabhängigkeit der Industrieländer eng begrenzt. Das gilt auch für Deutschland. Daher gelingt es den Unternehmen in der Regel, über Preiserhöhungen die Rechnung weitgehend auf die Kunden zu übertragen. Es überrascht also nicht, dass jede Teuerungswelle bei den Rohstoffen sich letztlich in einem beschleunigten Preisanstieg bei fast allen Konsumprodukten niederschlägt. Aber was kann man angesichts dieser »hard facts« überhaupt tun?

Eine optimale Reaktion besteht gerade nicht darin, dass Löhne gesenkt werden und der Druck auf Arbeitslose erhöht wird. Zum einen gibt es hierfür keinen Grund. Schließlich gelingt es den Unternehmen ja meistens, sich durch die Preiserhöhungen schadlos zu halten. In diesem Fall stehen die Gewinne nicht unter Druck und Befürchtungen über einen Produktions- und Beschäftigungsabbau sind unbegründet. Zum anderen würden niedrigere Löhne die realen Einkommen der Beschäftigten merklich senken. Die Einkommen gerieten in eine Zange aus höheren Preisen und niedrigeren Löhnen, was die Kaufkraft spürbar schrumpfen lassen würde. In der Folge wäre ein Einbruch der Nachfrage unvermeidlich. Und dann würden Produktion und Beschäftigung zurückgehen. Das wäre also der falsche Weg.

Aber auch das Gegenteil hätte negative Folgen. So wurde von gewerkschaftlicher Seite noch in den 1970er und 1980er Jahren häufig argumentiert, dass, um einen Nachfrageeinbruch zu vermeiden, auch die Löhne entsprechend dem Preisanstieg höher sein müssten. Also erhöhten sie damals ihre Lohnforderungen dementsprechend und setzen sie auch oft durch. Das Ergebnis war auch aus gewerkschaftlicher Sicht unbefriedigend. Die Lohnsteigerungen lösten eine neue Welle von Preissteigerungen aus. Damit war diese Strategie aus gesamtwirtschaftlicher Sicht zum Scheitern verurteilt. Zwar kann auf diese Weise die Kaufkraft der Beschäftigten teilweise stabilisiert werden. Das gilt jedoch nicht für die Kaufkraft der Arbeitslosen oder Rentner – also all jener, deren Einkommen nicht von Tarifverhandlungen abhängt.

Trotz aller gewerkschaftlichen Bemühungen ist das Ergebnis dann genau jener Nachfrageeinbruch, der eigentlich vermieden werden sollte. Schlimmer noch, das Wechselspiel von Preis-, Lohn- und wieder Preiserhöhungen löst nichts anderes als Inflation aus. Das aber muss zu einer Intervention der Zentralbank führen, die für die Wahrung der Preisstabilität verantwortlich ist. Sie wird so lange die Zinsen erhöhen, bis sich die wirtschaftliche Aktivität so abschwächt, dass die Gewerkschaften bei steigender Arbeitslosigkeit über nicht mehr genügend Verhandlungsmacht verfügen, um ihre Forderungen nach immer höheren Löhnen durchzusetzen. Der Preisauftrieb beruhigt sich dann zwar wieder. Aber die Produktion ist niedriger und die Arbeitslosigkeit höher als vor dem Angebotsschock.

In dieser misslichen Situation befanden sich die deutschen und andere Volkswirtschaften Mitte der 1970er und Anfang der 1980er Jahre. Damals wurde nicht nur die Macht der Gewerkschaften spürbar geschwächt, sondern auch eine Generation von Ökonomen intellektuell traumatisiert. Sie vermuten seither hinter jedem auch nur leicht beschleunigten Lohnanstieg den Beginn einer Inflationstendenz. Entsprechend panisch und hysterisch fällt ihre Reaktion aus. Ich halte das für besonders gefährlich, wenn diese Ökonomen Zentralbanker sind, die mit ihren zinspolitischen Entscheidungen die wirtschaftliche Aktivität nachhaltig beeinflussen können. Seither ist der Typ »Konservativer Zentralbankchef« angesagt, der schon auf leicht erhöhte Lohnforderungen sehr sensibel mit der Ankündigung höherer Zinsen reagiert. Das führt in der Tendenz zu relativ hohen Zinsen und relativ geringen Lohnsteigerungen. Dieser Kurs der Zentralbanken, der sowohl von der Bundesbank als auch von deren faktischer Nachfolgerin, der Europäischen Zentralbank, verfolgt wurde, ist damit einer der wesentlichen Gründe für die Entfaltung der Ungleichheit. Aber was bleibt dann zu tun?

Im Falle eines Angebotsschocks sind also weder Lohnsenkungen noch Lohnerhöhungen empfehlenswert. Lohnstarrheit ist die optimale Reaktion. Dann besteht weder die Gefahr, dass eine Preis-Lohn-Spirale Inflation auslöst, noch ist ein dramatischer Nachfrageeinbruch aufgrund massiv sinkender Realeinkommen zu erwarten. Gleichwohl wird die Nachfrage unter Druck geraten, denn die Realeinkommen werden auch bei starren Löhnen sinken. An diesem Punkt zeigt sich der Wohlstandsverlust. Die erhöhte Rechnung muss schließlich bezahlt werden; in diesem Fall von den Kunden. Aber gerade wenn die Löhne nicht reagieren und auch keine Anzeichen hierfür erkennbar sind, kann zum Beispiel die Geldpolitik über Zinssenkungen versuchen, die Nachfrageschwäche zu kompensieren.

All diese Überlegungen zeigen in eine Richtung: Soziale Risiken, die ja die Gesamtwirtschaft und nicht nur einzelne Unternehmen vor zum Teil schwierige Herausforderungen stellen, können nicht mit den gängigen Lehrbuchweisheiten bewältigt werden. Diese Modelle sind viel zu sehr auf einzelwirtschaftliches Verhalten ausgerichtet und daher für die Lösung gesamtwirtschaftlicher Probleme ungeeignet. Vor allem aber erzeugen sie eine immer größere Ungleichheit in der Gesellschaft. Das ist zwar aus der Sicht dieser Theorien erwünscht, hat aber, wie wir noch sehen werden, gravierende Folgen für die Stabilität der Marktwirtschaft – und das sowohl aus nationaler als auch aus globaler Sicht. Eine Volkswirtschaft, die sich zur Beute des Reichtums macht, ist nicht erfolgreich.

Die falsche und allzu lässige Sichtweise von Ungleichheit ist ein gravierender Fehler der Wirtschaftspolitik, wie wir sie seit einem Jahrzehnt erleben. Es gibt aber ein weiteres wichtiges Phänomen, das die Wirtschaftspolitik und die ökonomische Wissenschaft neben der Ungleichheit noch übersehen haben. Das ist die Unsicherheit, die Märkten eigen ist.

Die vergessene Größe: Unsicherheit

Die globale Wirtschafts- und Finanzkrise hat die Illusion von wohl-funktionierenden Märkten brutal zerstört. Sie hat darüber hinaus die Illusion der ökonomischen Wissenschaft platzen lassen, sie wüsste im Kern über das Wirtschaftsgeschehen Bescheid. Geplatzt ist vor allem die Illusion, Märkte seien jederzeit stabil und effizient. Man hätte das alles zwar schon nach der großen Depression Ende der 1920er Jahre wissen können, doch man hatte es im Laufe der Zeit schlicht vergessen – gab es doch die stabilen Aufschwünge nach dem Zweiten Weltkrieg und die dynamische Integration vieler heranwachsender Volkswirtschaften wie Korea, Taiwan, China, Indien, Brasilien, Russland und, nicht zu vergessen, der vielen kleineren Staaten in Osteuropa.

Marktwirtschaftliche Systeme breiteten sich nicht nur immer weiter aus, sondern sie wurden auch intensiviert. Immer mehr Bereiche des Wirtschaftslebens wurden marktwirtschaftlich organisiert. Der Staat zog sich in vielen Volkswirtschaften als Eigentümer und auch als Regulator aus einigen Bereichen der Wirtschaft zurück. In diesem Zusammenhang sind die zahlreichen Privatisierungen zum Beispiel von Versorgungsleistungen und die Deregulierung der Finanzmärkte zu sehen. Und der Erfolg gab all jenen Recht, die diese Entwicklungen befürworteten. Im Prinzip ging es, unterbrochen von allenfalls kurzen Krisen, für die meisten Volkswirtschaften insgesamt ständig aufwärts. Der Wohlstand der Welt wuchs. Warum also hätte man einem anscheinend so erfolgreichen System misstrauen sollen?

Keynes? Da war doch was!

Es gab oberflächlich betrachtet ja auch keinen Grund dafür. Die neuere ökonomische Wissenschaft, die es am ehesten hätte besser wissen müssen, ließ denn auch keinen Raum für Zweifel. Man hatte einfach vergessen, dass es einen Ökonomen mit Namen John Maynard Keynes und sein epochales Werk der *Allgemeinen Theorie der Beschäftigung, des Zinses und des Geldes* gegeben hatte. In diesem Buch hatte Keynes die Große Depression wissenschaftlich aufgearbeitet – er hatte sich also mit genau dieser Art von Instabilitäten des Marktsystems auseinandergesetzt. Und dabei spielt der Begriff der Unsicherheit eine fundamentale Rolle. Aber das hatten selbst jene vergessen, die sich, Keynes intellektuell verbunden, als Keynesianer bezeichneten und die schon deshalb als Randfiguren der ökonomischen Wissenschaft angesehen wurden. Auch sie sahen marktwirtschaftliche Systeme zwar als nicht immer perfekt funktionierend, aber im Grunde doch als stabil an. Welch ein Irrtum! Auch ich habe mich gefragt: Wie konnte das geschehen und wie sehen die intellektuellen Grundlagen dieser Irrtümer aus?

Die üblichen ökonomischen Modelle der vergangenen Jahrzehnte schienen das Phänomen »Unsicherheit« durchaus ernst zu nehmen.

Gerade die Gegenrevolution gegen den Keynesianismus Mitte der 1970er Jahre begründete die Überlegenheit ihrer Ansätze unter anderem mit dem Argument, dass darin Zukunftserwartungen, welche ja zwangsläufig mit Unsicherheiten behaftet sind, eine zentrale Rolle spielen. Sie hob sich damit von einem Keynesianismus ab, der in der Tat zu einer Art ökonomischer Mechanik verkommen war. Ein Keynesianer schien damals genau zu wissen, dass, wenn man eine ökonomische Größe um x Prozent erhöht, eine andere um y Prozent zunimmt. Gerade dieses mechanische Denken wurde von den aufkommenden Theorien der Neuklassik zu Recht kritisiert. Stattdessen argumentierte man, dass die wirtschaftlich Handelnden sich bei ihren Entscheidungen auch von ihren Erwartungen über die Zukunft leiten lassen. Sie würden so handeln, dass jede ihrer Entscheidungen in der Gegenwart unter Berücksichtigung dessen, was sie für die Zukunft erwarten, optimal für ihre Gewinne oder ihren Nutzen ist. Klingt logisch.

Erwartungen spielen angesichts mannigfaltiger wirtschaftlicher Entscheidungen, die mit Unsicherheit verbunden sind, eine wichtige Rolle; das dürfte mittlerweile unumstritten sein. So werden Investitionen der Unternehmen allein mit Blick auf künftige unsicherere Gewinne getätigt, müssen aber in der Gegenwart finanziert werden. Zwangsläufig spielen daher Erwartungen der Unternehmen eine große Rolle, sie müssen entscheiden, ob und wie viel sie investieren. Das Gleiche gilt für Investitionsentscheidungen des Staates oder beim Kauf dauerhafter Konsumgüter in den privaten Haushalten. Die entscheidenden Fragen für die gesamtwirtschaftliche Analyse lauten: Wie werden diese Erwartungen gebildet und wie geht man mit Unsicherheit um?

Die Unsicherheit in den gängigen Modellen würde ich vielleicht eher als Risiken bezeichnen. Das wird ihrer begrenzten Natur am besten gerecht. Es wird ja unterstellt, dass alle systematischen ökonomischen Beziehungen bekannt sind. Es gibt lediglich immer wieder unvorhergesehene und unvorhersehbare Ereignisse, die das ökonomische Geschehen beeinflussen. Diese treten aber durchaus nicht beliebig auf. Sie folgen einer Wahrscheinlichkeitsverteilung. An dieser kann man ablesen, mit welcher Wahrscheinlichkeit ein bestimmtes Ereignis auftreten kann. Die Wahrscheinlichkeitsverteilung ist ebenfalls allen bekannt. In den gängigen Modellen der vorherrschenden Theorien treffen die Akteure alle ihre Entscheidungen auf der Basis dieses Erwartungskonzepts. Auf diese Weise werden alle verfügbaren Informationen optimal ausgenutzt. Daher bezeichnet man diese Form der Erwartungsbildung als rationale Erwartungen.[27] Ich möchte das an einem Beispiel veranschaulichen.

Man kann dieses Konzept als ein Kartenspiel unter gleich guten Spielern verstehen. Die Regeln sind allen bekannt und jeder der Spieler beherrscht sie mit gleicher Fertigkeit und wird sie daher in einer für sich optimalen Weise nutzen. Damit besteht aber noch keine Sicherheit über den Ausgang des Spiels. Die Verteilung der Karten ist zufällig, und so hat jeder Spieler eine andere Ausgangslage, auf die er jeweils zwar optimal, aber mit unterschiedlichen Erfolgsaussichten reagieren wird. Die Risiken sind jedoch begrenzt, denn die Gesetzmäßigkeiten der Wahrscheinlichkeitsrechnungen besagen, dass unter den genannten Voraussetzungen jeder Spieler auf Dauer, nämlich über alle Spiele, die gleichen Chancen hat und daher auch mit den gleichen Erfolgen oder Misserfolgen rechnen kann. Dieses Konzept eines begrenzten Risikos, mit dem alle in rationaler Weise umgehen, kennzeichnet die gegenwärtige Generation von gesamtwirtschaftlichen Ansätzen. Man unterstellt damit den wirtschaftlich Handelnden, dass sie alle die zugrunde liegenden ökonomischen Beziehungen kennen und ihre Erwartungen so bilden, dass die Gültigkeit dieser ökonomischen Gesetzmäßigkeit auch zukünftig zu erwarten ist. Kurz gesagt: Alle kennen das richtige Modell der Wirtschaft und verhalten sich in diesem Rahmen optimal. So weit dieses Modell.

Diese Form der Erwartungsbildung wird nicht nur von Neuklassikern vertreten, die sie in der ökonomischen Wissenschaft etabliert haben, sondern inzwischen auch von Neukeynesianern. Diese haben sie in ihrer Reaktion auf die Herausforderungen der Neuklassik einfach übernommen. Sie wollten beim Thema Unsicherheit intellektuelle Äquivalenz wahren. Dies ist in gewisser Hinsicht konsequent.

Der Umgang mit Unsicherheit scheint auf den ersten Blick nichts mit den von den Neukeynesianern vertretenen und für maßgeblich gehaltenen Rigiditäten und Unvollkommenheiten in der Preis- und Lohnbildung zu tun zu haben.

Er hat aber vor allem nichts mehr mit dem Konzept von Unsicherheit zu tun, das Keynes vertreten hat. Um im Bild des Kartenspiels zu bleiben: Keynes geht nicht nur davon aus, dass die Karten zufällig verteilt werden; er sagt sogar, dass auch die Fähigkeiten der Spieler unterschiedlich sind und dass nicht einmal bekannt ist, welches Spiel mit den Karten gespielt wird. Und mehr noch – höchstwahrscheinlich ändert sich im Lauf der Zeit sogar das Spiel.

Dies und nicht die geschilderte Mechanik von Konjunkturprogrammen ist die zentrale Botschaft von Keynes: Märkte sind eben kein Kartenspiel. Märkte sind Chaos. Hier treffen Menschen mit unterschiedlichem Kenntnisstand und unterschiedlichen Fertigkeiten aufeinander. Sie kennen, falls es das überhaupt gibt, das wahre Modell der Ökonomie nicht, sondern handeln in der Regel intuitiv.

Robert Skidelsky, der bekannteste Biograf von Keynes, macht dies in seinem jüngsten Buch am Beispiel einer Wettervorhersage vor einem Spaziergang deutlich.[28] Eine Familie, die einen Spaziergang plant, wird bei unklarer Wetterlage ihre Entscheidung, Schirme gegen einen eventuell einsetzenden Regen mitzunehmen, nicht von einer wissenschaftlich ausgearbeiteten Wetterprognose abhängig machen. Sie wird sich vielmehr nach ihrem Gefühl entscheiden. Vielleicht nimmt sie sogar bewusst in Kauf, nass zu werden, weil sie dies als angenehm empfindet. Dies ist letztlich sogar eine völlig rationale Art und Weise, eine Entscheidung zu fällen. Schließlich gibt es keine wissenschaftlich exakte und vor allem sichere lokale Wettervorhersage. Vor Ort können viele Besonderheiten dazu führen, dass das lokale Wetter von der besser vorhersagbaren Großwetterlage abweicht. Eine solche Vorhersage würde also nur falsche Sicherheit geben. Außerdem steht der Aufwand einer solchen Prognose in keinem Verhältnis zu ihrem Ertrag. Also ist es ökonomisch rational, ohne eine aufwendige Prognose einfach loszugehen.

Genau so handeln viele Menschen auch im Wirtschaftsleben; sie gehen intuitiv vor. Vor dem Hintergrund der unklaren Verhältnisse und der Unwägbarkeiten der Zukunft ist diese Entscheidung in der Regel im Alltag ebenso vernünftig wie ein Spaziergang ohne Wetterprognose. Es gibt aber natürlich nicht nur den Alltag und die Routine. Zuweilen stehen besondere oder ungewöhnliche ökonomische Entscheidungen an – zum Beispiel der Kauf eines neuen Auto oder eines Hauses. Dann empfiehlt sich ein differenzierteres Vorgehen. Je größer das ökonomische Vorhaben gemessen am eigenen Budget ist, desto mehr lohnt es sich, weitere Informationen einzuholen. Das können Preisvergleiche sein oder etwa Erkundigungen nach der Seriosität des Anbieters.

Mithilfe solcher relativ einfachen Maßnahmen lassen sich grobe und fahrlässige Fehler mit einer gewissen Sicherheit vermeiden. Das gilt insbesondere, wenn es sich um den Kauf standardisierter Produkte handelt, die man aus dem Alltag genau kennt. In diesen Fällen ist das Problem der Unsicherheit nur von untergeordneter Bedeutung. Wenn aber ein Unternehmen plant, Investitionen in ein völlig neues Produktionsverfahren zu tätigen, dann spielt die Unsicherheit eine dominierende Rolle. Unter diesen Umständen lohnen sich wesentlich aufwendigere Verfahren, um den Unsicherheitsfaktor zu reduzieren. Gutachten von Unternehmensberatern, Meinungen von Analysten und eigene Marktstudien sind übliche Methoden. Angesichts der chaotischen Struktur von Wirtschaft – und weil sie im Grunde doch unvorhersehbar ist – bleibt aber immer ein hohes Maß an Unsicherheit bestehen. Genau das ist das sprichwörtliche unternehmerische Risiko, das dem Unternehmen niemand abnehmen kann.

Was Risiko bedeutet

Es ist im Grunde die Funktion des Unternehmers, in einer Marktwirtschaft Risiken zu übernehmen. Dafür wird er im Erfolgsfall reichlich belohnt, wenn er hohe Gewinne macht. In Fall eines Misserfolgs wird er vom Markt verschwinden. Die Funktion eines marktwirtschaftlichen Risikoträgers ist mit dem Gerechtigkeitskriterium von John Rawls, das ich schon an anderer Stelle für die Bezahlung von abhängig Beschäftigten herangezogen habe, perfekt vereinbar. Wenn ein Unternehmer durch ein neues Produkt oder ein neues Produktionsverfahren Erfolg hat, dann profitiert ja nicht nur er davon. Auch die Menschen, die dank seiner Innovationen in seinem Unternehmen zusätzlich Beschäftigung finden und damit zusätzlich Einkommen erzielen, sind an diesem Erfolg beteiligt.

Bei fundamentaler Unsicherheit ist die Bereitschaft des einzelnen Unternehmers, Risiken zu übernehmen, auch gesamtwirtschaftlich von großer Bedeutung. Nur wenn diese Bereitschaft existiert, wird sich eine Volkswirtschaft auf einem dynamischen Wachstumspfad bewegen, auf dem Wohlstand und Beschäftigung fortwährend zunehmen. Dass ein Unternehmer risikobereit ist, zeigt sich, materiell gesehen, darin, dass er Investitionen tätigt. Auf diese Weise erzeugt er gesamtwirtschaftliche Nachfrage und trägt damit zum Wachstum bei. Erfolgreiche Investitionen steigern in der Regel auch die gesamtwirtschaftliche Produktivität. Das heißt: Mit den gegebenen volkswirtschaftlichen Ressourcen kann mehr produziert werden. Die Volkswirtschaft ist also leistungsfähiger geworden und kann somit mehr Wohlstand erzeugen. Folglich hat sich nicht nur die Nachfrage erhöht – auch die Angebotsbedingungen haben sich verbessert.

Beides erzeugt höhere Einkommen mit höherer Kaufkraft. Das bedeutet, dass ohne Investitionen, in denen sich die Risikobereitschaft von Unternehmen ausdrückt, auf Dauer ein gesamtwirtschaftliches Wachstum nicht möglich ist. Eine Volkswirtschaft ohne Risikobereitschaft stagniert und schrumpft auf Dauer sogar, sobald die Produktionsanlagen veralten. Die Bedingungen sind damit weder für die Nachfrage noch für das Angebot günstig. Deshalb ist es eine der wichtigsten wirtschaftspolitischen Herausforderungen, diese Risikobereitschaft zu unterstützen.

Umso erstaunlicher ist es aus meiner Sicht, dass in den gängigen Modellen des ökonomischen Mainstreams die gesamtwirtschaftliche Dimension der Risikoübernahme weitgehend ausgeblendet ist. Es ist in gewisser Hinsicht allerdings nur konsequent. Denn wenn es gar keine fundamentale Unsicherheit gibt, kann es auch nicht das drängende gesamtwirtschaftliche Problem der Risikoübernahme geben. Da die Funktionsweise des einzig »wahren« Modells im Kern bekannt ist, ist der Weg eigentlich vorgezeichnet: Man muss nur in gleichsam mechanischer Weise dafür sorgen, dass die entscheidenden Parameter für Investitionen in einer für sie förderlichen Art und Weise gestaltet werden. In diesen Modellen sind das ausschließlich angebotsorientierte Faktoren, wie zum Beispiel niedrige Löhne oder niedrige Steuern und Abgaben. Mit Unsicherheit hat das alles aber nichts zu tun. Somit sind auch diese Modelle nutzlos. Sie verkommen zur ökonomischen Mechanik und ein wesentlicher Faktor des ökonomischen Geschehens bleibt unberücksichtigt: die Unsicherheit.

Die Folgen der Unsicherheit

Die prinzipielle fundamentale Unsicherheit hat dramatische Folgen für das wirtschaftliche Verhalten. Die Erwartungsbildung kann nicht mehr in dem Sinne rational sein, wie ich sie gerade für die gängigen Modelle geschildert habe. Wenn es kein stabiles Modell gibt, das die Grundlage für die Erwartungsbildung liefert, ist man im Nebel des Zufalls verloren. Dann gibt es keine Wahrscheinlichkeitsverteilung, mit deren Hilfe man Risiken verlässlich abschätzen könnte. Es fehlt jede sichere Orientierung. Nun ist aber der Nebel auf unterschiedlichen Märkten unterschiedlich dicht. Es gibt jene Märkte, wie zum Beispiel den Kartoffelmarkt, den die ökonomische Wissenschaft gerne als Mustermarkt verwendet, auf denen sich die Ereignisse recht gut vorhersehen lassen. Aber auch hier kann es, etwa als Folge von Missernten oder Klimaeinflüssen, zu völlig unerwarteten Entwicklungen kommen. Das dürfte aber eher seltener der Fall sein. So ähnlich verhält es sich mit den meisten Verbraucher- und Arbeitsmärkten, die sich in tendenziell ruhigen Bahnen bewegen.

Aber es gibt auch extrem unsichere Märkte, und hierzu zählen vor allem die Finanzmärkte. Wer sie beobachtet, kann daraus einiges über das Wesen von Märkten lernen, für die der Faktor Unsicherheit eine große Rolle spielt. Im Unterschied zu den »langsamen« Verbrauchsgütermärkten sind sie extrem »schnell«. Was heißt das? Schnelle Märkte zeichnen sich durch eine hohe Transaktionsfrequenz der einzelnen Marktteilnehmer und durch eine hohe Preisflexibilität aus. Die Akteure auf den Finanzmärkten, zumeist berufsmäßige institutionelle Anleger, führen täglich zahlreiche Käufe und Verkäufe von Wertpapieren aus. Da es sich nicht um physische Produkte handelt, die erst mit hohem Zeitaufwand produziert werden müssen, um angeboten werden zu können, ist auch die Flexibilität von Angebot und Nachfrage auf diesen Märkten hoch. Die Kosten, um die Nachfrage oder das Angebot im Wertpapiermarkt zu ändern, liegen, anders als zum Beispiel bei komplexen Maschinen, nahe bei null. Es geht eigentlich nur um die Gebühren an den Börsen.

Außerdem sind diese Märkte schon seit Langem nicht mehr national abgeschottet, sondern, vor allem dank der modernen Informationstechnologien, global eng miteinander verzahnt. Kursgewinne oder Abstürze in London und New York erzeugen unmittelbare Reaktionen in Frankfurt, Paris, Singapur, Tokio und Shanghai und umgekehrt.

Die Finanzmärkte entsprechen so gesehen eigentlich dem Idealbild eines Marktes, der sich durch hohe Flexibilität und geringe Kosten für Transaktionen auszeichnet. Es ist durchaus nachvollziehbar, wenn von vielen Wissenschaftlern und Wirtschaftspolitikern während des vergangenen Jahrzehnts gefordert wurde, diese Märkte von lästigen Regulierungen zu befreien, die global sowieso unterlaufen werden könnten. Stattdessen sollten sie sich weitgehend selbst überlassen bleiben. Dann wären zweierlei optimale Ergebnisse zu erwarten: Zum einen würden die flexiblen Märkte einen leichten Zugang zu Kapital ermöglichen, wo auch immer es gerade auf der Welt am dringendsten gebraucht würde. Auf diese Weise könne das weltweite Wachstum spürbar beschleunigt werden. Zum anderen würden über die Finanzmärkte, also durch die Bewertungen der Investoren und ihre Käufe und Verkäufe auf diesen Märkten, verlässliche Informationen über rentable Investitionsprojekte in der Realwirtschaft erzeugt. Das hört sich für mich auch alles ganz richtig an – wenn es da nicht das Problem der fundamentalen Unsicherheit gäbe.

Gerade wenn Preise und auch die Mengen sich sehr flexibel und das heißt schnell bewegen, besteht ein besonders hohes Maß an Unsicherheit. Der Kurs eines Wertpapiers von morgen muss mit dem von heute nicht mehr viel zu tun haben. Man kann also aus aktuellen Daten oder gar Werten aus der Vergangenheit relativ wenig für die Daten und Werte der Zukunft lernen. Viele Wissenschaftler sehen das sogar als ein Merkmal besonders hoher Markteffizienz an. Aus ihrer Sicht zeigt das, dass die Finanzmärkte nur auf aktuelle Informationen reagieren. Die Informationen aus der Vergangenheit haben sie schon längst verarbeitet; sie spielen keine Rolle mehr. Die kurzfristige Orientierung der Kursbewegungen wird also als ein Indiz für eine besonders rasche Informationsverarbeitung interpretiert.

Aber genau deshalb stellt sich mir umso dringender die Frage nach dem zu erwartenden Preis und den verfügbaren Angebots- und Nachfragemengen. Auf einem solchen Markt müssen Erwartungen eine besonders wichtige Rolle für das aktuelle Marktgeschehen spielen. Sie könnten ein Anker für Investoren sein, an dem sich ihre Kauf- und Verkaufswünsche orientieren. Worauf aber beruhen diese Erwartungen, wenn die Vergangenheit keine Rolle spielt und nur die Gegenwart zählt? Die Antwort ist sehr schlicht: Sie beruhen auf der Interpretation der tagesaktuellen Daten. Die Erwartungen sind folglich genauso instabil wie die aktuellen Kursentwicklungen. Sie sind kein Anker für irgendetwas. Sie erinnern mich an ein Stochern im Nebel.

Mit Blick auf die gängigen Marktmodelle liegt die Frage nahe, ob solche Erwartungen überhaupt noch rational genannt werden können. In einem rein technischen Sinn sind sie rational. Es werden schließlich alle zur Verfügung stehenden Informationen effizient genutzt. Das Problem ist jedoch: Es gibt kaum verlässliche Informationen. Anders als beim üblichen Ansatz von rationalen Erwartungen existiert für diesen Bereich kein Modell, das einen Pfad systematischer Tendenzen ebnet. Der Marktteilnehmer kann sich an nichts orientieren. Alles ist Zufall. Insofern ist das Konzept rationaler Erwartungen, das für die Realwirtschaft in den gängigen Ansätzen so wichtig ist, auf den Finanzmärkten bestenfalls nur noch entkernt denkbar.

Vom Umgang mit Risiken

Damit öffnet sich aber die Büchse der Pandora für einen völlig neuen Denkansatz. Sind Märkte in Unsicherheit vielleicht irrational und eher von Gefühlen als von nüchterner Kalkulation geprägt? Auch wenn sich zahllose Analysten, Experten und Gurus bemühen und nochmals bemühen, möglichst sichere Informationen über den zukünftigen Wert von Finanzanlagen zu erlangen – es bleibt trotz der Fülle an Informationen ein erhebliches Restrisiko bei fast allen Finanzanlagen bestehen. Die entscheidende Frage ist: Wie gehen Märkte mit diesem Restrisiko um?

Manche flüchten sich in mehr oder minder aufwendige Datenanalysen. Diese auch als Chartismus bekannte Methode versucht, Trends aus den Daten der Vergangenheit zu berechnen. Diese werden dann meist anhand schönster Grafiken und Charts der Öffentlichkeit oder exklusiven Anlegern präsentiert. Sie dienen als Maßstab, um die aktuellen Daten zu beurteilen. Liegen sie über dem Trend, ist tendenziell ein Rückgang zu erwarten, liegen die Kurse darunter, muss man eher mit einem Anstieg rechnen. Aber auch der Trend kann sich ändern und damit auch der Beurteilungsmaßstab. Die Berechnung flexibler Trends entschärft zwar dieses Problem, sie erzeugt aber eine höhere Unsicherheit darüber, in welche Richtung sich der Trend wohl bewegt. Trotz aller eifrigen Bemühungen ist also auch mit dieser scheinbar exakten Methode keine Sicherheit zu gewinnen.

Letztendlich bleiben zwei Alternativen: Entweder man folgt, ähnlich wie beim Spaziergang unter unsicheren Wetterbedingungen, seinem eigenen Gefühl, oder man verlässt sich auf das Gefühl der anderen. Beide Verhaltensweisen gibt es auf den Finanzmärkten. Sich ausschließlich auf das eigene Gefühl zu verlassen ist die unsicherere Variante. Schließlich bilden sich die Kurse an den Finanzmärkten als Folge der Einschätzungen und Urteile vieler. Selbst wenn man also die ökonomische Analyse der Mehrheit für falsch halten würde, würden deren Beweggründe letztlich doch die Kursbewegung bestimmen. Es ist also angesichts des Faktors »Unsicherheit« völlig rational, einfach der Mehrheit oder dem Trend zu folgen. So entsteht ein Herdentrieb. So kann man zumindest kurzfristig sicher sein, nichts zu verlieren. Das Problem besteht jedoch darin, dass die Urteile der Mehrheit schwanken. Wer immer nur dem Trend folgt, gehört per se nicht zu den Ersten, die das Neue erkennen. Wer wiederum den Anschluss verliert oder nicht schnell genug reagiert, gehört zu den Verlierern. Man steigt zu spät bei einem Kursanstieg ein und bei einem Verfall der Kurse auch zu spät aus. Im ersten Fall entgehen uns Gewinne und im zweiten müssen wir möglicherweise sogar Verluste hinnehmen.

Verändern sich Trends, schlägt die Stunde der Einzelgänger. Wem es gelingt, frühzeitig einen künftigen Trend einzuschätzen, kann im günstigen Fall horrende Gewinne einfahren. Diese Trendsetter können Wertpapiere noch billig erwerben, bevor sich – als Folge einer Welle positiver Einschätzungen – die Kurse deutlich erhöhen. Im umgekehrten Fall können Trendsetter Papiere verkaufen, bevor die Mehrzahl der Anleger zu ähnlich negativen Urteilen gelangt wie sie selbst und die Kurse merklich fallen.

Wem es gelingt, eine solche Vorreiterrolle einzunehmen, der kann meist mit einem doppelten Erfolg rechnen. Er wird einen schönen materiellen Gewinn einfahren und in der Finanzwelt bald als Guru gelten, dessen Voraussagen fortan als höhere Weisheiten bewertet werden. Mit diesem Status lässt sich zusätzlich Geld verdienen, wenn der Guru seine Informationen nunmehr exklusiv an glaubensbereite Anleger verkauft. Diese Anhänger sind zutiefst überzeugt, dass diese Informationen bares Geld wert sind. Schließlich werden sie dank der goldenen Tipps schneller künftige Trends erkennen und so entsprechend höhere Gewinne erzielen. Dieser paradiesische Zustand hält bis zum ersten großen Irrtum an. Schätzt der Guru irgendwann einen künftigen Trend falsch ein – was angesichts der fundamentalen Unsicherheit relativ wahrscheinlich ist –, wird es mit seinem schönen Status bald vorbei sein und seine Anhänger werden ihn mit Schimpf und Schande verjagen. Der Guru ist tot und es lebe der neue Guru, der den neuen Trend richtig vorausgesagt hat.

Solche Konstellationen schreien förmlich nach Manipulation, oder? Und das geht relativ einfach. Man muss als Guru nur Informationen in die Welt setzen, die glaubwürdig erscheinen, und sich zuvor mit genau jenen Wertpapieren eingedeckt haben, deren Kurs von diesen Informationen profitiert. Lässt ein Guru (manchmal sind es auch nach Absprache gleich mehrere) verlauten, dass ein Papier seiner Meinung nach unterbewertet ist, ist es sehr wahrscheinlich, dass der Kurs tatsächlich steigt, weil viele Anleger, die selber über kein sicheres Wissen verfügen, diesen Urteilen einfach glauben.

Ich möchte an dieser Stelle deutlich sagen, dass man dieses Verhalten nicht als das Ergebnis von Denkfaulheit oder unzureichender Recherche verstehen sollte. Wenn es keine berechenbaren Unsicherheiten gibt, ist der Glaube an diejenigen, die es vermeintlich oder auch tatsächlich aus irgendwelchen Gründen besser wissen, völlig rational. Kurzfristig lohnt es sich sogar. Der vorausgesagte Kursanstieg tritt ja tatsächlich ein, sodass sich der Kauf dieser Papiere wirklich gelohnt hat – am meisten wahrscheinlich für jene, die die Informationen in die Welt gesetzt haben. Es ist allerdings fraglich, wie lange ein solcher Kursanstieg vorhält. Ist er nur sehr kurzfristiger Natur, gefährdet das selbstverständlich den Gurustatus des Informanten. Es gibt folglich keinen Freibrief für Manipulationsversuche. Ein gewisses Maß an Glaubwürdigkeit muss vorhanden sein.

Was ich hier am Beispiel eines einfachen Wertpapiers aufgezeigt habe, dessen Verkäufer und Käufer prinzipiell den gleichen Informationsstand haben, gilt erst recht für komplexere Finanzmarktpapiere. Dann tritt zur allgemeinen Unsicherheit noch das Problem asymmetrischer Information hinzu. In diesem Fall verfügen die Anbieter eines Papiers über mehr Informationen als die Nachfrager. Das war zum Beispiel bei den strukturierten Wertpapieren der Fall, mit denen teilweise hochriskante Hypothekarkredite in den USA weiterverkauft wurden und die als einer der Gründe für die Finanzmarktkrise angesehen werden. In dieser Art von Wertpapieren werden mehrere Wertpapiere gebündelt; deshalb nennt man sie strukturiert. Sinn der Strukturierung ist es eigentlich, Risiken zu verringern. Indem man riskante Papiere mit weniger riskanten verknüpft, so die Überlegung, sinkt das gesamte Risiko.

Die Wahrscheinlichkeit eines kompletten Ausfalls soll mit dem Bündeln der Papiere deutlich vermindert werden, wenn der hochriskante Anteil entsprechend gering ist. Er kann sogar so stark gesenkt werden, dass das strukturierte Papier die höchste Bewertung von Ratingagenturen – AAA – erhält. Geschieht das, wird das Restrisiko, das durch den riskanten Inhalt des Wertpapiers begründet wird, faktisch mit null bewertet. Es verschwindet quasi. Das hat den »Vorteil«, dass ein solches, als sehr sicher eingeschätztes Papier Käufern angeboten werden kann, die nur als sicher bewertete Finanzmarktpapiere erwerben können oder wollen. Die Zahl der potenziellen Käufer erhöht sich jedenfalls sehr stark. Das hat positive Folgen für den Kurs des Papiers und folglich für die Erlöse desjenigen, der es auflegt. Wie hoch das Risiko wirklich ist, weiß vor dem Hintergrund der fundamentalen Unsicherheit ohnehin keiner. Der Schöpfer des Papiers kennt dessen Zusammensetzung aber natürlich am besten und kann daher ein erheblich fundierteres Urteil über dessen Risikogehalt abgeben als der Käufer. Dieser übernimmt damit, im Vertrauen auf die korrekte Bewertung durch die Ratingagenturen, de facto ein zusätzliches Maß an Unsicherheit.

Man könnte all dies als mikroökonomische Risiken und entsprechendes Risikoverhalten auf den Finanzmärkten abtun. Das wäre auch korrekt, wenn das, was sich dort abspielt, nur Auswirkungen auf die Akteure an den Finanzmärkten hätte. Doch nun ist der Finanzmarkt besonders eng mit allen übrigen Märkten verzahnt. Sie sind wiederum unmittelbar verbunden mit Unternehmen und privaten Haushalten, deren Ersparnisse auf den Finanzmarkt fließen und deren Kredite auf diesem Markt finanziert werden. Das Gleiche gilt für den Staat. Daher beeinflussen die Transaktionen auf den Finanzmärkten die Einkommens- und Vermögenslage des privaten und staatlichen Sektors ganz entscheidend. Eine Krise auf den Finanzmärkten spiegelt sich also zwangsläufig in den Einkommen und Vermögen der privaten Haushalte und des Staates wider. Es ist also auch gesamtwirtschaftlich bedeutsam, ob und wie Finanzmärkte funktionieren.

Wenn man sich all das einmal in Ruhe anschaut – die geschilderte Unsicherheit und die daraus resultierenden Verhaltensweisen –, dann besteht ein berechtigter Grund zur Sorge. Wenn die Kurs- und Preisbildung nicht das Ergebnis kühlen und rationalen Überlegens sein kann, sondern sehr stark von Emotionen und von »Glaubensakten« geprägt ist, dann sind auch merkwürdige und irrationale Ergebnisse nicht auszuschließen. In seiner Untersuchung über die Preisbildung auf den Finanzmärkten kommt Andrew Smithers zu dem Resultat, dass Finanzmärkte entgegen der allgemeinen Lehrmeinung (von vor der Krise) nicht effizient sind.[29] Anhand seiner Langzeitstudien über Aktienkurse zeigt er, dass die Akteure auf den Finanzmärkten nur sehr langfristig einen Kurs finden, den sie, wenn sie effizient wären, sofort gefunden hätten. Die Märkte erkennen also den zu einem Zeitpunkt »richtigen« Preis, der den tatsächlichen Vermögenswert des Wertpapiers widerspiegelt, nicht sofort, selbst wenn alle hierfür notwendigen Informationen vorliegen. Zu sehr trüben die Emotionen das Urteil, als dass die Märkte rasch zu diesem Kurs hin konvergieren. Die unmittelbare Schlussfolgerung aus dieser Analyse: Es kann gravierende Übersteigerungen und tiefe Einbrüche auf den Finanzmärkten geben. Im ersten Fall haben wir es mit der Folge einer übersteigerten Euphorie zu tun, im zweiten mit der Konsequenz eines tiefen Pessimismus.

Dramatische Kursbewegungen auf den Finanzmärkten tangieren die Gesamtwirtschaft beträchtlich. Einbrüche vernichten Einkommen und Vermögen sowohl von Unternehmen als auch von Privathaushalten, Boomphasen lassen sie rasant steigen. Vor allem aber bestimmen Kursbewegungen die Finanzierungsbedingungen für Unternehmen. In Zeiten großer Euphorie ist es für ein Unternehmen leicht, durch Ausgabe neuer Aktien sein Eigenkapital zu erhöhen und damit zum Beispiel Mittel für zusätzliche Investitionen zu gewinnen. Ebenso einfach ist es, dafür günstige Kredite zu bekommen. Brechen die Finanzmärkte ein, kehrt sich dieser Prozess um. Aktienemissionen werden schwierig, ebenso wie günstige Kreditvergabe. Unter solchen Umständen gerät der realwirtschaftliche Investitionsprozess ins Stocken und droht sogar abzustürzen. Das bedeutet, dass man die Unsicherheit vor allem gut an der Investitionsentwicklung feststellen kann.

Was die Finanzmärkte mit uns zu tun haben

An dieser Stelle besteht eine Verbindung zwischen den Finanzmärkten und der Verteilung von Einkommen und Vermögen. Primär sind Unternehmen und wohlhabende private Haushalte, die über genügend Ersparnisse verfügen, an den Finanzmärkten aktiv. So haben nur die 10 Prozent einkommensstärksten Haushalte in Deutschland ihre Sparquote in den vergangenen Jahren ausgedehnt.[30] Also steigen in Boomphasen vor allem ihre Einkommen und ihr Vermögen besonders stark, was die Ungleichheit erhöht. Dagegen fallen sie bei Einbrüchen auch besonders stark, sodass sich die Ungleichheit entsprechend vermindert.

Je bedeutsamer die Finanzmärkte sind, also je mehr Kapital ihnen zufließt, desto stärker sind diese Effekte. Das ist im vergangenen Jahrzehnt in geradezu atemberaubendem Ausmaß geschehen. Daher sind die Effekte auf die Privatwirtschaft entsprechend größer geworden. Das deutete sich schon im Jahr 2000 an, als der Einbruch der Aktienkurse, vor allem von Internetfirmen, zu einer globalen Rezession führte. Die meisten Prognostiker waren davon völlig überrascht. Sie hatten allenfalls eine leichte Abschwächung der gut laufenden Konjunktur erwartet. Man ging davon aus, dass sich das Wachstum in Deutschland von etwa 3 Prozent auf rund 2,5 Prozent verlangsamen würde. Eine kleine Konjunkturdelle also, die schnell wieder überwunden sein würde. Was tatsächlich kam, war eine globale Rezession mit einem Wachstum des BIP im Jahr 2001 von nur noch 1,2 Prozent in Deutschland. Eine klare Fehlprognose. Offensichtlich wurden die Auswirkungen von Finanzmarktkrisen auf die Realwirtschaft damals grob unterschätzt. Man hatte nichts verstanden.

Ich denke: Das ist kein Zufall. Vor allem über die Finanzmärkte geraten die Konsequenzen der fundamentalen Unsicherheiten in das Wirtschaftssystem. Im Handel mit Wertpapieren, die künftige Einnahmen als Basis haben, zeigt sich eben in großer Klarheit, ob die Zukunft einer Wirtschaft mittels üblicher Wahrscheinlichkeitstheorien berechenbar ist oder nicht. Wäre sie es, könnten auf den Finanzmärkten keine größeren Probleme für den Rest der Wirtschaft entstehen. Es würden höchstens unsystematische Zufallsschwankungen auftreten.

Die Kreditvergabe dürfte unter dieser Annahme jedoch nie in Gefahr geraten. Denn die Banken hätten auf der Basis ihrer rationalen Erwartungen diese Schwankungen jederzeit mit einkalkuliert. In Boomzeiten wären sie entsprechend vorsichtig gewesen, da sie jederzeit mit einem Abflauen der guten Konjunktur hätten rechnen müssen. In schlechten Zeiten wären sie nicht in abgrundtiefen Pessimismus verfallen. Sie wären weiterhin bereit gewesen, ihre Kredite unverändert zu vergeben, da sie ja aufgrund ihres Wissens bald wieder mit einem Aufschwung rechnen konnten, Die gleichen Überlegungen hätten im Übrigen in den Unternehmen zu dem Ergebnis führen müssen, ihre Kreditnachfrage möglichst wenig zu ändern. Denn im Boom droht ihnen ein Rückgang ihrer Erlöse und im Abschwung winkt der nächste Aufschwung. So weit – mal wieder – die Theorie.

Dass die Welt anders ist, muss ich nach der Rezession 2000/2001 und der tiefen Krise 2008/2009 an dieser Stelle wohl kaum erläutern. Die Zahlen über Kreditvergabe sprechen eine deutliche Sprache. Sie schwanken mit einer leichten Verzögerung sehr stark im Rhythmus der Konjunktur, was beispielhaft die Abbildung 5 zeigt. Von Sicherheit über erwartete Abschwünge infolge eines Booms oder über erwartete Aufschwünge nach tiefer Rezession ist in den Daten nichts zu sehen. Im Gegenteil: Zwar zögern Banken und Unternehmen nach Beginn eines Booms oder eines Abschwungs zunächst noch mit der Anpassung ihrer Kreditnachfrage oder ihres Kreditangebots. Doch im Lauf der Zeit lassen sie sich von der Euphorie oder dem Pessimismus der Märkte mitreißen.

All dies zeigt, dass die Unsicherheit an den Märkten vor allem den Investitionsprozess beeinflusst. Der Schlüssel ist die Kreditvergabe; sie beeinflusst die Investitionen. Von den Investitionen wiederum hängen das aktuelle und das künftige Wachstum sowie der Aufbau und Abbau von Beschäftigung ab. Die Wachstums- und Beschäftigungsaussichten prägen das Verhalten der einzelnen Marktteilnehmer. Sind diese Aussichten positiv und stabil, verstärken sie den wirtschaftlichen Aufschwung. Sind sie ungünstig und instabil, erzeugen sie vermehrte Unsicherheit und veranlassen die Marktakteure, denen diese Unsicherheit ja bewusst ist, Sicherheit zu suchen. Das verstärkt wiederum eine wirtschaftliche Schwäche.

Ein typischer Versuch, der Unsicherheiten individuell Herr zu werden, ist, sich an anderen Menschen oder an Institutionen zu orientieren, von denen man glaubt, sie wüssten mehr über den Umgang mit einer anstehenden wirtschaftlichen Entscheidung. Das können die bereits erwähnten Gurus oder aber Institutionen wie die Verbraucherberatung sein. Diese Orientierung an anderen kann Unsicherheiten bestenfalls reduzieren, sie kann sie jedoch nicht aufheben.

In ruhigen Zeiten ist dies ohne größere Bedeutung. Was aber, wenn die Zeiten unruhiger werden? Dann gewinnen Emotionen schnell die Oberhand. Wenn alles gut zu sein scheint, ist das Selbstvertrauen in die eigene ökonomische Kompetenz auf dem Höhepunkt und wir neigen dazu, die eigene ökonomische Handlungsweise zu glorifizieren. In solchen Phasen wächst auch die Bereitschaft, Risiken zu übernehmen, vor denen wir in ruhigeren Zeiten wahrscheinlich zurückgeschreckt wären. Vor allem die Neigung, sich zu verschulden, nimmt zu. Wer optimistisch von einer fortwährenden Aufwärtsentwicklung seines Einkommens ausgeht, mit deren Hilfe er Zinsen und Tilgung in der Zukunft mühelos bestreiten kann, wird sorglos. Und das passiert nicht nur dem schlecht informierten kleinen Anleger oder Häuslebauer in Euphoriephasen. Auch Unternehmen, die von außen betrachtet stets rational agieren, handeln manchmal so. Die Blasen an den Finanz- und Immobilienmärkten in den USA, Großbritannien oder Spanien, die von einer wachsenden Verschuldung angetrieben wurden, zeugen von einem solchen Verhalten. In diesem Umfeld blüht die Investitionstätigkeit förmlich auf. Immer mehr Unternehmen sind bereit, immer mehr Investitionen durchzuführen, und angesichts der erwarteten hohen Renditen sind auch genügend Geldmittel an den Finanzmärkten verfügbar, um diese zu finanzieren. Wird viel investiert, blüht auch die gesamte Wirtschaft auf. Es entsteht mehr verfügbares Kapital, das die weitere Expansion nährt. Die Herde der Anleger nimmt Witterung in Richtung auf eine vermeintlich goldene Zukunft auf und rast los. Es bildet sich eine Aufwärtsspirale. Und es geht auch lange gut – bis die Verschuldung nicht mehr zu tragen ist und die Gläubiger ihr Vertrauen in die Schuldner verlieren. Dann geht es abwärts – und zwar schnell.

Ich möchte nun noch einen Blick auf den zweiten möglichen Fall werfen. Wenn alles schlecht läuft, gewinnen Emotionen erst recht die Oberhand über kühle Kalkulation. Statt Euphorie herrscht dann Panik. Das Vertrauen in die eigenen ökonomischen Entscheidungen und in die anderer schwindet rasch. Gurus fallen in Ungnade und viele Berater geraten ins Zwielicht. Jeder versucht sich zu retten, indem er möglichst wenige Risiken eingeht und jene Risiken, die er bereits eingegangen ist, möglichst rasch zu beseitigen versucht. Dann wollen alle plötzlich ihre Schulden reduzieren und sind nicht mehr geneigt, Geld zu verleihen, es sei denn, man bietet exorbitante Sicherheiten. Wenn alle sich gleichzeitig zu entschulden versuchen, heißt dies im Umkehrschluss, dass niemand mehr bereit ist, Geld auszugeben. Das gilt insbesondere für Ausgaben, deren Ertrag nicht sofort verfügbar ist. Das sind vor allem Ausgaben für Investitionen, die sich, wenn überhaupt, erst in der Zukunft rentieren können. Entfaltet sich eine solche Panik, bleiben als Erstes die Investitionen auf der Strecke. Die Banken zögern, sie zu finanzieren, und die Unternehmen haben Angst, ihr Geld für Investitionsprojekte zu riskieren. Der Herdentrieb, diesmal aus Angst und Verzweiflung geboren, setzt eine Spirale in Gang, die steil nach unten führt.

Wie sich der Finanzmarkt verändert hat

Wie groß die Unsicherheiten sind, zeigt sich plastisch an den Urteilen der professionellen Beurteiler: der Ratingagenturen. Ihre Aufgabe ist klar umrissen. Sie sollen, im Auftrag der Emittenten von Papieren, mit professionellen Methoden deren Sicherheit einschätzen. Sie geben zudem ganz allgemein Einschätzungen über die Sicherheit von Wertanlagen ab, insbesondere beurteilen sie auch die Güte von Staatsanleihen und machen damit eine Aussage darüber, ob Regierungen ihren Schuldendienst auf Dauer erfüllen können. Anlagen, denen sie höchste Sicherheit unterstellen, bewerten sie mit AAA (Triple A). Das ist eine Bewertung, die eine Ausfallwahrscheinlichkeit von nahezu null impliziert. Im Verlauf der Finanzkrise zeigte sich, dass diese Testate nur wenig wert waren. So erhielten auch viele der zweifelhaften Subprime-Kredite, die als Teil von zusammengesetzten strukturierten Wertpapieren im Umlauf waren, diese Bestnote. Wie fast alle Finanzmarktakteure gingen die Agenturen davon aus, dass die Streuung von Risiken diese letztlich verschwinden lässt. Aber sie hatten nicht mit den Panikzyklen gerechnet, die auch AAA-Anlagen mit in den Abgrund rissen.

Etwas Ähnliches geschah später mit griechischen Staatsanleihen, die, obwohl man um die hohe Staatsverschuldung wusste, zunächst das höchste Testat erhielten. Im Zuge der Vertrauenskrise stuften die Ratingagenturen die Sicherheit der Anleihen ständig herab und beschleunigten damit die Abwärtsspirale. Das lag auch daran, dass das Urteil der Agenturen ein Teil des Regulierungsprozesses ist. Jede

Herabstufung zwingt daher regulierte Institutionen wie Banken und Lebensversicherer, Wertpapiere zu verkaufen oder in ihren Bilanzen niedriger zu bewerten. Wenn ich mir alle diese Fakten und Zusammenhänge anschaue, wird eines deutlich: Selbst die scheinbar zuverlässigsten Urteile, die es an den Finanzmärkten zweifellos gab, konnten weder die Krise vorhersehen noch Wertverluste korrekt einschätzen. Panik ist einfach nicht kalkulierbar.

Die Zyklen von Euphorie und Panik in einem unsicheren Umfeld sind in der Wirtschaftgeschichte immer wieder aufgetreten. Ein Beispiel dafür ist der Gründerzeitboom zu Beginn der Industrialisierung in Deutschland, der dann 1873 plötzlich in eine Gründerzeitkrise umschlug.[31] Ein weiteres, bekannteres Beispiel ist die Große Depression nach 1929, die gleichfalls auf einen Boom am Ende der Weimarer Republik folgte und die in der jüngsten Krise immer wieder als Referenz dient. Diese Depression hatte bereits einen globalen Charakter, sie hinterließ in allen größeren Industrieländern dieser Zeit ihre tiefen Spuren. Seit dem Zweiten Weltkrieg war das wirtschaftliche Geschehen vergleichsweise ruhig verlaufen. Es traten zwar immer wieder Krisen oder ähnliche Zuspitzungen und Verwerfungen in Gestalt von Währungskrisen, Ölpreisschocks und Inflationsausbrüchen auf. Diese Ereignisse waren jedoch von ihrer Dimension her weder mit den früheren noch mit der derzeitigen Krise zu vergleichen.[32] Außerdem lagen die Ursachen dieser Krisen fast nie auf dem Finanzsektor. Sie wurzelten in den meisten Fällen in einer Kombination aus realwirtschaftlichen und wirtschaftspolitischen Fehlentwicklungen – man denke zum Beispiel an eine zu lasche Geldpolitik, eine zu großzügige Fiskalpolitik, verkrustete Märkte und einen zu verschwenderischen Energieverbrauch.

Allerdings kann man seit den 1980er Jahren beobachten, dass mit der Deregulierung der Finanzmärkte diese eine immer stärkere Bedeutung als Krisenursache bekamen. Das ist eine Entwicklung, die zunächst auf die USA begrenzt war. Zwei Ereignisse sehe ich im Rückblick als Vorboten einer neuen ökonomischen Ära. Das war zum einen der Kursverfall von Junk Bonds, die in den USA während der 1980er

Jahre massiv zur Finanzierung riskanter Unternehmungen eingesetzt wurden. Zum anderen war es der Zusammenbruch der amerikanischen Sparkassen (Savings and Loan), die ihren durch die Deregulierung gewonnenen Spielraum zu waghalsigen Spekulationen auf der sicheren Basis einer immer noch bestehenden Staatsgarantie nutzten – mit entsprechend verheerenden Folgen für den Staatshaushalt.

In dieser neuen Ära, die bis heute anhält, sind die Finanzmärkte mit der ihnen eigenen und unvermeidlichen fundamentalen Unsicherheit gleichsam zum Atomkraftrisiko der Ökonomie geworden. Unfälle auf den Finanzmärkten erzeugen über ihre digitale Kettenreaktion weltweite wirtschaftliche Schäden in ungeheurem Ausmaß.

Es gibt jedoch zwei große Unterschiede zur Atomkraft; einen beruhigenden und einen beunruhigenden. Es sollte uns beruhigen, dass die am Finanzmarkt entstehenden Schäden nicht lebensbedrohlich sind (zumindest nicht unmittelbar*) und dass man sie schneller beheben kann. Es sollte uns jedoch beunruhigen, dass man Finanzmärkte während des vergangenen Jahrzehnts für eine sichere und immer sicherer werdende Technologie gehalten hat – folglich wurden die Vorkehrungen gegen Unfälle im Laufe der Zeit reduziert. Das erhöht die Wahrscheinlichkeit von Schäden. Die letzte unbeachtete Warnung in dieser Hinsicht kam 2001, als die Internet-Aktienblase platzte und die Weltwirtschaft in eine Rezession stürzte. Leider wurde diese Warnung nicht beachtet. Die Risiken konnten sich also ungehindert weiter entfalten. Und das blieb nicht ohne Folgen.

Die brisante Mischung für die Krise

Nicht Argumente ändern Lehrmeinungen, sondern Ereignisse. Diese Binsenweisheit erweist sich hoffentlich auch nach der Finanzmarkt-

---

* Es ist nicht zu bestreiten, dass es mittelbar sehr wohl solche Schäden gibt, die beispielsweise durch die in einer Krise erzeugte Armut entstehen.

krise als richtig. Diese Krise offenbarte eines ganz deutlich: Was für eine brisante Mischung hatte sich in einer Ära herausgebildet, die man in Zukunft wohl als eine Phase naiver Marktgläubigkeit sehen dürfte! Das kaum reflektierte Vertrauen in die Gerechtigkeit und Produktivkraft von Ungleichheit hatte Folgen für die Politik. Sie nahm das Auseinanderklaffen der Einkommen und Vermögen nicht nur hin – es wurde sogar als Voraussetzung für eine positive Entwicklung von Wachstum und Beschäftigung angesehen. Den Reichtum zu fördern, so die Überlegung, sollte letztlich auch breiten Bevölkerungsschichten zugute kommen. Nur so konnten genug Investitionen in neue Arbeitsplätze entstehen.

Was sich wirklich abspielte, sah ganz anders aus. Das angehäufte Kapital wurde in zuvor unvorstellbarem Ausmaß auf den Finanzmärkten vernichtet. Die Akteure glaubten auch, dass sie, aufgrund einzelwirtschaftlich optimaler Entscheidungen, alle systematischen wirtschaftlichen Beziehungen kannten – eine klare Selbstüberschätzung. Die den Märkten eigene fundamentale Unsicherheit wurde nicht gesehen. Das führte dazu, dass regulatorische Beschränkungen vor allem auf den Finanz- und Arbeitsmärkten massiv abgebaut wurden. Man wollte so ihre vermeintlich bremsende Wirkung auf das Marktgeschehen aufheben. Die Folgen waren verheerend, denn damit wurde das Einfallstor für »Panik durch Unsicherheit« weit geöffnet. Vor allem aber erwiesen sich Ungleichheit und Unsicherheit als ein Kombinationssprengstoff, dessen Wirkungen nicht zu überschätzen sind.

Die schrecklichen zwei: Ungleichheit und Unsicherheit

Die fatale Kombinationswirkung entsteht durch das Zusammenspiel von unterschiedlichen wirtschaftlichen Möglichkeiten und wechselnden Emotionen. Die Möglichkeiten werden durch die Einkommen und die Vermögen definiert, zu den Emotionen zählen Euphorie und Risikobereitschaft bis hin zur Risikosucht auf der einen Seite und

Panik und Sicherheitsstreben auf der anderen Seite. Haushalte mit hohem Einkommen und Vermögen verfügen über ein breites Spektrum wirtschaftlicher Möglichkeiten. Sie können ihre Einkommen je nach Mentalität für alles ausgeben – vom täglichen Bedarf bis hin zum Luxusgut. Sie können es aber auch sparen und am Finanzmarkt anlegen.

Erfahrungsgemäß nimmt das Engagement auf dem Finanzmarkt mit der Höhe der Einkommen zu. Dabei steigt oft auch der Appetit nach höheren Renditen und riskanteren Anlagen. So entstehen Klumpenrisiken. Wer ein hohes Einkommen hat, ist in der Regel auch ein potenzieller Nachfrager nach den verschiedensten Finanzmarktprodukten. Das müssen nicht einmal besonders komplexe Wertpapiere sein; es kann sich auch um Aktien, Fondsanteile, Anleihen vom Staat oder von Unternehmen handeln. In jedem Fall fließt ein nicht unerheblicher Teil des erzielten Einkommens immer wieder dem Finanzmarkt zu, stets in der Hoffnung, hohe Renditen zu erzielen. Wie hoch die Renditeerwartungen sind, hängt vom wirtschaftlichen Umfeld ab. In Zeiten guter Konjunktur werden die Erwartungen deutlich höher liegen und, falls sie sich realisieren, immer weiter nach oben angepasst. Dagegen werden sie in schwachen wirtschaftlichen Phasen deutlich niedriger liegen, und, falls sie auch noch enttäuscht werden, immer weiter nach unten gehen.

Im ersten Fall werden die Anleger, von ihrer Euphorie getrieben, immer mehr Geld am Markt platzieren, und auf der Suche nach höheren Renditen werden sie – bewusst oder unbewusst – immer riskantere Anlageformen wählen. Das geht so lange gut, bis ihre Erwartungen enttäuscht werden. Dann setzt die Abwärtsbewegung ein. Die Anleger suchen nun nach immer sichereren Anlagen und verzichten auf höhere Renditen. Sie flüchten geradezu in vermeintlich risikoarme Anlagen. Im Extremfall halten sie ihr Geld als Bargeld oder Sichteinlage auf ihrem Konto, also möglichst liquide. Sie verzichten dann zwar auf jeglichen Zinsertrag, aber sie haben ihr Geld jederzeit verfügbar. Weitet sich die Flucht in die Liquidität zur Stampede einer in Panik versetzten Herde, stehen den Kreditmärkten bald keine finanziellen Mittel mehr zur Verfügung. Es droht eine Kredit-klemme und, falls sich das Unsicherheitsgefühl auf die Unternehmen ausgebreitet hat, auch der Absturz der Kreditnachfrage. Beides führt zum Abbruch des realwirtschaftlichen Investitionsprozesses und damit in eine tiefe Krise.

Was ich hier für den wohlhabenden privaten Haushalt geschildert habe, gilt prinzipiell auch für den professionellen institutionellen An-leger. Was er tut, findet nur auf einer höheren Ebene statt. Er sammelt das Geld der Wohlhabenden und legt es mit möglichst hoher Rendite an. Diese muss, unabhängig von der allgemeinen wirtschaftlichen Lage, immer ein wenig höher sein als jene, die er seinen Investoren auszahlt. Ansonsten würde er keine Gewinne machen. Auf dieser Ebene greift dann vor allem die Deregulierung der Finanzmärkte – für die institutionellen Anleger wurden immer mehr Möglichkeiten geschaffen, durch riskantere Anlagen die hohen Renditeerwartungen ihrer Kunden zu befriedigen und selbst auch noch einen Gewinn zu erwirtschaften. Der Appetit auf saftige Renditen verführt den in-stitutionellen Anleger zu noch riskanterem Verhalten, als es einem Privatanleger sinnvoll erscheint und überhaupt möglich ist. Das hat zum einen mit der – hoffentlich – höheren Kompetenz der professio-nellen Anleger zu tun. Zum zweiten aber auch mit der Tatsache, dass sie nicht mit eigenem Geld, sondern mit dem ihrer Anleger agieren.[33]

Ihren Gipfel erreicht die Risikobereitschaft, wenn die Finanzinves-titionen außer mit den Einlagen noch mit Krediten finanziert wer-den. Dann haben wir es mit dem sogenannten Leveraging zu tun, bei dem die Rendite auf das Eigenkapital durch die Aufnahme von Fremdkapital gleichsam »hochgehebelt« wird. Wie das geht? Bei glei-chem Nettogewinn, der allerdings brutto wegen der Kreditkosten höher ausfallen muss, wird in diesem Fall weniger Eigenkapital ein-gesetzt. Das Ganze ist jedoch nicht unproblematisch. Falls sich die Investition nicht rentiert und es zu Verlusten kommt, fallen diese wegen der Kreditkosten, die ja unabhängig vom Erfolg des Projekts bestehen, gleichfalls höher aus. Die Verluste können leicht existenz-gefährdend werden. Befeuert wird das Ganze noch von einem Bonussystem, das solch riskantes Verhalten belohnt, da die Banker an den Gewinnen proportional beteiligt sind, während die Verluste die Bank tragen muss.

Im Prinzip gibt es zwischen dem Verhalten privater und professioneller Anleger keinen Unterschied, und das macht die Sache so brisant. Das Verhalten der institutionellen Anleger, die ebenso fundamental unsicher über die künftige Entwicklung sind wie du und ich, wird letztlich von den gleichen Emotionen gesteuert wie das der Privatanleger. Auch sie durchlaufen den Zyklus von Euphorie und Risikosucht auf der einen und Panik und Sicherheitsstreben auf der anderen Seite. Der geschilderte Ablauf macht auch deutlich, wie die Zusammenballung besonders hoher Einkommen die Finanzmärkte gleichsam mit Treibstoff versorgt, der den emotionalen Zyklus immer weiter ausschwingen lässt. Dass der Markt immer weniger reguliert ist, erhöht dabei den Spielraum der Schwankungsbreite. Wen wundert es also, wenn eine Wirtschaft, in der sich die Wohlhabenden mit immer höheren Finanzmitteln auf den Finanzmärkten orientieren, immer stärkere Zyklen von Euphorie und Boom sowie Panik und Krise durchläuft.

Die Rolle des Konsums

Dem wohlhabenden Teil der Gesellschaft stehen jene Menschen gegenüber, die als Niedrigverdiener oder gar als arm bezeichnet werden. Sie haben keine Möglichkeit, sich am Finanzmarkt zu engagieren. Diese Haushalte haben einen solchen Verlust an Kaufkraft erfahren, dass sie sich ihre Konsumwünsche kaum oder gar nicht mehr erfüllen können. Das gilt in abgeschwächter Form auch für die Mittelschicht. Diese Haushalte sind zwar noch in der Lage, geringfügige finanzielle Rücklagen zu bilden, die Tendenz ist aber in Deutschland in den letzten Jahren deutlich zurückgegangen. Damit gerät auch der Konsum der Mittelschicht-Haushalte unter Druck. Die Angst, ihre wirtschaftliche Existenz nicht mehr bestreiten zu können, nimmt zu. Die Umvertei-

lung von unten nach oben führt so sukzessive zu einer Konsumschwäche in einer Volkswirtschaft; es sei denn, die Volkswirtschaft zeigt ein
so hohes Wachstum, dass alle Einkommensschichten davon profitieren, wenn auch eben in sehr unterschiedlichem Ausmaß. Genau das
war aber meistens nicht der Fall. Was aber geschah stattdessen?

Die Umverteilung der Einkommen von unten nach oben fand in
allen großen Volkswirtschaften statt. Der Druck auf die Binnennachfrage nahm zu, zumal das Einkommenswachstum in den meisten
Ländern nicht kräftig genug war, um die Kaufkraft der unteren Einkommensschichten zu steigern. Das lässt sich am Beispiel der USA
und Deutschlands besonders gut zeigen, vor allem weil die Reaktionen auf das Grundproblem in beiden Ländern sehr unterschiedlich ausfielen.

Die verstärkten Zyklen von Euphorie und Panik an den Finanzmärkten und die Konsumschwäche – beides hat mit dem Thema Ungleichheit zu tun. Sie verstärkt die Unsicherheit in einer Volkswirtschaft und begrenzt zugleich den Konsum. In Deutschland hat sich
diese fatale Konstellation klar gezeigt. Seit über einem Jahrzehnt zü-
geln die privaten Haushalte in Deutschland ihre Konsumausgaben.
Gerne nennt man ein übertriebenes Sparbedürfnis, ja Geiz als Grund
für dieses Verhalten – oder eine übertriebene Vorsicht, die deutsche
Angst.

Ich halte das alles für spekulativen Unfug. Es hat mit der Realität
der privaten Haushalte in Deutschland nichts zu tun. Die Gründe für
den schwachen privaten Verbrauch sind ganz andere. Der erste ist
die Umverteilung von unten nach oben. Wer ein höheres Einkommen hat, kann mehr sparen. Daher führt der zunehmende Anteil der
hohen Einkommen an den gesamten Einkommen – der sich ergibt,
wenn niedrigere Einkommen immer weiter hinter den höheren zurückbleiben – zu einer höheren Sparquote. Das hat zur Folge, dass
vom gesamten zur Verfügung stehenden Einkommen weniger für
Konsum ausgegeben und mehr gespart wird.

Der zweite Grund ist eine zunehmende Angst vor Altersarmut.
Immer wieder hören die privaten Haushalte von Politikern und Wis-

senschaftlern, sie müssten besser für ihr Alter vorsorgen, indem sie rechtzeitig sparen Das wird in Form der Riester-Förderung sogar staatlich subventioniert und ist offensichtlich recht erfolgreich. Die Menschen sorgen inzwischen tatsächlich mehr für das Alter vor. Warum also beklagen zum Teil die gleichen Politiker und Wissenschaftler, die diese verstärkte Vorsorge forderten, jetzt, dass zu viel gespart wird? Weil sie einsehen müssen, dass ein verstärktes Sparen negative Konsequenzen für die aktuelle Wirtschaftsentwicklung hat? Das hätte man auch schon vorher wissen können. Der dritte Grund für den schwachen privaten Verbrauch ist der offenkundigste. Es ist die schwache Einkommensentwicklung, die den Konsumspielraum verengt.

Der schwache Konsum hat auch Folgen für die andere wichtige Komponente der Binnennachfrage: die Investitionen. In einer konsumschwachen Volkswirtschaft bestehen auch geringere Anreize zu investieren. Dabei sind die Investitionen eine Schlüsselgröße für eine Volkswirtschaft. Sie sind nicht nur ein wesentlicher Teil der aktuellen gesamtwirtschaftlichen Nachfrage (wenn auch von geringerer quantitativer Bedeutung als der Konsum). Sie bestimmen darüber hinaus in hohem Maß auch die künftige Wirtschaftsleistung. Durch Investitionen entstehen neue und zusätzliche Produktionskapazitäten, die zudem neue und zusätzliche Beschäftigungsmöglichkeiten schaffen. Genau dieser wesentliche Teil der Nachfrage wird durch einen schwachen Konsum negativ beeinflusst, und damit lahmt die gesamte Binnennachfrage. Reichtum allein schafft noch keine Arbeitsplätze, so viel ist klar.

Ein Blick über den großen Teich

In den USA wurde das Problem immer weiter auseinanderdriftender Einkommen zum Teil anders gelöst. Die Ausgangslage in den USA war genau die gleiche wie in Deutschland. Die Situation spitzte sich zu, als die Menschen mit höheren Einkommen sich immer stärker und auch risikobereiter auf dem Finanzmarkt engagierten und es gleichzeitig zu einer Nachfrageschwäche in den Mittel- und Unterschichten kam. Allerdings kam diese Nachfrageschwäche nicht zum Tragen. Ein wesentlicher Teil der Deregulierung der Finanzmärkte in den USA bestand darin, den Niedrigverdienern den Zugang zu Krediten zu erleichtern. Dadurch waren sie in der Lage, ihre Konsumwünsche trotz der Einkommensmisere zu erfüllen; allerdings um den Preis einer deutlich erhöhten privaten Verschuldung.

Das berühmteste Beispiel für den verführerischen Pfad in eine hohe Verschuldung ist der Markt für Hypothekarkredite: Hier gab es plötzlich abenteuerlich anmutende Formen von Darlehen. So konnten die Zins- und die Tilgungszahlungen für die ersten zwei Jahre der Laufzeit eines Darlehens völlig ausgesetzt werden. Erst im dritten Jahr wurde damit begonnen. Aber das Ganze hatte natürlich einen fatalen Haken: Selbstverständlich wurden die eigentlich in der Zwischenzeit fälligen Zinsen zu der ursprünglichen Kreditsumme hinzuaddiert, sodass die Schuldner ab dem dritten Jahr Zinsen und Tilgung für merklich erhöhte Kreditsummen zu zahlen hatten. Sämtliche Belastungen erhöhten sich und wurden in die Zukunft verlagert. Im Grunde wurden die Probleme nur verschleppt.

Wenn das Einkommen oder der Wert des Hauses entsprechend stiegen, wäre dies an sich noch kein Problem. Dann wäre die Kreditbelastung in Relation zum Einkommen gleich geblieben, der Wert des Hauses wäre im Vergleich zum Kredit unverändert und zusätzliche Sicherheiten wären nicht erforderlich. Die Schuldner und auch die Gläubiger setzten also auf steigende Hauspreise. Blieben die erhofften Einkommenssteigerungen hingegen aus oder stieg der Wert der Häuser entgegen den Erwartungen nicht, standen den Schuldnern erhöhte Belastungen bevor. Sie müssten in diesem Fall einen höheren Anteil ihres Einkommen einsetzen, um den Kredit zu bedienen, oder zusätzliche Sicherheiten bereitstellen, weil der Kredit mit dem fallenden Wert des Hauses nicht mehr hinreichend abgesichert wäre. Das aber konnte nicht ewig gut gehen. Sobald die Häuserpreise fielen, brach das Kartenhaus aus unbegründeten Euphorien zusammen und schlug in Panik um, die das Vertrauen in die Stabilität der Finanzmärkte weltweit zerstörte. Der Rest der Geschichte ist bekannt.

Die durch Deregulierung erzeugte Unsicherheit breitete sich also von Finanzanlegern aus höheren Einkommensschichten auf jene mit niedrigeren Einkommen aus, die fleißig Kredite aufgenommen hatten. Der zunächst deutlich erkennbare Vorteil dieses Phänomens bestand darin, dass das Konsumniveau in den USA sehr hoch war. Anders als in Deutschland stieg trotz des Drucks auf die mittleren und niedrigeren Einkommen und trotz der kräftigen Aufwärtsdynamik der hohen Einkommen die Sparquote nicht. Im Gegenteil, sie sank sogar. Die unheilvolle Entwicklung, dass sich die mittleren und niedrigeren Einkommensgruppen immer mehr verschuldeten, glich die verwehrte Spartätigkeit der höheren Einkommen mehr als aus. Aber auch deren Konsum war im Vergleich zu entsprechenden Einkommen in Deutschland sehr hoch. Das alles summierte sich zu einer relativ dynamischen Binnenkonjunktur mit Wachstumsraten, von denen Wirtschaftspolitiker in Deutschland nur träumen konnten. Deshalb hatten die USA und auch Großbritannien, wo eine ähnliche Entwicklung eingesetzt hatte, einen trügerischen Vorbildcharakter für die Wirtschaftspolitik in Deutschland. Denn ein Großteil des blendenden Wachstums basierte auf Schulden, deren Begleichung mehr als zweifelhaft war.

Im Nachhinein stellt sich die Frage, wieso die Risiken, die sich aus der Kombination aus Unsicherheit und Umverteilung ergaben, eigentlich von niemandem wahrgenommen wurden.*[34] Man war sogar der Meinung, der Finanzsektor sei dank der eingeführten Innovationen stabiler geworden. Das lag aber vor allem an dem nahezu blinden Vertrauen in die Stabilität und Effizienz der Märkte im Allgemeinen und an der Unkenntnis der Wirkungsweise von Finanzmärkten im Besonderen. Im Rückblick ist ein Zusammenhang ganz klar: Die Konstellation aus Unsicherheit und Ungleichheit und die

---

* Die große Ausnahme ist Joseph Stiglitz, der schon in seinem Buch *The Roaring Nineties* auf die Gefahren deregulierter Finanzmärkte hinwies. Zudem sah Stiglitz schon frühzeitig den Zusammenhang zur Umverteilung der Einkommen.

unterschiedlichen nationalen Reaktionen darauf zogen auch weltwirtschaftlich gravierende Konsequenzen nach sich, die ihrerseits auch zum Gesamtbild der Krise gehören.[35]

Die gefährlichen Konsequenzen für die Weltwirtschaft

Ich möchte mich deshalb etwas näher mit den weltwirtschaftlichen Ungleichgewichten in den Außenhandelsbilanzen, speziell in den Leistungsbilanzen der großen Volkswirtschaften, beschäftigen. Ein gutes Beispiel sind wiederum die Entwicklungen in Deutschland und den USA und vor allem die Krisenphänomene innerhalb des Euroraums. Die USA und Deutschland gingen in völlig unterschiedliche Richtungen – und genau das ist aus meiner Sicht ein Problem für die Weltwirtschaft. Deutschland und andere EU-Mitgliedsstaaten schlugen auch unterschiedliche Wege ein, was zu tiefen Verwerfungen innerhalb der Europäischen Währungsunion führte. Ich möchte hier zunächst einen Blick auf Europa werfen.

In ihrem Bemühen, Jobs um (fast) jeden Preis zu schaffen, erzeugte die Wirtschaftspolitik in Deutschland einen massiven Lohndruck nach unten. Die binnenwirtschaftliche Wirkung dieses verstärkten Drucks war zwar dämpfend. Außenwirtschaftlich entfaltete er jedoch für sich genommen positive Wirkungen. Kein anderes Land innerhalb der Europäischen Währungsunion konnte seine internationale Wettbewerbsfähigkeit seit 1999 so stark steigern wie Deutschland. Um das zu verstehen, muss man sich etwas näher mit der Theorie beschäftigen.

Die Entwicklung der Wettbewerbsfähigkeit ergibt sich dabei aus dem Verhältnis von Lohnzuwächsen zur Zunahme der Produktivität. Das Erste bildet die Kostenentwicklung ab; das Zweite die Zunahme der Leistungsfähigkeit. Solange Kosten und Leistungsfähigkeit sich im Gleichschritt entwickeln, bleibt diese Größe unverändert. In der Vergangenheit bestand immer eine enge Beziehung zwischen den Lohnstückkosten und den Preisen in einer Volkswirtschaft. Das ist auch plausibel. Steigen die Lohnstückkosten, liegt der Lohnzuwachs also über dem Produktivitätszuwachs, müssen Unternehmen ihre Preise anheben, um ihre Rendite zu halten. Das geschieht in der Tendenz eher schneller. Umgekehrt können sie ihre Preise senken, ohne dass sich die Rentabilität verschlechtert. Das geschieht in der Tendenz eher langsamer.

In Deutschland blieben die Lohnzuwächse gesamtwirtschaftlich auf Dauer deutlich hinter dem Produktivitätszuwachs zurück. Das wurde durch die schwächsten Lohnsteigerungen innerhalb des Euroraums erreicht. Ich finde es immer noch bemerkenswert, in welchem Ausmaß in der stärksten Volkswirtschaft des Kontinents Lohndruck ausgeübt wurde. Die gesamte Wirtschaftspolitik des vergangenen Jahrzehnts war darauf ausgerichtet, durch Druck auf die Löhne die internationale Wettbewerbsfähigkeit zu steigern (Abbildung 6). Der Preis dafür war eine massive Schwächung der Arbeitseinkommen.

Für die Europäische Währungsunion ergibt sich eine klare Leitlinie, wie sich die Lohnstückkosten entwickeln sollten. Diese ist durch den Zusammenhang mit der Preisbildung gegeben. Da die EZB Preisstabilität als eine Inflationsrate von unter 2 Prozent definiert, gilt auf längere Sicht, dass die Lohnstückkosten um die gleiche Rate steigen sollten – nicht mehr und nicht weniger. Alles andere würde auf Dauer die Preisstabilität verletzen. Steigen sie schneller, müsste die EZB die Zinsen erhöhen und damit die Wirtschaft so lange bremsen, bis Löhne und Preise wieder auf die Leitlinie zurückkehrten. Stiegen sie langsamer, müsste die EZB die Zinsen senken, um die Wirtschaft zu stimulieren, sodass höhere Löhne und Preise möglich wären. Diese Regel gilt prinzipiell für die Europäische Währungsunion als Ganzes, nicht aber für jede einzelne Volkswirtschaft.

Und genau darin liegt das Problem. In den einzelnen Ländern des Euroraums wurde von der Wirtschaftspolitik diese Benchmark zu wenig beachtet, wenn man sie überhaupt ins Kalkül zog. Abbildung 7 zeigt dies. In Ländern wie Spanien und Griechenland lagen seit Beginn der Währungsunion die Lohnzuwächse deutlich über der mit Preisstabilität zu vereinbarenden Marge. Die hohen Lohnsteigerungen wurden immer wieder hingenommen, weil es zugleich Länder gab, die die Preisstabilität von unten verletzten: Ihre Inflationsraten lagen fast ständig unterhalb der von der EZB für optimal gehaltenen Rate. Dazu gehörte vor allem Deutschland, das Land mit dem hohen Lohndruck. Im Gesamtbild der Währungsunion schien die Welt in Ordnung zu sein, denn die Inflationsrate für den Euroraum insgesamt entsprach mit nur geringfügigen Abweichungen dem Ziel für Preisstabilität der EZB.

Die Unterschiede zwischen den Ländern hatten jedoch Folgen. Es ist klar, dass Länder mit einer sich immer weiter verschlechternden Wettbewerbsfähigkeit auf Dauer immer mehr Probleme bekommen würden, ihre Produkte abzusetzen. Gleichzeitig würden Importe im Vergleich zu heimischen Produkten immer billiger, und so war auch zu erwarten, dass sie immer weiter zunehmen würden. Im Endeffekt mussten die Außenhandelsbilanzen dieser Länder immer tiefer in die roten Zahlen geraten.

Dieser Prozess ist nicht zwangsläufig mit sinkenden Exporten verbunden. Eine gute Konjunktur kann in anderen Ländern schon für steigende Nachfrage sorgen, auch wenn diese Steigerung schwächer ausfallen dürfte als in Ländern, deren Wettbewerbsfähigkeit sich verbessert. Dann gehen Marktanteile auf den Exportmärkten verloren, und die hohen Löhne sorgen für eine positive Einkommensentwicklung im Inland, die die Importe noch mehr stimulieren. Für die Länder mit sich steigernder Wettbewerbsfähigkeit verläuft der Prozess umgekehrt. Sie exportieren immer mehr, und da sich hier die Importe im Vergleich zu heimischen Produkten immer mehr verteuern, halten die Einfuhren nicht mehr Schritt mit den Ausfuhren. Im Ergebnis stellt sich ein steigender Überschuss in der Außenhandelbilanz ein, wie Abbildung 8 zeigt.

All das ist kurzfristig betrachtet ohne größere Bedeutung. Auf Dauer entstehen aber gewaltige Probleme, wenn immer die gleichen Volkswirtschaften Überschüsse erzielen oder Defizite aufbauen. Im ersten Fall entsteht immer mehr Kapital. Im zweiten verschulden sich die Länder immer stärker. In der Folge muss es zu vielen finanziellen

Transaktionen zwischen den Volkswirtschaften kommen. Das Kapital aus den Überschussländern sucht Anlage, und die Defizitländer benötigen eine ständige Refinanzierung ihrer Schulden. Das war auch ein Teil des Humus, auf dem die Sumpfblüte der Finanzmärkte gedeihen konnte. Der globale Transaktionsbedarf durch ständig zunehmende außenwirtschaftliche Ungleichgewichte explodierte förmlich. Die Probleme entstehen dann, wenn die Kreditfähigkeit der Defizitländer ins Zwielicht gerät. Wann das der Fall ist, kann man kaum vorhersagen. Aber eines ist sicher: Der Zeitpunkt wird genauso wie im Fall der Hypothekenkredite irgendwann kommen. Und dann sind auch die Gläubiger betroffen, die der Wirtschaft in diesen Staaten Geld geliehen haben, also wir.

Dabei ist es für die Märkte zunächst ohne Bedeutung, ob die vermutete Überschuldung ursprünglich aus dem privaten oder dem öffentlichen Bereich kommt. Letztlich werden auch private Schulden zu öffentlichen Schulden, wenn der Staat aufgrund einer Schuldenkrise dazu gezwungen ist, die Wirtschaft zu stabilisieren. Wie so etwas abläuft, zeigte sich während der Finanzkrise an den Beispielen Griechenlands und Spaniens. In Griechenland war der Staatssektor hoch verschuldet, und als sich im Frühjahr 2010 die Schulden als höher herausstellten als erwartet, begann die dramatische Entwicklung um die griechischen Staatsschulden, die in einer tiefen Vertrauenskrise mündete. In Spanien war der Staatssektor überhaupt nicht überschuldet, sondern es betraf allein den privaten Sektor. Kaum bildete sich hier eine Vertrauenskrise, stürzte die spanische Wirtschaft ab und die Staatsverschuldung stieg steil an. Ähnlich verhielt es sich mit Irland. Am Ende des Tages waren – trotz recht unterschiedlicher Ursachen für die Vertrauenskrise – die Staatsschulden in diesen Ländern schlicht und einfach zu hoch.

Innerhalb des Euroraums erlosch das Vertrauen in die finanzielle Stabilität einzelner Mitgliedsländer spätestens im Frühjahr 2010; erste Anzeichen waren schon im Spätherbst 2009 erkennbar gewesen. In den Vereinigten Staaten, wo sich die Leistungsbilanzdefizite in noch wesentlich größeren Dimensionen über Jahre aufgehäuft hatten, kam die Vertrauenskrise in die gesamte Volkswirtschaft bereits mit dem Beginn der Finanzmarktkrise. Ausgelöst durch die Entwicklungen bei den Subprime-Krediten auf dem Immobilienmarkt, breitete sich das hoch infektiöse Virus namens »Misstrauen« rasch auf andere Bereiche der Finanzmärkte aus. In der Folge zogen die Gläubiger so schnell wie möglich ihr Geld ab. Die Flucht in die halbwegs sichere Liquidität nahm ihren Lauf.

Die Wurzeln der Krise – ein erstes Zwischenfazit

Die gefährliche Mischung ist schon seit einigen Jahren angerichtet. Die Politik der Ungleichheit sorgte für Konsumnöte einer stetig wachsenden Schicht von Menschen, deren Einkommen im Vorfeld der Krise hinter dem Rest der Gesellschaft zurückbleiben. Selbst die Mittelschicht erleidet in vielen Ländern, vor allem aber in Deutschland, einen Verlust an Kaufkraft. Die gleiche Politik sorgt auf der anderen Seite für Anlegernöte jener Menschen, deren Einkommen zuvor stark zugenommen hat – was im Grunde ja eigentlich eine positive Nachricht ist. Die Einkommen aber stiegen so stark an, dass diese Menschen verzweifelt nach Möglichkeiten suchten, ihr überschüssiges Kapital möglichst rentabel anzulegen. Dass dabei das Risikobewusstsein abnimmt, ist gut nachvollziehbar.

Die Ungleichheit der Einkommen spiegelt sich auch in den globalen Handelsungleichgewichten wider. Dort, wo wie in Deutschland, Japan und China die Löhne im Verhältnis zur Produktivität massiv unter Druck geraten, gewinnen die Unternehmen immer mehr an Konkurrenzfähigkeit und können sich auf den Weltmärkten bestens behaupten. Die Exporte gehen steil nach oben; die Importe lahmen. So wird immer mehr volkswirtschaftliches Kapital angehäuft, das wiederum global nach Anlage sucht.

Auf der anderen Seite stehen jene Volkswirtschaften wie die USA oder auch Großbritannien. Dort sind die Löhne in breiten Schichten zwar auch unter Druck geraten. Man kann aber die drohenden Konsumnöte durch einen erleichterten Zugang zu den Kreditmärkten zunächst überspielen. Das hält die Wirtschaft unter Dampf. Die Wachstumsperformance dieser Volkswirtschaften kann sich spätestens seit den 1990er Jahren sehen lassen und auch die Beschäftigung steigt. Das mindert für sich genommen zwar den Druck auf die Löhne – ohne die Ungleichheit zu reduzieren –, zeigt aber dafür andere negative Folgen. Auf den globalen Märkten verlieren diese Volkswirtschaften an Wettbewerbsfähigkeit. Die Aufwärtstendenzen lassen die Löhne dort im Verhältnis zur Produktivität stärker steigen als in jenen Volkswirtschaften, wo wie in Deutschland und Japan das Wachstum gering und damit die Arbeitslosigkeit relativ hoch ist.[*] Mithin sind hier die Exporte vergleichsweise schwach, während die Importe aufgrund des durch Kredite beflügelten Verbrauchs steil nach oben gehen. Diese Volkswirtschaften verschuldeten sich also immer mehr beim Rest der Welt.

All dies geschieht vor dem Hintergrund von Finanzmärkten, die um einiges fragiler sind, als viele denken – diese Tatsache wurde einfach nicht gesehen. Und selbst wenn es meine eigene Zunft betrifft, muss ich sagen: Hier hat vor allem die vorherrschende Ökonomie versagt. Ihr Verständnis von Märkten als in sich stabilen Systemen, die stets eine effiziente Nutzung von Ressourcen gewährleisten und immer zu optimalen Ergebnissen für eine Volkswirtschaft führen, kann mit Fug und Recht als naiv bis gefährlich bezeichnet werden. Die aus dieser Sichtweise abgeleiteten Forderungen nach weitgehender Deregulierung auch von Finanzmärkten, die von der Politik in vielen Ländern umgesetzt wurde, haben die Krise in meinen Augen erst möglich gemacht.

Und es ging ja auch lange gut. Der Finanzierungsbedarf der schuldengeplagten Konsumenten bis hin zu ganzen Volkswirtschaften konnte eben gerade mithilfe der neu entwickelten Finanzmarkt-

---

[*] In China blieb der Lohndruck trotz des hervorragenden Wachstums wegen der massiven Konkurrenz der Arbeitskräfte untereinander, die durch den nie abreißenden Zustrom der Landbevölkerung in die Städte verschärft wurde, sehr hoch.

papiere geleistet werden. Die meisten Ökonomen werteten das als Ausdruck gleichgewichtiger Marktentscheidungen, die keinen Anlass zur Sorge gäben. In Wahrheit war es nur der Kamm einer Euphoriewelle, die sich irgendwann an den harten Realitäten eines unsicheren Marktes brechen musste. Danach kam die Panik. Sie machte deutlich, dass Märkte instabil sind und entgegen aller grauen Theorie nicht systematisch unter begrenzten Risiken kalkulierbar sind. So trieb eine Politik der Ungleichheit unter Mithilfe eines falschen, zu optimistischen Marktverständnisses die Weltwirtschaft an den Rand des Abgrunds. Der Reichtum machte Beute – auf Rechnung aller.

Am Rande des Abgrunds

Dum spiro spero
(Solange ich atme, hoffe ich)
Cicero

Eine Krise nimmt ihren Lauf

»Wie ein Riss in der Mauer«, so überschrieb die Evangelische Kirche in Deutschland eine Schrift zur globalen Finanzkrise. Ich finde dieses Bild sehr treffend. Die Krise kam anfänglich nicht mit Pauken und Trompeten, sondern langsam und schleichend. Von vielen wurde sie zunächst nicht oder nur en passant bemerkt; viele hielten sie für ein mehr oder minder lokales Ereignis. Das ist heute nur noch schwer vorstellbar.

Am Anfang der Krise stand der Vertrauensverlust der Märkte in jene Form der Kreditvergabe, die später als Subprime-Kredite eine globale traurige Berühmtheit erlangte. Die rasch zunehmende Zahl der Menschen, die ihren Zahlungsverpflichtungen nicht mehr nachkommen konnten oder wollten, erschütterte die Kreditmärkte zunächst in den USA.

Die Zinsanhebungen der amerikanischen Zentralbank Federal Reserve System, kurz Fed, hatten die Kreditkosten erhöht, was angesichts der ohnehin prekären Lage vieler Schuldner in diesem Marktsegment deren finanzielle Möglichkeiten schnell überstieg. Da man in den USA für Hypothekarkredite nicht mit seinem gesamten Vermögen haftet, sondern lediglich mit dem erworbenen Immobilienbesitz, ist es auch besonders leicht, sich seiner Zahlungsverpflichtungen zu entledigen. Man gibt einfach das auf Kredit gekaufte Haus an die Gläubigerbank zurück. Auf diese Weise kann der Schuldner sich kurzfristig seiner Schulden entledigen. Natürlich belastet er mit einem solchen Tun seine künftige Kreditfähigkeit. Doch gerade für Haushalte mit geringem Einkommen, deren Kreditfähigkeit ohnehin stark begrenzt ist, ist der so entstandene Rufschaden eher zu vernachlässigen.

Ganz anders sieht es für den Gläubiger aus. Er muss nicht nur auf die erhofften Zinserträge verzichten, auch die Sicherheit für den Kredit, die finanzierte Immobilie, verliert an Wert. Wenn sich, wie geschehen, mehr und mehr Hausbesitzer dazu entschließen, ihre kreditfinanzierten Häuser zurückzugeben, wird die jeweilige Bank massive Zahlungsausfälle verzeichnen. Dann entsteht auf dem Häusermarkt ein Überangebot, das den Preis für Immobilien nach unten drückt. Das hat zwei schwerwiegende Folgen: Der Gläubiger hat kaum noch eine Chance, das vergebene Kreditvolumen durch den Verkauf des Hauses zurückzuholen. Zusätzlich sinkt der Wert der Sicherheiten auch für jene Gläubiger, deren Kredite noch bedient werden. Entweder stellen sie dann Nachforderungen, was aber ihre prekären Schuldner schnell überfordern könnte und so den Verkaufsdruck weiter verstärken würde. Oder sie nehmen den Verlust an Sicherheit hin. Beides belastet ihre Bilanzen. Das war der scheinbar zarte Beginn des Risses, der das Mauerwerk der Weltwirtschaft im weiteren Verlauf fast zum Einsturz bringen sollte.

Was zunächst nach einer lokalen Krise aussah, die auf den Finanzsektor der USA, darunter primär die Hypothekenfinanzierung, begrenzt war, entpuppt sich bei genauerem Hinsehen als der Beginn einer neuen Phase – plötzlich und mächtig drängten die fatalen Konsequenzen einer Politik der Ungleichheit und der vernachlässigten Marktunsicherheiten ans Tageslicht des wirtschaftlichen Geschehens. Die schlimme Saat des ökonomischen Mainstreams ging auf. Des Reichtums fette Beute begann zu stinken.

Vom langsamen Aufwachen des (Wirtschafts-)Riesen

Aber das blieb lange unbemerkt. Ökonomen und Politiker vor allem in Deutschland verteilten erst einmal Beruhigungspillen, vermischt mit

Schadenfreude, die das Problem als eine Kombination von mangelhafter amerikanischer Regulierung mit wirtschaftlichem Leichtsinn interpretierten. Damit hatte man doch nichts zu tun! Währenddessen fraß sich der Krisenvirus bereits durch die globalen Finanzmärkte. Und die Verantwortlichen hierzulande machten einen Fehler: Sie bezogen ihre Ruhe aus einer Welt von gestern. Damals waren die Märkte noch nicht so globalisiert und der Finanzmarkt von eher untergeordneter Bedeutung. Die Verhältnisse waren aber nicht mehr so wie früher. Es ging nicht mehr um eine Bank oder um eine Gruppe von Banken, die sich vielleicht im Immobiliensektor etwas übernommen hatte. Es ging um das gesamte Finanzmarktsystem. Das liegt ausschließlich in den gewaltigen Veränderungen dieses Systems begründet, die den Immobilienkrediten gleichsam Flügel verliehen hatten. Diese Kredite wurden nun weiterverkauft, sodass die ursprünglichen Gläubiger häufig überhaupt nicht mehr von den negativen Konsequenzen ihres leichtfertigen Tuns betroffen waren. Sie konnten anfänglich sogar weiter neue Kredite vergeben. Die Probleme traten nun an ganz anderer Stelle auf. Die Kredite waren oft nicht mehr zu erkennen, wenn man sie zum Beispiel im Rahmen der strukturierten Wertpapiere (ABS) mit anderen Wertpapieren zusammen»packte«. Diese ABS wurden dann auf den globalen Finanzmärkten angeboten und fanden auch ihre Nachfrage. Mit dieser Maßnahme sollten ursprünglich Unsicherheiten vermieden werden, aber sie wirkte in Wahrheit als Infektionskanal für die globale Finanzkrise. Die Nachfrager jener ABS-Papiere saßen ja längst nicht mehr nur in den USA, dazu war mittlerweile das dortige Kapitalangebot wegen der hohen privaten und staatlichen Verschuldung zu gering. Das Ausland, vor allem jenes mit Kapitalüberschüssen, musste und wollte einspringen.

An dieser Stelle kommt der deutsche Finanzmarkt ins Spiel. Nach China war hier der größte Überschuss an Kapital zu verzeichnen, der global nach Anlagemöglichkeiten suchte. Im Vergleich zu den chinesischen Banken, die primär nur an relativ sicheren Staatsanleihen mit entsprechend niedrigen Renditen interessiert waren, war der Appetit auf höhere Renditen und damit höhere Risiken bei den deutschen

Anlegern deutlich stärker ausgeprägt. Und der Markt war erfinderisch, um diese Wünsche zu befriedigen. Banken, die durch »lästige« Regulierungsvorschriften daran gehindert waren, derartige Risiken einzugehen, gründeten kurzerhand Tochtergesellschaften, die nicht als Banken geführt wurden. Für diese Zweckgesellschaften galten laschere Vorschriften als für Banken, und sie gingen in Übereinstimmung mit den lückenhaften Regulierungsvorschriften auch nicht in die Bilanzen ihrer Mutterbanken ein.

Um noch sicherer vor Bedenkenträgern zu sein, wurden jene Zweckgesellschaften gezielt in Ländern wie beispielsweise Irland gegründet, wo man skrupellos dem Zeitgeist eines sich selbst überlassenen Finanzmarktes huldigte, der aus sich heraus Prosperität und Stabilität zu erzeugen versprach. In diesen Scheinparadiesen freier Finanzmärkte war man vor unliebsamen Nachfragen besonders sicher. Diese Lücken wurden gerne von deutschen Banken genutzt, und so landeten viele Subprime-Kredite, selbst wenn sie über ihre Verpackung nicht mehr direkt als solche erkennbar waren, in den Büchern deutscher Banken. Und so kam die Finanzmarktkrise nach Deutschland.

Erste Reaktionen auf dem Finanzmarkt

Mittlerweile war die euphorische Kreditvergabe in den USA in ein allgemeines Misstrauen umgeschlagen. Aufgrund der komplexen Struktur der Wertpapiere war ohne detektivische Recherche nicht mehr erkennbar, wer in welchem Umfang von faulen Krediten betroffen war. Das war der Nährboden für ein generelles Misstrauen auf den Finanzmärkten gegenüber jedem bestehenden und potenziellen Geschäftspartner. Es konnte ja schließlich sein, dass dieser aufgrund seines hohen Engagements auf dem Markt für Subprime-Kredite jetzt oder in naher Zukunft nicht mehr zahlungsfähig war. Also wurde man entsprechend vorsichtig, was weitere Kreditvergaben anging. Das hatte fatale Folgen. Die erste und unmittelbare Folge war, dass die Zinssätze für kurzfristige Ausleihen im Interbankenhandel drastisch anstiegen. Solche Ausleihen sind an sich ein Routinegeschäft zwischen Banken. Sie finden statt, wenn Banken kurzfristig Liquidität benötigen, weil sie beispielsweise selbst kurzfristig Geld verleihen möchten und sie ihre eigenen Anlagen nicht unmittelbar liquide machen können oder wollen. Üblicherweise bewegt sich der Zinssatz für die Kredite nah am Leitzinssatz der Zentralbank. Darin spiegelt sich die Überzeugung der Märkte, dass das Ausleihen von Geld zwischen Banken genauso sicher ist, als ob man sich das Geld bei der Zentralbank ausleihen würde; also nahezu vollkommen sicher. Das ist die übliche Regel.

In Zeiten des Misstrauens, wenn man sich eben nicht so ganz sicher ist, ob die andere Bank nicht in Schwierigkeiten steckt, wird ein Risikoaufschlag für geliehenes Geld verlangt. Die Zinsen sind also höher als der Leitzins. Die Differenz sagt etwas über das Ausmaß des wechselseitigen Misstrauens aus. Abbildung 9 verdeutlicht, dass dieses Misstrauen mit Beginn der Subprime-Krise weltweit zunahm und plötzlich die Stimmung beherrschte – mit dem Ergebnis, dass Banken ihre kurzfristigen Liquiditätsbedürfnisse nur zu einem relativ hohen Preis realisieren können. Das zeigte sich schon rasch nach dem Ausbruch der Krise, und es zeigte sich eben nicht nur in den USA, sondern betraf alle Banken, die in den Handel mit den betreffenden Papieren verstrickt waren – oder die zumindest im Verdacht standen, darin verstrickt zu sein. Das galt auch für die verdächtigen deutschen Banken, beispielsweise für die berühmt-berüchtigte IKB, die ihre Rendite durch ein besonders ausgeprägtes Engagement in diesem Bereich zu steigern versucht hatte. Nach den ersten alarmierenden Berichten aus dem Bankensektor folgte Panikattacke auf Panikattacke, wie die Zinsdifferenz zeigt. Ihren Höhepunkt erreichten Angst und Misstrauen, als das Bankhaus Lehman Brothers zusammenbrach.

Aber es ging nahtlos weiter. Als Nächstes gerieten die Garanten von Kreditausfallversicherungen in Schwierigkeiten. Ich bin immer wieder überrascht, wenn ich sehe, wie sträflich Risiken auf den Finanzmärkten vernachlässigt worden waren. Die Deregulierungswelle hatte es ermöglicht, dass selbst Dritte, die an einem Kredit unbeteiligt waren, Wertpapiere emittierten, die das Risiko eines Kredits zum Inhalt hatten – die sogenannten Credit Default Swaps (CDS). Wird ein Kredit nicht bedient, erhält der Käufer eines solchen Papiers eine zuvor vereinbarte Zahlung vom Verkäufer. Zuvor hat sich der Verkäufer die Emission einer solchen Garantie vom Käufer mit einer Prämie vergüten lassen. Deren Höhe richtet sich nach dem Ausmaß des vermuteten Risikos. Für diejenigen, die unmittelbar an einem Kredit beteiligt sind, ist eine solche Absicherung zumindest noch nachvollziehbar – wenn auch ein vermindertes Risiko anders erreicht werden kann, zum Beispiel, indem Kredite breit gestreut werden.

Da CDS-Papiere aber frei handelbar sind, dienen sie auch als Spekulationsobjekt. Das heißt im Klartext: Völlig Unbeteiligte wetten auf den Ausgang eines Kreditgeschäfts, wie sie auf den Ausgang eines Fußballspiels wetten würden. Wenn nun plötzlich in hohem Maße Kredite ausfallen, wie es mit dem Einsetzen der Subprime-Krise geschah, drohen all jenen, die CDS-Papiere angeboten haben, hohe Zahlungen. Das wiederum gefährdet ihre Bonität, und die Unsicherheit steigt weiter. Da die Empfänger der Zahlungen nicht zwangsläufig diejenigen waren, die tatsächlich unter dem Kreditausfall zu leiden hatten, verpuffte auch der eigentlich zu erwartende Stabilisierungseffekt dieser Versicherungen. Außerdem gab es Profiteure der Krise, die aber nichts mit dem eigentlichen Kreditgeschäft zu tun hatten. Und gleichzeitig stieg mit der Krise und dem nunmehr offenkundig gewordenen hohen Risiko solcher Kredite der Preis für CDS-Papiere. Das galt nicht nur für Subprime-Kredite direkt, sondern auch für strukturierte Papiere, die tatsächlich oder vermeintlich solche Kredite enthielten. In jedem Fall erhöhten sich auch hierdurch die Kreditkosten. Mit diesem Effekt waren nun weitere Segmente des Finanzmarktes berührt.

Und das war noch nicht das Ende der Fahnenstange. Ab der zweiten Hälfte des Jahres 2008 war es kaum noch möglich, Kredite zu einigermaßen guten Konditionen zu erhalten – wenn es überhaupt dazu kam. Das galt gleichermaßen für Banken und Nicht-Banken, darunter auch ganz normale Unternehmen. Damit wurde nun eine zweite Welle in Gang gesetzt, die die gesamte Wirtschaft, nicht nur den Finanzsektor, erfasste und an den Rand des wirtschaftlichen Abgrunds spülte. Hohe Kreditkosten waren der Infektionskanal, der die Krise in die Realwirtschaft trug. Eine moderne, sehr arbeitsteilige Wirtschaft ist schließlich immer wieder auf Kredite angewiesen. Das gilt vor allem für die Finanzierung von Investitionen. Aber auch der internationale Handel wird während der Transportphase häufig über Zwischenkredite finanziert. Massive Störungen in der Kreditvergabe haben somit weitreichende Konsequenzen für das gesamte Wirtschaftsgeschehen. Bleiben die Kredite aus oder werden sie zu teuer, kommt die Wirtschaft rasch und abrupt zum Stillstand. Genau das ist in der zweiten Jahreshälfte 2008 geschehen.

Der Absturz war in seiner Heftigkeit ohne Beispiel. Mehrere Generationen von Ökonomen hatten so etwas noch nie erlebt. Sie waren auf die Schilderungen der nur noch wenigen betagten Überlebenden der Großen Depression um 1929 herum angewiesen. Die große Panik und Verunsicherung an den Finanzmärkten, die auf die Euphorie nach dem Jahrhundertwechsel folgte, hatte die gesamte Weltwirtschaft in die Tiefe gerissen. Der Riss in der Mauer der Weltwirtschaft hatte sich allmählich zu einer Bedrohung für die gesamte Statik der Weltwirtschaft ausgeweitet.

Von Deflationsspiralen und ihren Folgen

Der Ablauf jener dramatischen Monate im Jahr 2008 war, wie der belgische Ökonom Paul de Grauwe analysierte, von vier Deflationsspiralen geprägt.[36] Das sind Abwärtsspiralen, in denen ökonomische Größen gleichsam in sich zusammenfallen. Ich finde dieses Modell zur Analyse des Krisenverlaufs äußerst hilfreich.

Die erste Deflationsspirale erfasst den Bankensektor. In einem Klima, das von allgemeinem Misstrauen, aufschäumender Panik und einer abstürzenden Wirtschaft geprägt ist, werden Banken versuchen, ihre unsicher erscheinenden Kredite möglichst rasch loszuwerden und das Geld schnell einzutreiben. Neue Kredite werden nur vergeben, wenn sie gut abgesichert sind. Das betrifft andere Banken, aber generell auch alle Unternehmen. Macht dies eine Bank, ist ein solches Verhalten kein Problem, da der Kunde höchstwahrscheinlich eine andere Bank finden wird, die den Kredit übernimmt. Machen es jedoch alle Banken, ist diese Möglichkeit verbaut. Damit entstehen zusätzliche wirtschaftliche Schwierigkeiten, und die Lage von Banken und Unternehmen, also im Grunde der gesamten Wirtschaft verschlechtert sich rapide. Das wiederum erhöht die Unsicherheit der Banken und verschärft den Druck, unsichere Positionen zu bereinigen. Genau dieses Verhalten im Bankensektor ließ sich 2007 und 2008 in aller Deutlichkeit wie aus dem Lehrbuch beobachten.

Die geschilderten Verhaltensweisen gelten auch für die Vermögen insgesamt. Jeder Schuldner versucht in Zeiten der Panik seinen Schuldenstand möglichst rasch zu reduzieren, um weniger anfällig für die in solchen Zeiten unkalkulierbaren Risiken wie beispielsweise steigende Kreditkosten zu sein. Zur Schuldentilgung benötigt man Liquidität. Wer also Wertpapiere besitzt, wird alle oder Teile davon verkaufen und den Erlös zur Schuldentilgung verwenden. Diesen Prozess und dessen Folgen hat schon der amerikanische Ökonom Irving Fisher im Angesicht der Großen Depression beschrieben. Seine Schlussfolgerung: Was dem Einzelnen gelingen mag, wird der Allgemeinheit missglücken. Verkaufen allzu viele ihre Wertpapiere, werden deren Kurse einbrechen, und die Erlöse fallen entsprechend geringer aus. Also werden die Verkäufer auch ihre Schulden nur in entsprechend geringerem Umfang tilgen können. Genau dieser Ablauf war 2008 zu beobachten, als die Börsenkurse dramatisch einbrachen und ganze Vermögen vernichtet wurden. Diese zweite Spirale wirkt zunächst im Finanzsektor und greift dann auf die Realwirtschaft über.

Die dritte Spirale betrifft die Ersparnisse. Wenn Panik vorherrscht, versucht jeder zu sparen, um mit möglichst hohen Reserven durch die harten Zeiten zu kommen. Aber auch hier greift wieder das

Fisher-Wort: Solange das nur Einzelne tun, wird es auch gelingen. Sie verringern ihre Ausgaben auf das Nötigste und erhöhen ihre Geldanlagen auf den Konten. Herrscht aber eine allgemeine Panik wie im Spätsommer und Herbst 2008 und versuchen alle gleichzeitig zu sparen, indem sie ihre Ausgaben reduzieren, erzielt niemand mehr Einnahmen und die Wirtschaft bricht zusammen. In einer zusammenbrechenden Wirtschaft sind aber auch Ersparnisse nichts mehr wert. Der verständliche Versuch, sich durch Sparen zu retten, endet also, wenn er eine ganze Volkswirtschaft erfasst, auch mal tragisch. Er stürzt sie in eine tiefe wirtschaftliche Krise – so geschehen im Sommer 2008.

Die vierte und letzte Spirale setzt danach in der Realwirtschaft ein und begegnet uns in Form einer Kostendeflation. Vor dem Hintergrund einer immer düstereren ökonomischen Zukunft versuchen die Unternehmen möglichst schnell ihre Kosten zu reduzieren, da sie zu Recht einbrechende Erlöse erwarten. Das betrifft nicht nur die Kosten für Material, sondern auch die Lohnkosten. Die Unternehmen werden Menschen entlassen und von ihren anderen Beschäftigten Zugeständnisse bei den Löhnen erwarten. Und hier kommt wieder Fisher ins Spiel. Auch das würde einzelnen Unternehmen in einer schwierigen Lage gelingen, nicht aber allen gemeinsam. Dann tritt genau der gleiche Effekt ein wie beim verschärften Sparen. Die reduzierten Kosten des einen Unternehmens sind die wegbrechenden Erlöse des anderen. Die wirtschaftliche Lage auch des einzelnen Unternehmens wird schlechter. Die Spirale führt die Wirtschaft steil nach unten. Auch dies geschah 2008.

Skandal! Oder doch Vorbild?

Ich denke, es ist deutlich geworden, in welch starken Sog die Weltwirtschaft durch die Finanzkrise geriet. Die Flucht in vermeintliche Sicherheiten, vor allem in die liquiden Mittel, entfaltete ihr massives zerstörerisches Potenzial. Horrende Summen an Kapital, an Reichtum wurden binnen kurzer Zeit vernichtet. Und das alles nur aus einem Grund: weil man – irrtümlich – glaubte, Märkte seien sicher und Ungleichheit sei ein Treibsatz für wirtschaftlichen Fortschritt. Doch nicht nur Reichtum wurde vernichtet, sondern auch Arbeit und Arbeitsplätze. Viele verloren ihren Arbeitsplatz, und das auf der ganzen Welt.

Das Wirken dieser Spiralen konnte vor allem in den Jahren 2007 und 2008 bis in die erste Jahreshälfte 2009 hinein weltweit geradezu exemplarisch beobachtet werden. Am Beginn standen die Abwärtsspiralen im Finanz- und Bankensektor; es folgte die Realwirtschaft. Das Entstehen dieser Spiralen zeigt überdies deutlich die Instabilität der Märkte. Denn: Wären sie stabil, gäbe es keine Spiralen. Außerdem zeigt sich darin der fundamentale Unterschied zwischen einzelwirtschaftlicher und gesamtwirtschaftlicher Logik in großer Klarheit. Die einzelwirtschaftliche Logik führt exakt in diese sich selbst verstärkenden Abwärtsprozesse, auch wenn die Absicht des Einzelnen das genaue Gegenteil ist. De Grauwe nennt dies zurückhaltend ein »Koordinationsproblem«. Man könnte es auch den Unterschied zwischen Mikro- und Makroökonomie nennen. Dieser fundamentale Unterschied war in Politik und ökonomischer Wissenschaft wohl in Vergessenheit geraten.

Dabei ist den Unternehmen und Banken ihr Verhalten im Grunde überhaupt nicht vorzuwerfen. Sie verhalten sich aus ihrer individuellen Sicht völlig optimal, wenn sie in einer Paniksituation versuchen, zum Beispiel ihre Schulden möglichst schnell abzubauen. Dieses Verhalten ist korrekt. Es entspricht voll und ganz einer unternehmerischen Funktion. Nicht korrekt ist hingegen, wie Ökonomen und Medien dieses Verhalten einordnen.

Hier gibt es zwei Varianten. Entweder spricht man empört von einem Skandal oder alles ist vorbildlich. Für den Skandal sind meistens die Medien zuständig. Die Argumentation, im Wesentlichen darauf ausgerichtet, hohe Quoten und Emotionen zu erzeugen, ist denkbar schlicht und geht in etwa so: Da dieses unternehmerische Verhalten eine Abwärtsspirale erzeugt, ist es falsch. Es schädigt unsere Wirtschaft und so weiter. Dabei wird völlig vergessen, dass die Aufgabe des einzelnen Unternehmers nicht darin besteht, die Wirtschaft zu retten. Er muss in erster Linie sein Unternehmen retten. Alles andere wäre reiner Selbstmord. Man stelle sich nur vor, ein einzelnes Unternehmen würde sich, mitten in einer dicken Krise, aus ehrenhaften gesamtwirtschaftlichen Motiven zum Beispiel dem allgemeinen Trend zu raschen Kostensenkungen widersetzen. Es wäre verloren, es wäre ein willkommenes Opfer für die Konkurrenz, die natürlich durch ihre Kostensenkungen Wettbewerbsvorteile erlangt hätte – was gerade in einer allgemein schwierigen wirtschaftlichen Lage besonders wertvoll ist. Der Gesamtwirtschaft wäre dann ein wenig geholfen, aber das eigene Unternehmen ginge dabei verloren. Keine gute Bilanz für einen Unternehmer. Vorwürfe sind also völlig unangebracht.

Mindestens ebenso unangebracht ist aber die Darstellung dieses Verhaltens als wirtschaftspolitisches Vorbild. Diese Argumentation verläuft in etwa so: Was gut ist für das einzelne Unternehmen, ist auch gut für die Gesamtwirtschaft. Viele Ökonomen sind Anhänger der gängigen makroökonomischen Theorien, die den Unterschied zwischen der einzelwirtschaftlichen Ebene und der Gesamtwirtschaft de facto nicht mehr kennen. In den Medien kommt meist der von der Krise betroffene Unternehmer zu Wort. Der erzählt, wie sich die Krise auf seine Firma auswirkt und was er dagegen macht. Die Botschaft an den Leser oder Zuschauer lautet: Der Unternehmer weiß, wie sich die Krise anfühlt, und er weiß, was man tun kann. Das Erste ist sicherlich richtig. Das Zweite jedoch nicht. Denn wie die Abwärtsspiralen zeigen, führt unternehmerisch korrektes Verhalten die Gesamtwirtschaft immer tiefer in die Krise, selbst wenn das einzelne Unternehmen überleben mag. Deswegen kann einzelwirtschaftlich sinnvolles Verhalten kein wirtschaftpolitisches Vorbild sein. Eine Wirtschaftskrise ist eben nicht aus unternehmerischer Perspektive lösbar, sondern nur auf der Grundlage einer gesamtwirtschaftlich orientierten Politik. Aber dazu später mehr. Ich wünsche mir sehr, dass diese zwangsläufig sehr unterschiedlichen

Perspektiven zukünftig immer deutlich gemacht werden, damit eine Debatte jenseits von Skandalisierung und Verklärung entstehen kann.

Der Einbruch

Die Krise ergriff nach und nach alle Volkswirtschaften, die in den internationalen Handel integriert waren. Der Einbruch war dramatisch und mit nichts vergleichbar. Einen solchen wirtschaftlichen Absturz innerhalb so kurzer Zeit hatte man noch nicht gesehen; er ging weit über jede übliche Konjunkturkrise hinaus.

Das globale Finanzsystem und der Welthandel waren die Infektionswege, denen sich letztlich keine Volkswirtschaft entziehen konnte. In der Rückschau muten Debatten über ein »Abkoppeln« Europas von dem vermeintlich einzigen Krisenherd USA seltsam an. Man dachte ernsthaft, da die Krise vom Finanzmarkt der USA ausgegangen war und sich dort auch die ersten konjunkturellen Bremsspuren gezeigt hatten, könne Europa möglicherweise ungeschoren davonkommen – eine merkwürdige Vorstellung im Zeitalter der Globalisierung. Sie wurde im Hinblick auf den Finanzsektor dann auch rasch widerlegt.

Es blieb die Hoffnung, dass die Konjunktur in Europa robust genug wäre, um den Belastungen standzuhalten. Diese Hoffnung gründete sich auf die abnehmende Bedeutung der direkten Handelsbeziehungen mit den USA. Eine solche Sichtweise täuscht aber. Schon der Internationale Währungsfonds (IMF) hatte in seinem Frühjahrsausblick 2008 darauf hingewiesen, dass sich die Konjunkturzyklen zwischen den Industrieländern angeglichen hätten. Demnach war eine Abkopplung ohnehin nicht zu erwarten. Sie lässt sich vor dem Hintergrund einer globalen Handelsverflechtung auch nur sehr schwer begründen. Denn nicht nur die direkten Handelsbeziehungen sind von Belang – noch bedeutender sind die indirekten Beziehungen. Ein konjunktureller Einbruch in den USA hemmt also nicht nur direkt die Nachfrage nach europäischen Produkten, sondern es können auf Umwegen zusätzliche negative Effekte auftreten.

Ein solcher Umweg kann zum Beispiel so aussehen, dass die US-Nachfrage nach asiatischen Produkten gleichfalls nachlässt. Das dämpft die Konjunktur in Asien und damit auch deren Nachfrage nach europäischen Produkten. Durch die Hintertür kommt somit ein weiterer negativer Effekt auf Europa zu. Er kann – je nachdem, wie wichtig diese Handelsbeziehungen sind und wie die Reaktion auf die US-Konjunktur ausfällt – noch bedeutsamer sein als der direkte Effekt. Der Blick auf die direkten Handelsbeziehungen ist also zu eng. Man muss immer das gesamte Welthandelsgeflecht betrachten. Das zerstört natürlich die Illusion, die damals in Europa und vor allem in Deutschland aufkeimte, dass die dynamische Konjunktur in China und im Rest Asiens unsere Volkswirtschaft vor den negativen Folgen der Finanzkrise einigermaßen schützen könne. Das Gegenteil war der Fall. Weil der Handel Chinas mit seinem weitaus wichtigsten Handelspartner USA dramatisch einbrach, reduzierten die Chinesen ihre Nachfrage nach den Produkten der anderen asiatischen Länder und Europas ebenfalls sehr deutlich. So kamen aus dieser Richtung statt einer Rettung sogar weitere Belastungen. In einer global verflochtenen Wirtschaft ist es also töricht, anzunehmen, ein Kontinent oder eine Volkswirtschaft könnte sich den Folgen einer solchen Krise entziehen. Wer solche Hoffnungen gehegt und Deutschland als einen sicheren Fels in der tosenden weltwirtschaftlichen See angesehen hatte, hatte sich grundlegend getäuscht.

Verschärfend kommt hinzu, dass Länder wie Deutschland, die einen hohen Außenhandelsanteil haben, zu den besonders von der Krise betroffenen Volkswirtschaften gehören. Sie wurden nicht nur über den Zusammenbruch der Finanzverflechtungen infiziert, sondern zusätzlich noch relativ stark über den einbrechenden Welthandel. Generell zeigt die Krise in den einzelnen Volkswirtschaften durchaus unterschiedliche Ausmaße und Ausprägungen, was Abbildung 10 verdeutlicht. Wenn ich mir die Ausbreitung der Krise für die einzelnen Länder anschaue, dann lässt sich das als Bewegung verschiedener aufeinander folgender Wellen beschreiben.

Das explodierende Misstrauen im Finanzsektor mit seinen negativen Folgen für die Kreditvergabe und den Geldfluss schädigt die einzelnen Volkswirtschaften nach dem Finanzsektor selbst zunächst immer an ihrer schwächsten Stelle. Das ist jener Bereich, wo die Kreditvergabe als besonders riskant angesehen wird. Dies können je nach Volkswirtschaft durchaus unterschiedliche Bereiche der Wirtschaft sein. Mit der ersten Welle wird der jeweilige Finanzsektor geschädigt, dessen Umsätze und Gewinne in der Zeit der Krise auf rasante Talfahrt gingen. In dieser Phase werden die Vermögen entwertet. Das lief ganz unterschiedlich ab. Am Beginn brach der Wert der ABS-Papiere ein, die plötzlich unter dem generellen Verdacht standen, einen massiven Anteil fauler Hypothekarkredite zu enthalten. Ob dies tatsächlich so war, spielt keine Rolle. Auf den Finanzmärkten zählt nur, was die Mehrheit der Anleger über die Einschätzungen der Mehrheit der Anleger glaubt. Die Befürchtungen und die darauf folgende Panik waren groß, also fiel der Preis der ABS ins Bodenlose, und damit verminderten sich die Vermögenswerte.

Davon waren zunächst nur institutionelle Anleger wie Fonds, Zweckgesellschaften und Banken betroffen – eben jene Institutionen, deren Aufgabe es letztlich ist, das Geld der Reichen zu sammeln und dem Kapitalmarkt zuzuführen. Gerade wegen dieser Schlüsselfunktion betrachte ich diesen Wertverlust als Zündfunke für die Finanzkrise. Mit dem drastischen Vermögensverlust der ABS-Papiere bildete sich immer mehr Misstrauen, man fragte sich, ob der Fonds oder die Bank überleben würde, ob das dort angelegte Vermögen also noch sicher war.

Wenn das Vertrauen in diese Institutionen leidet, ziehen viele Anleger ihre Vermögen ab – und tun das zu viele, kann das schnell zum Untergang der Institution führen. Ist das Misstrauen allgemein, wie es 2007 tatsächlich der Fall war, wird die Krise folglich systemisch. Die Anleger streben nach Liquidität – das geht bis zur Barabhebung großer Summen von den Banken, und ein solches Verhalten kann den gesamten Finanzsektor in die Knie zwingen. Dieser Bank-Run drohte auch 2007. Und schon die Drohung ist mit geradezu dramatischen

Vermögensverlusten auch für die Privatanleger verbunden. Das Feuer der Vermögensentwertung ergriff dann auch rasch eine Wertanlageform nach der anderen und blieb nicht auf jene Papiere begrenzt, mit denen sich vornehmlich institutionelle Anleger befassen.

Wie aus dem Lehrbuch – die vier Krisenwellen

Man könnte nun etwas leichtfertig behaupten, dass dies alles schon seine Richtigkeit habe. Nachdem die Reichen in vielen fetten Jahren über ihre Verhältnisse gelebt hätten, weil ihr Vermögen durch überbordende Spekulation aufgebläht worden sei, geschähe ihnen der Wertverlust zu Recht. Dem könnte auch ich mich anschließen, wenn – ja, wenn sich die Krise allein auf die Vermögen beschränkt hätte. Doch das war nicht der Fall. Auch die laufenden Einkommen der übrigen Bevölkerung waren betroffen.

Am Beginn der Krise traf es vor allem die Produktion und die Einkommen jener Volkswirtschaften besonders hart, in denen der Finanzsektor eine wichtige Rolle spielt. Hier gingen Absatz und Beschäftigung merklich zurück. Das gilt innerhalb Europas vor allem für Irland und Großbritannien, global sind mit einigem Abstand noch die USA zu nennen. In Deutschland, wo der Finanzsektor eine relativ geringe Bedeutung hat, war die Wirtschaft anfänglich vor den Folgen geschützt. Das ließ uns hoffen, auch weiterhin ungeschoren davonzukommen – eine schöne Illusion, wie wir heute wissen.

Die zweite Krisenwelle traf dann besonders jene Länder, die weltweit Handel treiben und eng mit ihren Handelspartnern verbunden sind. Die Exporte und folglich auch die Importe aller großen Volkswirtschaften brachen dramatisch ein. Deutschland war damals Exportweltmeister und stand zusammen mit Japan in der ersten Reihe. Diese beiden Länder mussten im weiteren Verlauf der Krise im globalen Maßstab dann auch die stärksten Einbrüche hinnehmen. Da der Außenhandel eine relativ große Bedeutung für Deutschland und Japan hat, war der Schock hier besonders groß.

Das unterscheidet die deutsche Entwicklung zum Beispiel von der in Frankreich und Spanien. Abbildung 11 zeigt, dass dort die Exporte zwar ähnlich stark einbrachen wie in Deutschland. Da die französische und die spanische Wirtschaft jedoch erheblich weniger vom Export lebten als die deutsche, fielen auch die negativen Folgen für das Wachstum dort entsprechend geringer aus. Für den Exporteinbruch spielte nicht nur die nachlassende Nachfrage nach den Exportprodukten eine Rolle, sondern auch die schwieriger gewordene Finanzierung des Außenhandels. Rein rechnerisch führen synchron rückläufige Exporte und Importe, wenn überhaupt, nur zu geringen Einbußen bei der gesamtwirtschaftlichen Produktion, da sie sich ja wechselseitig aufheben. Ökonomisch ist die Wirkung jedoch verheerend. Denn der Exporteinbruch zertrümmert gleich drei wichtige Größen: Gewinne, Produktion und Beschäftigung. Durch den Importeinbruch wird lediglich ein mehr oder minder großer Teil der schlimmen ökonomischen Folgen weitergereicht, diese können aber in anderen Ländern wiederum als Exporteinbruch ankommen. Alles hängt zusammen.

Die Folgen lassen sich an der Binnennachfrage ablesen. Das ist die dritte Welle. Diese Folgen sind, je nach Volkswirtschaft, ganz unterschiedlich. Es kommt darauf an, wo die höchsten Gefährdungen waren. In Spanien traf es den Immobiliensektor, der bereits seit Jahren Überhitzungstendenzen gezeigt hatte. Die Finanzierung laufender Projekte brach wegen der Finanzkrise und der sich rapide verschlechternden globalen Wirtschaftsaussichten zusammen. Geplante Vorhaben wurden erst gar nicht in Angriff genommen. Damit brachen die Bauinvestitionen völlig ein. Da dieser Sektor in den Jahren des Booms – zeitweise wurden in Spanien mehr Häuser gebaut als in Deutschland, Frankreich und Italien zusammen – immer bedeutsamer geworden war, traf das die spanische Wirtschaft besonders hart.

Die dritte Welle traf außerdem den Investitionsprozess in allen Ländern. Wenn sich nicht nur die Finanzierungsbedingungen infolge der Finanzkrise immer schwieriger gestalten, sondern auch noch der Exportabsatz einbricht oder, wie in Spanien, die Baukonjunktur abstürzt, ist das natürlich Gift für die Investitionen in Ausrüstungen und Maschinen. Die Gewinnerwartungen der Unternehmen verdüstern sich und sie fahren ihre Investitionsvorhaben sofort zurück. Dieser Prozess ist in nahezu allen Volkswirtschaften fast synchron zu beobachten, wie Abbildung 12 zeigt. Besonders schroff ist der Abbruch in jenen Ländern, die vorher eine Phase besonders kräftiger Konjunktur durchliefen. Das betrifft in diesem Zusammenhang vor allem Länder wie Irland, Spanien und Griechenland. Dagegen war der Investitionseinbruch in Volkswirtschaften mit zuvor vergleichsweise schwacher Konjunktur wie beispielsweise Deutschland relativ gering. Ich erkläre mir das so, dass hierzulande die Erwartungen schlicht und einfach nicht so groß waren. Hinzu kommt, dass in Deutschland der Immobilienmarkt seit Jahren schwach war, sodass es hier auch keine übersteigerten Renditeerwartungen geben konnte, die im Zuge der Finanzkrise hätten platzen können.

Die letzte Welle erfasste schließlich eine der stabilsten Größen der Volkswirtschaft: den privaten Verbrauch. Die Einbrüche hier waren in der Regel bei Weitem nicht so dramatisch wie in anderen Bereichen. Der private Konsum ist jedoch die Größe mit dem höchsten Anteil an den gesamtwirtschaftlichen Ausgaben. Auch kleine Veränderungen haben deshalb relativ große Auswirkungen.

Die Krise infizierte den Konsum auf zwei Wegen. Der erste und direkte sind wiederum die Finanzierungsbedingungen. Wenn Kredite, insbesondere Hypothekarkredite, plötzlich teurer werden oder man dafür sogar mehr Sicherheiten verlangt, weil der Marktwert eines Hauses rapide abnimmt, dann hat das unmittelbar negative Konsequenzen für das zum Konsum zur Verfügung stehende Einkommen. Das Gleiche gilt für verschlechterte Kreditkonditionen für Konsumentenkredite; auch damit werden die Konsummöglichkeiten eingeschränkt. Schließlich wird der Konsum noch indirekt belastet. Steigt im Verlauf der Krise die Arbeitslosigkeit, vermindert das ebenfalls die Einkommen und drückt so auf den Verbrauch.

All diese Tendenzen zeigen sich in den verschiedenen Volkswirtschaften, aber es trifft nicht alle gleich hart, wie Abbildung 13 verdeutlicht. Am meisten betroffen waren jene Länder, in denen die privaten Haushalte besonders hoch verschuldet waren. Dort machten sich die verschlechterten Kreditkonditionen sofort bemerkbar und dämpfen den privaten Verbrauch spürbar. Später kam dann noch die höhere Arbeitslosigkeit hinzu. Dieses Bild zeigt sich – wenig überraschend – in den USA, wo hoch verschuldete Haushalte in den Jahren vor der Krise zeitweise sogar »entspart« hatten. Das heißt, alle privaten Haushalte zusammen hatten insgesamt mehr Geld ausgegeben, als sie eingenommen hatten. Das ist zwar – kurzfristig gesehen – gut für den Konsum, lässt sich aber keinesfalls auf Dauer aufrechterhalten. Etwas weniger dramatisch verlief dieser Prozess in jenen europäischen Ländern, in denen die privaten Haushalte auch relativ hoch verschuldet waren. Dies gilt in erster Linie für Großbritannien, Irland, Spanien und Griechenland.

Dagegen wurde der private Verbrauch in den Volkswirtschaften mit relativ geringer privater Verschuldung durch die Krise nur wenig belastet. Zu diesen Ländern gehören neben Österreich, Frankreich und den Niederlanden auch Deutschland und Italien. In allen diesen Ländern expandierte der private Konsum in den Jahren vor der Krise nur sehr maßvoll. Er wurde nicht durch Kredite beflügelt, war damit aber nachhaltiger. Wenn man das weiß, klingt die beliebte Politikerbemerkung »Wir haben über unsere Verhältnisse gelebt« wie Hohn. Es stellte sich als großer Vorteil heraus, dass man hierzulande bei der Kreditvergabe eher vorsichtig gewesen war. Die verschlechterten Kreditkonditionen konnten bei den privaten Haushalten keinen größeren Schaden anrichten. Der Konsum blieb aus diesen Gründen relativ stabil. Als die Arbeitslosigkeit dann stieg, machte sich das schlussendlich aber doch auch beim Konsum bemerkbar.

Wenn ich heute aus einiger Distanz das gesamte Phänomen der Krise betrachte, dann zeigt sich, welch gewaltige Schäden an Vermögen und Einkommen die Finanzkrise hinterlassen hat. An ihrem Beginn steht die massive Entwertung von Vermögen an den Finanzmärkten. In ihrem Verlauf erfasst sie mehr und mehr die Einkommensströme und stürzt die globale Wirtschaft in eine tiefe Rezession.

Das also sind die Früchte der Politik der Ungleichheit: Vermögen, die ja eigentlich gefördert werden sollten, wurden entwertet. Auch die Einkommen derjenigen, die im Vorfeld der Krise verzichten mussten und die im Grunde die Opfer der jahrelangen Umverteilung sind, wurden massiv geschädigt. Sie wurden zum zweiten Mal Opfer. Es sollte nicht das letzte Mal gewesen sein. Denn nun folgten die Rettungsmaßnahmen – und die Frage, wer das alles bezahlen soll.

Rettung wider Willen

Was tun? Diese Frage beherrschte in den Wochen und Monaten des wirtschaftlichen Einbruchs die Wirtschaftspolitik weltweit. Und die Volkswirtschaften reagierten unterschiedlich schnell. Ausgerechnet in den USA und Großbritannien, deren wirtschaftspolitische Strategie einer starken Orientierung auf die Finanzmärkte bildlich gesprochen an der Wiege der Krise stand, wurden relativ rasch und pragmatisch Maßnahmen entwickelt, um die dramatische Situation zu bewältigen. Währenddessen taten sich der Euroraum und die EU als Ganzes vergleichsweise schwer, geeignete Rettungskonzepte zu entwickeln. Besonders schwer tat man sich in Deutschland. »Verschweigen und verharmlosen« schien das hilflose Motto für die anfänglichen Reaktionen zu lauten. Die Bemühungen, die Krise zu bekämpfen, blieben weit hinter den meisten asiatischen Ländern, vor allem China und Südkorea, zurück.

Man könnte diese Schwerfälligkeit wohlwollend auch als Prinzipientreue bezeichnen. Dafür habe ich mich einmal in die damalige Denkweise von Politik und Wirtschaft hineinversetzt. Wenn das Märktesystem prinzipiell in sich stabil wäre, dann konnte es um die Weltwirtschaft bei Weitem nicht so schlecht bestellt sein, wie manche Auguren es behaupteten. Insofern entbehrte die Strategie namens »Verschweigen und verharmlosen« nicht einer gewissen Logik. Man hielt die Horrorszenarien schlicht für übertrieben.

Als die Krise dann nicht mehr zu leugnen war, handelten die Verantwortlichen in gewisser Weise konsequent – sie entschieden sich, erst einmal nichts zu tun. Ein stabiles und effizientes Marktsystem würde die schwierige Situation am besten selbsttätig überwinden, ohne wirtschaftspolitische Eingriffe des Staates in das Wirtschaftsgeschehen. So weit der Glaube. Niemand hat dieser Haltung besser Ausdruck verliehen als der Bonner Ökonom Manfred J. M. Neumann, der in einer Fernsehdiskussion erklärte, es gebe in einer Marktwirtschaft nun einmal ab und zu Krisen, da könne man nichts machen. Sie seien eben der Preis für die enormen Wohlstandsgewinne, die eine Marktwirtschaft ansonsten biete.[37]

Etwas gemäßigter argumentierte der Sachverständigenrat. Nach dem Ausbruch der Krise 2007 benannte er in seinem Gutachten die zu lasche Geldpolitik in den USA als eine Wurzel der Krise und die inadäquate Regulierung des amerikanischen Finanzmarktes als die andere.[38] Die verfehlte Geldpolitik führte angeblich zu niedrigen Zinsen in den USA, die wiederum die privaten Haushalte dazu verleiteten, sich zu überschulden, und es Finanzmarktakteuren leicht machten, sich mit billig geliehenem Geld in riskante Finanzabenteuer zu stürzen. Und das wurde vor allem durch die inadäquate Regulierung ermöglicht. Kein Wort sagte der Rat zur Ungleichheit der Einkommens- und Vermögensverteilung als Krisenursache. Es ist also nicht überraschend, dass der SVR angesichts der Erfahrungen mit der amerikanischen Geldpolitik zur konjunkturpolitischen Zurückhaltung mahnte. Lediglich auf den Finanzmärkten sah der Sachverständigenrat einen erheblichen Regulierungsbedarf. Damit hatte man aus seiner Sicht genug zur Krisenbewältigung getan.

Schneller als die Feuerwehr: Die USA und Großbritannien

Ganz anders war die Haltung in den USA und Großbritannien. Hier spielte sicherlich die engere Verbindung der Politik zum Finanzsektor eine große Rolle. Sie führte dazu, dass die Nöte des Finanzmarkts relativ schnell und mit dem Stempel »Dringlich!« versehen auf dem Tisch der Regierung landeten. Generell gibt es dort aber auch eine pragmatischere Herangehensweise an ökonomische Probleme. Außerdem hat die amerikanische Notenbank mit Ben Bernanke einen Präsidenten, dessen wissenschaftlicher Ruf sich auf seine Arbeiten zur Großen Depression begründet. Vor diesem Hintergrund bildete sich in den USA und Großbritannien rasch eine klare politische Grundhaltung, heraus: Die Wirtschaftspolitik musste die Krise aktiv an allen Fronten bekämpfen und sollte nicht passiv auf die Selbstheilungskräfte des Marktes vertrauen. In den asiatischen Volkswirtschaften, wo der Staat ohnehin eine aktivere Rolle im Wirtschaftsgeschehen spielte, hatte man sich ebenfalls schnell für staatliche Eingriffe entschieden.

Dies war ein Bruch mit jener Linie, die allenfalls geldpolitische Interventionen duldete. Fiskalpolitisch ließ der Mainstream im Grunde nur das Wirken der automatischen Stabilisatoren gelten – also gesetzlich fixierte Zahlungen der Arbeitslosenversicherungen beziehungsweise niedrigere Steuereinnahmen infolge von Einkommensverlusten. Zu Recht wiesen aber Bernanke und andere amerikanische Ökonomen wie Paul Krugman darauf hin, dass dies in der gegenwärtigen Situation eine Überforderung der Geldpolitik darstellte. Angesichts der schweren Bankenkrise musste deren Wirksamkeit eingeschränkt sein, weil die Verbindung zwischen dem Finanzsektor und dem Rest der Wirtschaft gestört ist, wenn die Kreditvergabe nicht reibungslos verläuft. Daher sei es erforderlich, dass in dieser Situation die Fiskalpolitik über die automatischen Stabilisatoren hinaus mit Konjunkturprogrammen aktiv würde.

Abgesehen von allen technischen und prinzipiellen Überlegungen ging es bei dieser Reaktion in den USA und Großbritannien natürlich vor allem um eine Vertrauensbildung in der Wirtschaft. Wenn man den Ereignissen einfach ihren Lauf lassen würde, stand zu befürchten, dass die Panik der Marktakteure immer weiter steigen würde. Das aber hätte zwangsläufig zu einer stetigen Verschärfung der Krise geführt. Also gehörte es schlicht zum guten Handwerk, dass die Wirtschaftspolitik über ihre Konjunkturprogramme zumindest das Signal setzte, sich der Krise entgegenzustemmen. Allein schon dieses Signal trägt zur Beruhigung bei und hilft folglich, die Krise zu überwinden.

In Deutschland und in der EU führte man stattdessen zunächst quälend langwierige Debatten über das Für und Wider von konjunkturpolitischer Stabilisierung im Allgemeinen und einer europäischen Koordination dieser Maßnahmen im Besonderen. Man fürchtete, Konjunkturprogramme könnten die Staatsverschuldung in schwindelerregende Höhen treiben. In Deutschland ging außerdem die Angst um, dass die anderen Mitgliedsländer des Euroraums ihre Konjunktur primär auf Kosten der deutschen Steuerzahler stimulieren wollten. Deshalb war die Bundesregierung nicht nur gegen Konjunkturprogramme, sondern vor allem auch gegen eine europäische Koordination dieser Programme.

Krise und Rettung des Finanzsektors

In der ersten Phase des Krisenmanagements war der Druck zum wirtschaftpolitischen Handeln vor allem im Finanzsektor spürbar. Das begründete Misstrauen und die Panik im Interbankenhandel brachten den Geldverkehr schon seit Ende 2007 zunehmend aus dem Gleis. Durch den Wertverfall der modernen Finanzmarktpapiere gerieten immer mehr Finanzanleger und vor allem Banken unter Druck, zumindest in ihren Handelsbüchern, in denen ihre kurzfristigen Anlagen bilanziert werden, erhebliche Abschreibungen vorzunehmen.

Dass sich dieser Druck so schnell entwickeln konnte, lag nicht zuletzt daran, dass die Banken aufgrund der international gültigen Regulierungsvorschriften auf der Basis des Basler Abkommens gezwungen sind, sehr marktnah zu bilanzieren. Das heißt, sie müssen die Wertpapiere, mit denen sie kurzfristig Geschäfte tätigen wollen, in enger Anlehnung an den jeweils aktuellen Marktpreis in ihre Bilanz einstellen. Das erzeugt erhebliche sich selbst verstärkende Verhaltensweisen. Sinkt der Kurs, müssen schnell Wertberichtigungen nach unten vorgenommen werden. Das belastet die Bankbilanz. Das Vertrauen sowohl in die Bank als auch in die Wertpapiere sinkt. Das Ergebnis wird in der Regel ein weiterer Kursrutsch sein, mit weiter wachsendem Misstrauen und Panik.

Genau dieser Prozess lief im Laufe des Jahres 2008 ab, wie sich an den immer höheren Zinsen auf dem Interbankenmarkt ablesen lässt. Das bedeutete auch, dass die Banken täglich Unmengen von Geld verbrannten, also Verluste anhäuften. Aufgrund der allgemeinen Panik konnten sie nur noch zu relativ hohen Zinsen Geld am Kapitalmarkt aufnehmen, während sie es nur noch zu sehr niedrigen Zinsen ausleihen konnten. Die Nachfrage nach neuen Krediten bricht in einer solchen mit Panik aufgeladenen Lage rasch ein. Das musste vor allem jene Finanzinstitute in höchste Gefahr bringen, deren Geschäftsmodell darauf beruhte, sich kurzfristig zu möglichst niedrigen Zinsen Geld am Kapitalmarkt zu leihen und es langfristig zu deutlich höheren wieder zu verleihen. Aus der Zinsspanne generieren sie dann ihre Gewinne. Genau dies ging nun nicht mehr; im Gegenteil, es entstanden Verluste. Es war daher nur noch eine Frage der Zeit, bis die erste Bank am Abgrund stand.

Lehman und die Folgen

Es traf dann im September 2008 das amerikanische Bankhaus Lehman Brothers. Schon vorher hatte es sowohl in den USA als auch in Deutschland mit der IKB und der Sächsischen Landesbank dramatische Schieflagen gegeben. Das hatte man aber noch eher als Einzelfälle gesehen – da wurde wohl einfach schlecht gewirtschaftet. Im Fall von Bear Stearns in den USA war das Ganze möglicherweise auch das Ergebnis gezielter spekulativer Attacken in Kombination mit üblen Gerüchten – wer wusste das schon so genau? Als es immer mehr Banken und andere Finanzinstitute traf, wurde deutlich, dass man nicht mehr von Einzelfällen sprechen konnte. Spätestens seit

September 2008 war es nicht mehr zu übersehen: Es ging nicht mehr um Einzelfälle, es ging um eine Systemkrise. Im Augenblick dieser Erkenntnis stand die Wirtschaftspolitik in allen betroffenen Ländern vor der Grundsatzfrage: Müssen alle Banken in einer Systemkrise vom Staat gerettet werden, oder soll sich der Staat heraushalten, um eine Marktbereinigung zu ermöglichen, damit genau jene haften, die die Krise durch ihr Verhalten ausgelöst haben?

Über die richtige Antwort auf diese Frage wird man wohl bis zum Jüngsten Tag streiten. Und ich weiß, dass sie nicht einfach zu beantworten ist. Auf der einen Seite hat die tägliche Praxis im Finanzsektor, bewusst oder unbewusst hohe Risiken einzugehen, die Finanzkrise ausgelöst. Will man diesen pathologischen Appetit auf Risiken auf absehbare Zeit dämpfen, müssen die Verantwortlichen für die Krise haften. Das heißt, sie müssen im Extremfall den Verlust ihres Unternehmens mit allen schrecklichen Folgen hinnehmen. Diese Marktbereinigung bestraft diejenigen am härtesten, die die höchsten Risiken eingegangen sind, und belohnt jene, die sich zurückgehalten haben. Sie haben bessere Chancen zu überleben und könnten dann sogar die Geschäfte der Bankrott gegangenen Konkurrenz übernehmen. So entsteht ein neues und solideres Fundament eines geläuterten Finanzmarktes. In diesem Prozess der Läuterung würden Vermögen umverteilt. Es würde einfach weniger Reichtum geben, der durch besonders riskante Anlagen entsteht – auch das wäre doch ein Beitrag zur Gerechtigkeit, oder? Diese Haltung war und ist weit verbreitet. Sie hat zahlreiche Anhänger unter den »normalen« Menschen und auch in der Wissenschaft. Es erscheint uns attraktiv, die Welt ein wenig gerechter zu machen.

Diese Haltung überwog denn auch im Fall der Lehman Brothers. Der Politik in den USA riss der Geduldsfaden. Sie wollte nach den mühsamen Einzelfallbetrachtungen endlich eine systematische Antwort auf die Krise im Finanzsystem, die dem allgemeinen Gerechtigkeitsempfinden entsprach. Der Beifall gab dem amerikanischen Finanzminister zunächst Recht. Aber er währte nur kurz.

Denn dann zeigte sich die Kehrseite dieses Vorgehens in voller Härte. In der Industrie ist der Wegfall eines Konkurrenten Anlass zur (zumindest klammheimlichen) Freude für ein Unternehmen; schließlich besteht die Chance, dass man dessen Kunden übernehmen kann. Die Verhältnisse im Finanzsektor sind da etwas verzwickter. Die verschiedenen Finanzinstitute sind über ein dichtes Netzwerk von Zahlungsströmen miteinander verwoben. So werden zum Beispiel wechselseitig Kredite vergeben oder das eine Institut garantiert Zahlungen für das andere. Der Ausfall eines Knotenpunktes in einem finanziellen Netzwerk schädigt folglich nicht nur das ausscheidende Institut, sondern auch die am Markt verbleibenden. Das schürt das allgemeine Misstrauen sowohl was die Solvenz als auch die Liquidität des gesamten Finanzsektors angeht. Letztlich sind damit alle geschädigt. Die Folgen gehen wegen der Belastung der gesamten Kreditvergabe sogar weit über den eigentlichen Finanzsektor hinaus – es trifft auch die übrige Wirtschaft.

Vor diesem Hintergrund wird die Frage nach Verantwortung und Haftung wesentlich komplexer. Lässt man das Marktgeschehen einfach so laufen, schädigt das eben nicht nur die Verantwortlichen, sondern auch diejenigen, die nichts zum Entstehen der Krise beigetragen haben, also unschuldig sind. Das gilt für den Facharbeiter in der Automobilindustrie ebenso wie für den mittelständischen Unternehmer in einem Zulieferbetrieb für diesen Wirtschaftszweig. Mit einer Fortsetzung der Lehman-Strategie wäre somit die gesamte Wirtschaft massiv geschädigt worden. Daher gab es gute Gründe für die Wirtschaftspolitik, nach Lehman angeschlagene Banken zu stützen.

Aber der Preis dafür ist hoch. Der Preis für diese Politik besteht in mehr als nur den Milliardenbeträgen, die für die Rettung des Finanzsektors eingesetzt wurden. Er besteht auch in der schreienden Ungerechtigkeit, dass jene, die die globale Wirtschaft durch ihr verantwortungsloses Handeln an den Rand des Abgrund manövriert und auf diese Weise horrende Gewinne erzielt haben, nicht für die Risiken ihres Handelns aufkommen müssen. Sie lassen sich wie zum Hohn nicht zuletzt von denen retten, deren Einkommen aufgrund der Fokussierung auf den Finanzmarkt in den Vorkrisenjahren gedrückt worden war. Die Opfer müssen also auch noch für die Schäden der Täter aufkommen. Das ist ein Skandal, aber, wie ich finde, ein unvermeidlicher Skandal. Ansonsten wären die Schäden bei den Unschuldigen noch höher ausgefallen. Aber diese Ungerechtigkeit sollte als Hypothek für den Finanzsektor verstanden werden, die es noch abzutragen gilt.

Rettet die Banken!

Es war also nur zu verständlich, dass nach der Pleite der Lehman-Bank und angesichts der großen Panik, die ausbrach, gewaltige Rettungspakete für den Bankensektor verabschiedet wurden. Es durfte nicht einmal der Eindruck entstehen, dass die Banken an Liquiditätsmangel zugrunde gehen würden. Das hätte leicht einen Run auf die Banken auslösen können, und so etwas kann schnell das Ende bedeuten. Die Strategie beschränkte sich ausdrücklich nur auf Banken, die systemrelevant waren. Deren Ausfall würde das gesamte Finanzsystem massiv schädigen.* Kleinere, weniger bedeutende Banken konnten nicht auf Unterstützung hoffen.

Als Teil der Rettungsstrategie senkten die großen Zentralbanken die Leitzinsen. Sie wollten so die Refinanzierung aller Banken verbilligen und ihnen auf diese Weise bessere Chancen geben, wieder profitable Geschäfte zu machen. Gleichzeitig wurde den Banken für eine begrenzte Zeit zusätzlich von den Zentralbanken verbilligte Liquidität zu Verfügung gestellt., mit der sie die Aufnahme teurer Kredite auf dem Interbankenmarkt vermeiden konnten. Aber auch die Regierungen blieben nicht untätig. Sie übernahmen Bürgschaften und gewährten direkte Hilfen. In Deutschland allein belief sich die Höhe des Rettungspakets auf insgesamt etwa 480 Milliarden Euro – ein unvorstellbar hoher Betrag. Der höchste Anteil bestand allerdings aus Bürgschaften, von denen man hoffte, dass sie nie in Anspruch

---

* Dies galt nach allgemeiner Einschätzung auch für die American International Group (AIG), den seinerzeit größten Versicherer und Finanzdienstleister, der durch den Kauf unter Druck geratener Wertpapiere in einer Schieflage war.

genommen werden mussten. Es ging dabei nur darum, dass die verschreckten und verunsicherten Kunden den Sicherheitserklärungen des Staates mehr Glauben schenkten als denen einer einzelnen Bank. Im Erfolgsfall würde also kein Cent für eine Bürgschaft fließen. Mithilfe dieser Rettungsprogramme wollte man jede Unsicherheit über die Zahlungsfähigkeit der Banken im Keim ersticken.

In Großbritannien ging die Regierung am weitesten. Sie verstaatlichte schnell einige in Schwierigkeiten geratene Banken und schuf auf diese Weise maximale Sicherheit. Darüber hinaus wurde wie in den USA allen Banken eine deutliche Erhöhung ihres Eigenkapitals abverlangt. Dieses konnten sie sich entweder auf den Kapitalmärkten besorgen, oder sie mussten den Staat in der entsprechenden Höhe beteiligen. Mit der verbesserten Eigenkapitalausstattung verfügte die Bank in der Krise über größere Reserven – auch das sollte die panischen Kunden beruhigen.

In Deutschland schreckte die Regierung vor einer staatlichen Übernahme von Banken zunächst zurück. Erst später, als in einigen Fällen alle anderen Hilfen versagten – man denke an die Hypo Real Estate Bank (HRE) und an die Commerzbank – rang sie sich dazu durch. Der öffentliche Höhepunkt in dieser ersten Phase der Krise war in Deutschland die Übernahme einer Garantie für alle Sparkonten durch die Bundesregierung, die von der Bundeskanzlerin und dem damaligen Bundesfinanzminister Steinbrück in einer gemeinsamen Pressekonferenz spektakulär vorgetragen wurde. Dabei gab es – und das wusste damals sicherlich kaum jemand – nicht die geringste gesetzliche Grundlage für einen solchen Schritt. Es war zudem zweifelhaft, ob die finanziellen Möglichkeiten der Bundesregierung ausgereicht hätten, um die Garantien zu erfüllen. Eine dramatische Staatsverschuldung wäre die Folge gewesen. Doch die Bürger glaubten der Regierung. Es kam nie zu einem Bank-Run, bei dem Kunden ihre Konten plünderten. Insofern erwies sich diese Garantie im Nachhinein als einer von zwei Geniestreichen der Großen Koalition, die sich dann doch als rechte gute Krisenmanagerin erwies.

Schaut man sich alle diese Maßnahmen an, wird deutlich, dass es einen Gesinnungswandel gegeben hatte. Die Bundesregierung hatte, wie die Regierungen der übrigen Industriestaaten auch, erkannt, dass der Finanzmarkt, wenn man ihn sich selbst überließe, nicht zur Ruhe kommen würde. Ein tiefer Absturz mit verheerenden Folgen wäre unvermeidbar gewesen.

Außerdem begannen einzelne Regierungen wohl mit dem Tunnelblick der Panik zu glauben, sie könnten die Finanzmarktprobleme im nationalen Alleingang ohne Rücksicht auf die verzahnten Märkte lösen. Die irische Regierung, deren Finanzsektor durch steuerliche und regulatorische Vergünstigungen besonders aufgebläht war, ist für mich ein markantes Beispiel. Sie hatte ohne Rücksprache mit den übrigen Regierungen Europas eine einseitige Bankgarantie für alle irischen Banken gegeben. Das musste dazu führen, dass Kapital aus den Ländern, in denen eine derartige Garantie nicht bestand, rasch – und im Fall von Ländern aus dem Euroraum sogar ohne Währungsrisiko – auf irische Banken transferiert werden würde. Erste Anzeichen hierfür waren schon erkennbar.

Hätte sich dieser Transfer von Kapital fortgesetzt, hätte dies zwar den irischen Banken zunächst geholfen, gleichzeitig hätte sich jedoch die Lage bei den übrigen europäischen Banken drastisch verschärft. Wären in der Folge einer solchen Maßnahme einige Banken in den übrigen europäischen Ländern zusammengebrochen, hätte es wegen der Schockwellen im gesamten Finanzsystem auch die irischen Banken wieder in den Strudel der Krise hineingezogen. Insofern war der irische Alleingang auf Kosten ausländischer Banken von Anfang an zum Scheitern verurteilt. Er zeigte aber überdeutlich, dass die Krise nur im globalen und europäischen Maßstab bekämpft werden konnte. Indem dies zumindest europaweit geschah, konnten die beschriebenen Folgen vermieden werden.

Das irische Vorpreschen bewirkte, dass andere Länder eine ähnliche Garantie abgeben mussten. Am Ende waren die Risiken des Bankensystems weitgehend bei den Staaten gelandet. Sicherlich, das war ungerecht; doch auf diese Weise sicherte man sich das wichtige Vertrauen der Kunden in die weitere Existenz des Bankensystems. Und das ging vor. Der Erfolg der Rettungsmaßnahmen drückte sich im Herbst 2008 in den relativ rasch sinkenden Risikoaufschlägen auf dem Interbankenmarkt aus, wie Abbildung 14 zeigt. Das niedrige Vorkrisenniveau wurde zu diesem Zeitpunkt jedoch nicht annähernd erreicht.

Eines war deutlich geworden: Der Markt war nicht mehr in der Lage, die Unsicherheiten des Finanzsektors selbsttätig zu bewältigen. Das konnte nur noch durch die Gemeinschaft der Steuerzahler, also den Staat geschehen. Der Finanzmarkt erwies sich als in sich instabil – eine für die Mehrheit der Ökonomen sehr beunruhigende Erkenntnis. Sie widerspricht fundamental den Lehren der Vorkrisenzeit.

Es gab außerdem noch etwas anderes, das eigentlich auch einen Grund zur Unruhe geliefert hätte: die Erkenntnis, dass die massive Ungleichheit der Einkommen und Vermögen ein Marktsystem destabilisieren kann. Die Ballung von Reichtum ist also mit hohen finanziellen Risiken für den Staat verbunden. Das muss Konsequenzen für die Wirtschaftspolitik haben, und das ist nicht so einfach. Wir müssen uns nur die bittere Ironie der Rettungsmaßnahmen in Erinnerung rufen: Indem sie das Finanzmarktsystem stabilisierten, retteten sie zugleich den Reichtum einiger weniger, der bei einem Zusammenbruch des Finanzsystems schwer gelitten hätte. Der Rettungsschirm für Banken kann also schon aus diesem Grund nicht die letzte Antwort der Politik auf die Krise der Finanzmärkte sein. Deren Wurzeln sind nach wie vor intakt.

Druck in die richtige Richtung

Die Rückkehr des Meisters, so lautet der Titel eines Buches von Robert Skidelsky, das während der Krise erschien. Der Autor meint damit die Rückkehr zu einem wirtschaftspolitischen Denken und Handeln, das von der keynesianischen Lehre bestimmt wird. Seine kluge Voraussage erwies sich als richtig. Hatte man zuvor auf eine Wirtschaft mit Autopilot vertraut, in der sich im Prinzip alles von alleine regelt, wurde mit jedem Tag der Krise deutlicher, dass Regierungen und Zentralbanken direkt in die Wirtschaft eingreifen mussten, um das Schlimmste zu verhindern. Von alleine schloss sich der Riss in der Mauer jedenfalls nicht.

Doch diesem Handeln standen zunächst die theoretischen und praktischen Überzeugungen der Ökonomen und Wirtschaftspolitiker im Wege. Eigentlich wollten sie, gemäß ihren tiefsten Überzeugungen, ihren Kurs nicht ändern, doch am Ende mussten sie es tun. Sie hatten ja auch keine Wahl. Da die vorherrschenden Theorien des Marktsystems keine Krisen kennen, kennen sie auch keine Strategien dafür, wie man Krisen überwindet. Genau das liefert das keynesianische Gedankengebäude, und da man nichts Besseres hatte, wurde es zähneknirschend hervorgeholt. Dieser intellektuelle Anpassungsprozess war jedoch für Ökonomen wie für Wirtschaftpolitiker mühsam und quälend.

Die Grundfesten wirtschaftspolitischer Überzeugungen wackeln

Der Sachverständigenrat, der 2007 zwar die Bedeutung der Finanzkrise erkannte, aber keinen Anlass für konjunkturstabilisierende Maßnahmen sah, vollzog in seinem Jahresgutachten 2008 ebenfalls eine Kehrtwende. Er empfahl – wenn auch etwas gequält – tatsächlich ein Konjunkturprogramm. Einerseits versprach er sich wenig Erfolg von einem antizyklischen Konjunkturprogramm. Andererseits forderte er eine »konjunkturgerechte Wachstumspolitik.[39]« Gemeint waren im Grunde nichts anderes als Maßnahmen, die, wie in einem klassischen Konjunkturprogramm gefordert, die gesamtwirtschaftliche Nachfrage steigern sollten. Zugleich aber sollten sie auch die Angebotsseite stärken. Damit beschränkten sich die Vorschläge auf Steuersenkungen und die Senkung der Lohnnebenkosten.

Etwas zögerlicher war die Gemeinschaftsdiagnose der wirtschaftswissenschaftlichen Forschungsinstitute. Sie blieben, ungeachtet aller dramatischen Verwerfungen, ganz ihrer Vorkrisenlinie verhaftet – und quälten sich schrecklich. In ihrem Gutachten aus dem Herbst 2008, also zu einem Zeitpunkt, als die Weltwirtschaft sich bereits in freiem Fall befand, finden sich diese bemerkenswerte Sätze: »Vielfach wird gefordert, ein Konjunkturprogramm aufzulegen. Dies halten die Institute (…) auch aus praktischen Gründen nicht für erfolgversprechend.«[40] Ein halbes Jahr später stoßen wir auf den etwas gewundenen Satz: »Eine expansivere Finanzpolitik ist aus Sicht der Institute nur unter bestimmten Bedingungen vertretbar.«[41] Noch ein Jahr später berechnen die gleichen Institute mithilfe ihrer Simulationsmodelle zwar, um wie viel die Konjunkturprogramme das Wachstum nun tatsächlich erhöht haben – 1,0 bis 1,5 Prozent in der Spitze –, fordern aber im gleichen Atemzug einen möglichst schnellen Ausstieg aus der expansiven Finanz- und Geldpolitik, die angeblich nicht helfen konnte, dann aber doch geholfen hat, dennoch aber möglichst schnell wieder aufzugeben sei.[42] Wer kommt da noch mit? Es ist wohl sehr schwer, sich in Verhältnissen zurechtzufinden, die theoretisch einfach nicht vorgesehen sind.

Die Geldpolitik quälte sich gleichfalls, aber schneller. Noch im Sommer 2008, als die Krise sich gerade voll entfaltete, hatte die EZB, aus Angst vor einer Inflation, die Zinsen erhöht. Doch schon wenige Wochen später stellte die EZB in Kooperation mit der Fed und anderen großen Zentralbanken vor dem Hintergrund der Lehman-Pleite dem Bankensystem massiv Liquidität zur Verfügung (92 Mrd. Euro).[43] Ab Oktober 2008 senkte sie dann in raschen Schritten den Leitzins. Das nenne ich eine dramatische Kehrtwende in großer Not.

Nicht viel besser erging es der Wirtschaftspolitik, die sich ja an den Vorstellungen der Ökonomen orientierte. Das kann man gut am Beispiel der Fiskalpolitik sehen. Noch Ende Oktober 2008, also nach der Pleite der Lehman-Bank und den massiven Interventionen der Zentralbanken, lehnte der damalige Finanzminister Steinbrück die Forderung nach einem Konjunkturpaket in Höhe von 1 Prozent des Bruttoinlandsprodukt »kühl«[44] ab – um wenige Wochen später ein Programm mit mehr als dem doppelten Volumen aufzulegen. So schnell kann das gehen!

Binnen kurzer Zeit wurden tief verwurzelte ökonomische Überzeugungen in Wort und Tat über Bord geworfen. Man konnte den Akteuren aber ihr schlechtes Gewissen förmlich ansehen – hier handelte niemand aus tiefster Überzeugung, und das hatte Folgen, wie sich noch zeigen wird. Aber dazu später mehr.

Die Konjunkturkrise und die Wirkung alter Rezepte

Wer glaubte, man müsse nur den Finanzsektor stabilisieren, um die Krise zu überwinden, wurde schnell enttäuscht. Noch während die Rettungsmaßnahmen im Bankensektor anliefen, brach die Weltkonjunktur ein. Die zweite Phase des Krisenmanagements begann. Die globale Gleichzeitigkeit und die Dramatik des Absturzes hätten ein sofortiges, eindeutiges und synchrones wirtschaftspolitisches Handeln erfordert. Doch welches Handeln? In den angelsächsischen und in den asiatischen Ländern war dies kein Thema für lange Diskussionen. Den Wirtschaftspolitikern dort war offenkundig sofort klar, dass nur die alten Rezepte des Keynesianismus Hilfe versprachen. An eine selbsttätige Heilung der Gütermärkte mochte nach dem Desaster auf den Finanzmärkten niemand mehr glauben. Also wurden rasch stimulierende Konjunkturprogramme auf den Weg gebracht. Kontinentaleuropa, besonders Deutschland, brauchte wieder einmal mehr Zeit – wir wissen mittlerweile, warum. Schlussendlich gab man dem Druck auch hierzulande nach – es gab einfach keine eigenen Alternativen. Nachdem sowohl einzelne Wissenschaftler in Deutschland als auch Regierungen innerhalb des Euroraums auf die Dringlichkeit von konjunkturpolitischen Maßnahmen hingewiesen hatten, kam es zur Verabschiedung des Konjunkturprogramms 1. Das geschah Anfang November 2008, als der konjunkturelle Abschwung schon eine beängstigende Dimension erreicht hatte.

In diesen ersten Wochen der Konjunkturkrise stellte sich den Wirtschaftspolitikern eine Frage, die von den Ökonomen gar nicht oder nur kontrovers beantwortet wurde: Wie sieht eigentlich eine effiziente Konjunkturpolitik aus, bei der mit möglichst geringen Mitteln ein Höchstmaß an stimulierender Wirkung erzeugt werden kann? Die Antwort auf diese Frage war im Verlauf der vergangenen Jahrzehnte, in denen niemand ernsthaft über Konjunkturpolitik nachgedacht hatte, einfach verloren gegangen. Es gab also neben den theoretischen Vorbehalten auch schlichte praktische Unkenntnis, die einer schnellen Reaktion im Wege stand.

Wenig überraschend nutzten viele Lobbyverbände und politische Parteien die Debatte um Konjunkturprogramme, um die wirtschaftspolitischen Steckenpferde ihres jeweiligen Verbandes als *das* ultimative Konjunkturprogramm anzupreisen. Nur so ist die eine oder andere Denkkapriole erklärlich, die es in dieser Zeit gab. So mutierten beispielsweise die Pläne von CSU und FDP, die Steuern zu senken – was während des Aufschwungs, als konjunkturelle Stimulanz gerade nicht erforderlich war, als Akt der Gerechtigkeit gegenüber hoch belasteten Bürgern vertreten wurde –, in der Krise plötzlich zum anscheinend wirksamsten Instrument der Konjunkturförderung. Eine interessante Uminterpretierung!

Was aber hilft wirklich schnell und effizient? Die Antwort hängt nicht zuletzt von den institutionellen Gegebenheiten einer Volkswirtschaft ab. Es geht dabei um die Frage, welche staatliche Instanz finanziell und institutionell in der Lage ist, rasch und effizient zu reagieren. In einem zentralistisch organisierten Staat wie Frankreich, wo die Zentralregierung so handeln kann, fällt die Antwort wesentlich leichter als in einem föderalen Staat wie der Bundesrepublik Deutschland. Hier sind neben der Bundesregierung die Landesregierungen und vor allem die Kommunen wichtig. Alle diese Instanzen müssen sich abstimmen. Das ist schon schwierig genug. Hinzu kommt, dass die finanziellen Möglichkeiten häufig nicht den wirtschaftpolitischen Kompetenzen entsprechen. So leisten die Kommunen zwar den größten Teil der öffentlichen Investitionen. Sie sind aber meist finanziell so schlecht ausgestattet und durch das grundsätzliche Verbot, sich zu verschulden, in ihrer Handlungsfähigkeit so eingeschränkt, dass sie aus eigener Kraft keine Konjunkturprogramme auflegen können. All das spielt eine Rolle, wenn über Konjunkturprogramme entschieden wird. Ideal wäre es nun, man könnte im Bedarfsfall auf wissenschaftliche Studien zurückgreifen, in denen unter den konkreten institutionellen Bedingungen einer Volkswirtschaft eine Rangfolge sinnvoller, die Konjunktur stimulierender Maßnahmen ermittelt wird. Solche aktuellen Studien gab es für Deutschland zu Beginn der Krise nicht. Das ist wirklich ein schwerwiegendes Versagen der wissenschaftlichen Politikberatung in Deutschland – ich denke da insbesondere an die wirtschaftswissenschaftlichen Forschungsinstitute, deren Präsidenten sich ansonsten gerne mit der Aura des Allwissenden umgeben. Teilweise ist dieses Versagen erklärlich. Die meisten glaubten nicht an die Wirksamkeit von Konjunkturprogrammen. Warum also sollten sie Studien zu deren Wirksamkeit verfassen? Die Andersdenkenden wiederum, die an die Wirksamkeit glaubten, waren so in die Grundsatzdebatte um deren prinzipielle Wirksamkeit verstrickt, dass sie die konkrete Ausgestaltung vernachlässigten. Man kann also zu Recht von einer mangelhaften intellektuellen Krisenvorsorge seitens der Wissenschaft sprechen – und so von einer mangelhaften Vorbereitung der Politik.

Konjunkturpolitische Maßnahmen

Diese Kritik bezieht sich vor allem auf Deutschland. In den USA und von internationalen Organisationen gab es sehr wohl Untersuchungen zu diesem Thema. Douglas Elmendorf und Jason Furman hatten bereits im Vorfeld der Krise für die USA untersucht, welche fiskalpolitischen Maßnahmen besonders gut wirken und wie ein gutes Konjunkturprogramm gestaltet sein sollte.[45] Weltweit spielten ihre Schlussfolgerungen für viele Konjunkturprogramme während der Krisenzeit eine große Rolle. Ihre Erkenntnisse lassen sich als die drei großen T zusammenfassen. Ein Konjunkturprogramm sollte demnach *timely, targeted* und *temporary* sein. Auf Deutsch: Es sollte rechtzeitig, zielgerichtet und von begrenzter Dauer sein. Schauen wir uns diese drei Aspekte etwas näher an.

Ein rechtzeitig (*timely*) zu Beginn einer Rezession aufgelegtes Programm verhindert, dass die Produktion und vor allem die Erwartungen zu stark abstürzen, und mildert dadurch den Einbruch ab. Wird länger gewartet, bis eine Rezession sich voll entfaltet hat, benötigt man mehr Mittel, um den gleichen Effekt zu erzielen, da die Erwartungen mittlerweile schon zu pessimistisch sind. Es bedarf dann stärkerer Impulse, um Unternehmen Anreize für mehr Investitionen zu geben.

Ein Konjunkturprogramm sollte zielgerichtet (*targeted*) sein, damit die verwendeten finanziellen Mittel möglichst schnell zu Ausgaben werden. Nur diese spülen Erlöse in die Kassen der Unternehmen, die wiederum Produktion und Beschäftigung nach sich ziehen. Die Fiskalpolitik sollte daher alles dafür tun, dass Mittel aus den Konjunkturprogrammen nicht letztendlich doch auf den Sparkonten von privaten Haushalten oder Unternehmen landen. Das wäre reine Vergeudung.

Schließlich sollten Konjunkturprogramme nur temporär (*temporary*) angelegt sein. Es geht bei einem Konjunkturprogramm ja darum, in einer Krisensituation die Volkswirtschaft möglichst rasch wieder auf ein höheres Produktions- und Beschäftigungsniveau zu bringen. Es ist daher ein probates Mittel, einen gewissen Zeitdruck für die Inanspruchnahme finanzieller Unterstützung zu erzeugen. Nur so werden Unternehmen und private Haushalte dazu angeregt, trotz der widrigen Umstände einer Rezession möglichst schnell Geld auszugeben. Gäbe es die Vergünstigungen auf Dauer, würden sie warten, bis sich die wirtschaftlichen Umstände wieder verbessert haben. Aber damit wäre der Zweck eines Konjunkturprogramms völlig verfehlt und das Geld vergeudet. Dieses Kriterium schließt permanente Steuersenkungen, die in Deutschland von CSU und FDP als Instrument der Konjunkturpolitik angepriesen wurden, selbstredend aus.

Zahlreiche Untersuchungen für die USA und Deutschland zeigen

Abbildung 1: Wirkungen der Arbeitsmarktreform
Beginn des jeweiligen Aufschwungs = 100; in Quartalen

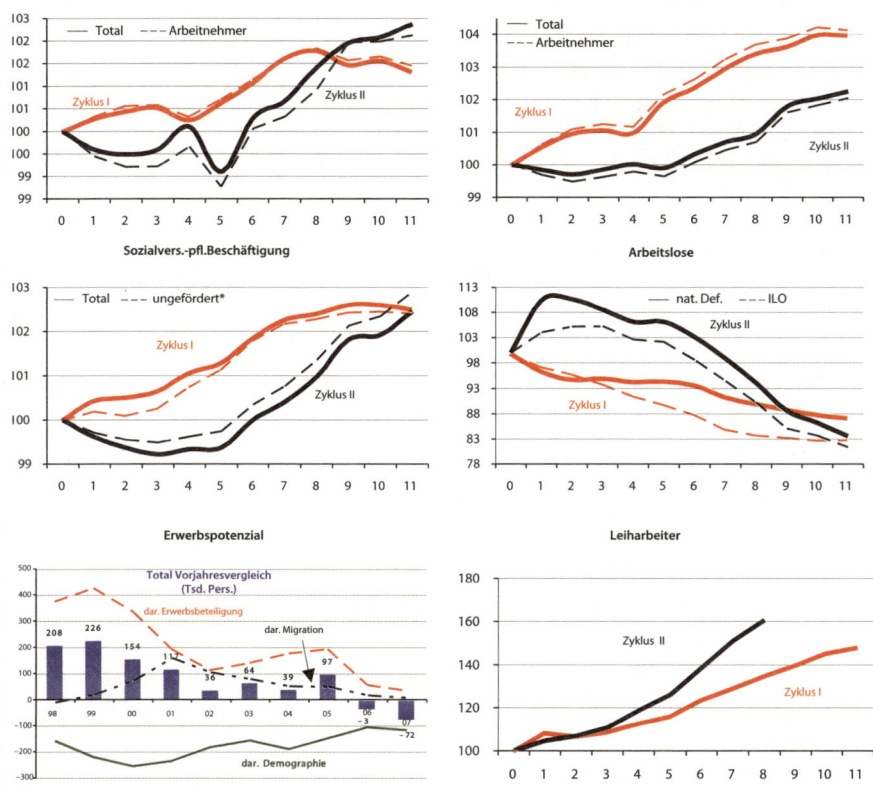

Ohne BSM (ABM; SAM-trad.; BSI), Kurzarbeit-Vollzeitäq.; PSA und AGH-Entgelt
Quellen: Destatis-VGR; BA; IAB; Berechnungen des IMK
Zyklus 1: 2. Quartal 1998 - 1. Quartal 2001
Zyklus 2: 4. Quartal 2004 - 3. Quartal 2007

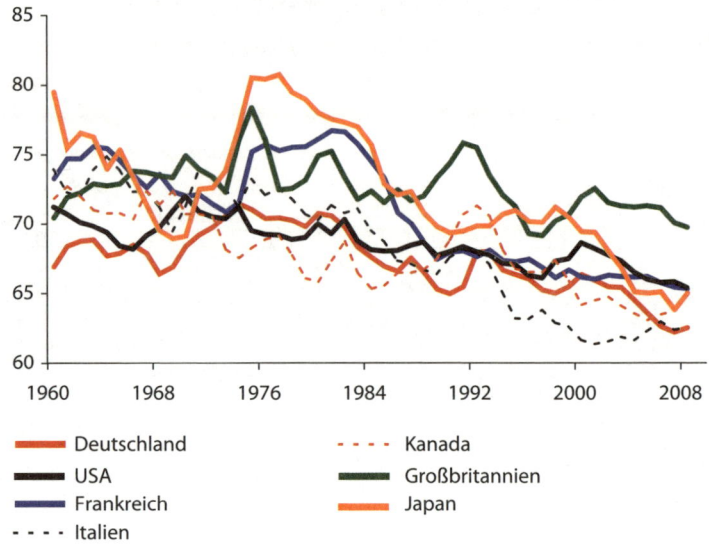

Abbildung 2: Bereinigte Lohnquote nach Faktorpreisen

Legende:
- Deutschland
- USA
- Frankreich
- Italien
- Kanada
- Großbritannien
- Japan

1 Ab 4. Quartal 2006 Prognose des IMK

Quellen: Statistisches Bundesamt; Bundesagentur für Arbeit; Berechnungen des IMK

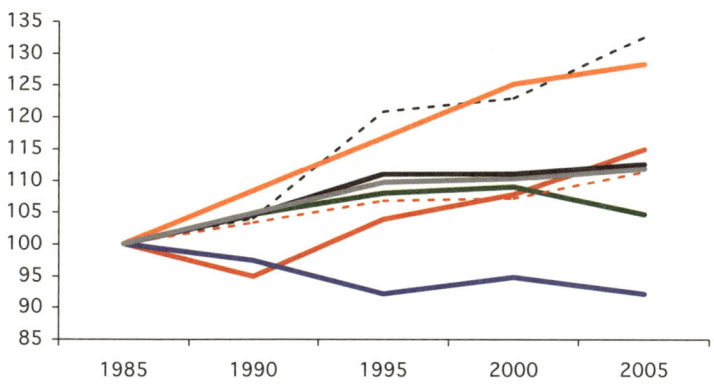

Abbildung 3a: Ungleichheit der Primäreinkommen
Gini-Koeffizent; Index: 1985 = 1

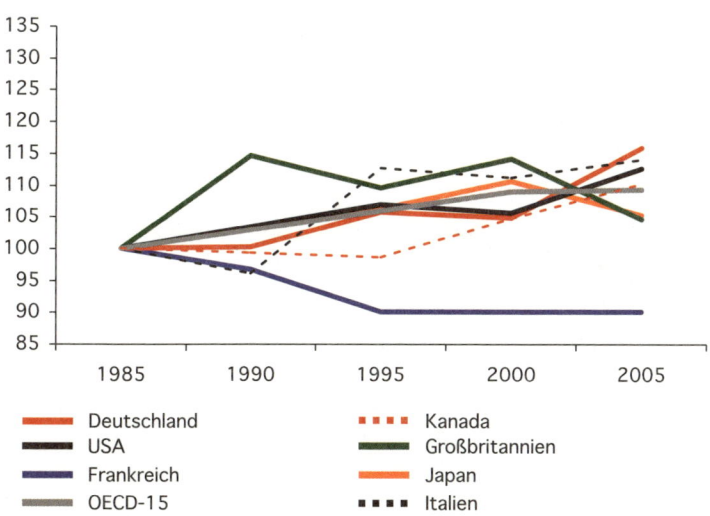

Abbildung 3b: Ungleichheit der Sekundäreinkommen
Gini-Koeffizent; Index: 1985 = 1

▬ Deutschland	▪▪▪▪ Kanada	
▬ USA	▬ Großbritannien	
▬ Frankreich	▬ Japan	
▬ OECD-15	▪▪▪▪ Italien	

Anmerkung: Je ungleicher die Verteilung, umso höher ist der Gini-Koeffizient

OECD 15: Kanada, Dänemark, Finnland, Frankreich, Deutschland, Griechenland, Italien, Japan, Luxemburg, Niederlande, Neuseeland, Norwegen, Schweden, Großbritannien, USA

Quelle: OECD 2008

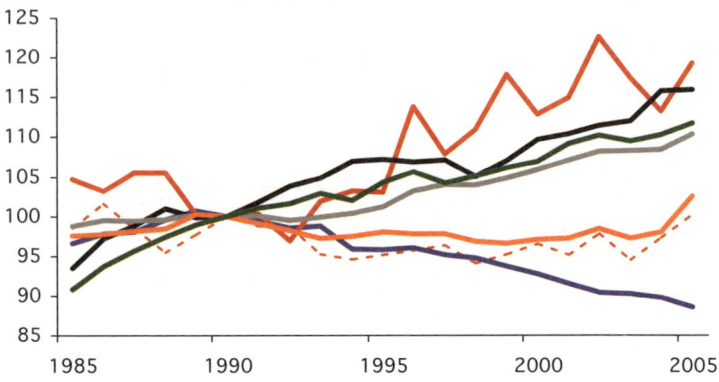

Abbildung 4a: Dezilverhältnis 9/1 der Bruttovollzeitlöhne
für Männer, Gini-Koeffizent; Index: 1985 = 1

Anmerkung: Verhältnis der Einkommensdezilobergrenzen des 9. zum 1. Dezil

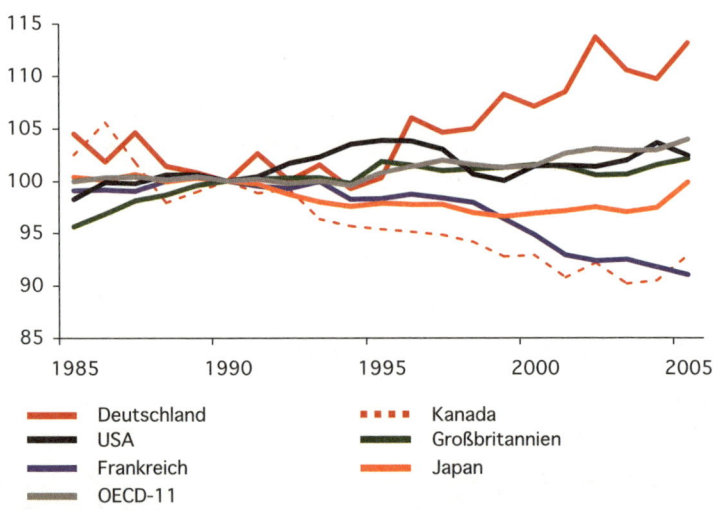

Abbildung 4b: Dezilverhältnis 5/1 der Bruttovollzeitlöhne
für Männer, Index: 1990 = 1

	Deutschland		Kanada
	USA		Großbritannien
	Frankreich		Japan
	OECD-11		

Anmerkung: Verhältnis der Einkommensdezilobergrenzen des 5. zum 1. Dezil

OECD 11: Kanada, Finnland, Frankreich, Deutschland, Japan, Niederlande, Neuseeland, Schweden, Großbritannien, USA, Korea

Quelle: OECD 2008

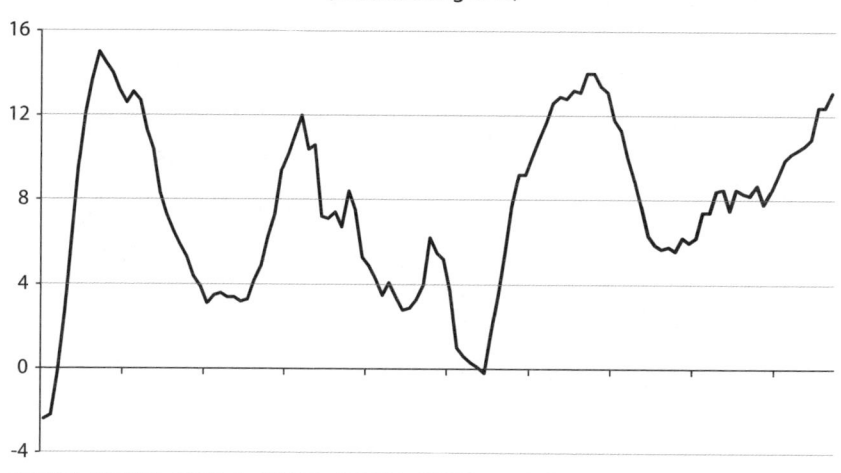

Abbildung 5: Kreditvergabe der EZB an nichtfinanzielle Institutionen (Veränderung in %)

Abbildung 6: Entwicklung der Arbeitskosten¹ im verarbeitenden Gewerbe

Index: 1998=100

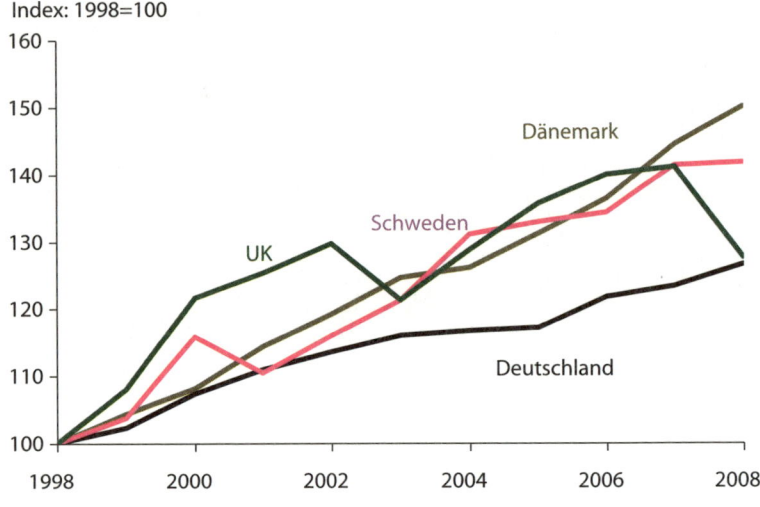

Index: 1998=100

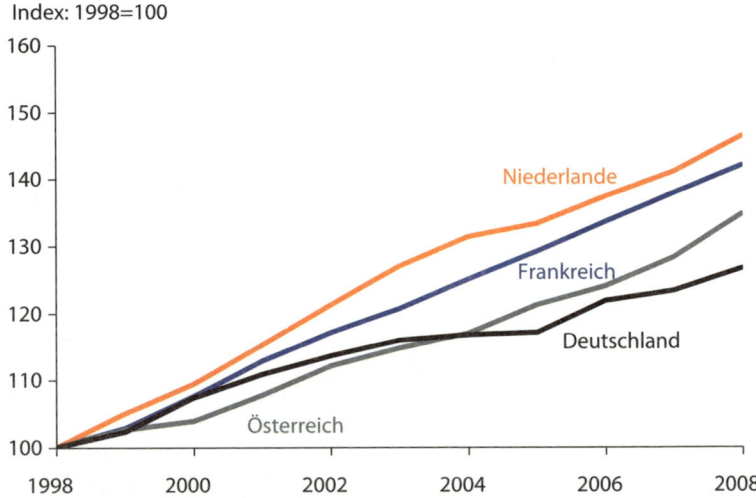

¹ Auf ECU/Euro-Basis je geleistete Arbeitsstunde

Quelle: Berechnungen des IMK auf Basis von Eurostat

*Abbildung 7: Preis- und Zinsdaten ausgewählter Euroraumländer
seit der Euro-Einführung*

Lohnstückkosten, nominal, bereinigt, 1998 = 100

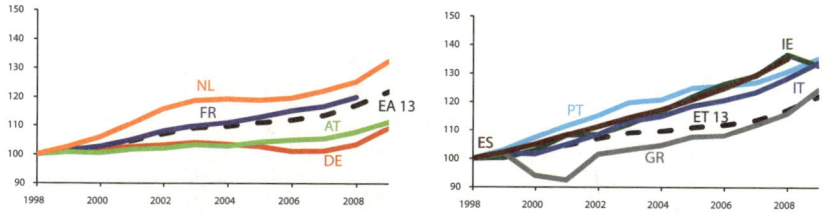

Inflationsdifferenz zum Euroraum in Prozentpunkten

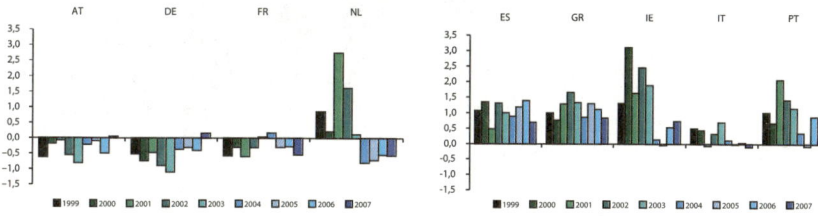

Quelle: Reuters EcoWin (Eurostat); Berechnungen des IMK

AT = Österreich, DE = Deutschland, EA 13 = Euroraum (13 Länder), ES = Spanien,
FR = Frankreich, GR = Griechenland, IE = Irland, IT = Italien, NL = Niederlande, PT = Portugal

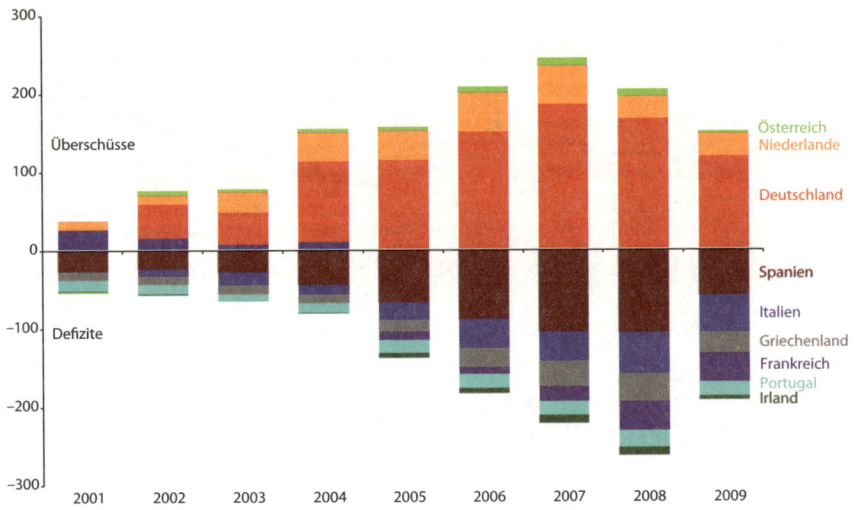

Abbildung 8: Leistungsbilanzsalden von ausgewählten Euroraumländern (in Mrd. Euro)

Quelle: Reuters EcoWin (Eurostat)

Abbildung 9: Zinsdifferenz am Interbankenmarkt

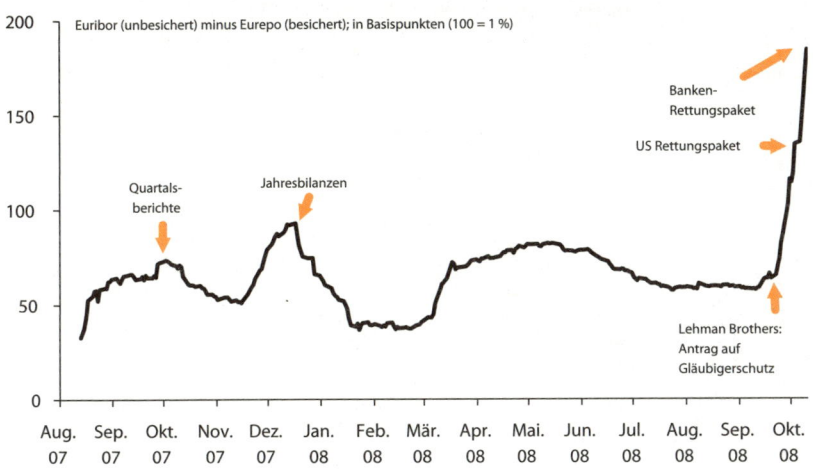

Euribor (unbesichert) minus Eurepo (besichert); in Basispunkten (100 = 1 %)

Banken-
Rettungspaket

US Rettungspaket

Quartals-
berichte

Jahresbilanzen

Lehman Brothers:
Antrag auf
Gläubigerschutz

200
150
100
50
0

Aug. Sep. Okt. Nov. Dez. Jan. Feb. Mär. Apr. Mai. Jun. Jul. Aug. Sep. Okt.
07   07   07   07   07   08   08   08   08   08   08   08   08   08   08

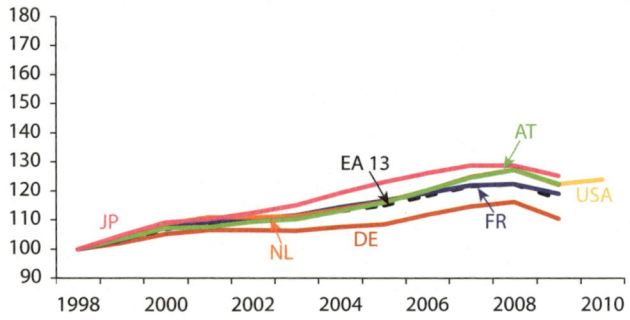

Abbildung 10: Bruttoinlandsprodukt
saison- und Arbeitstage bereinigt, 1998 = 100

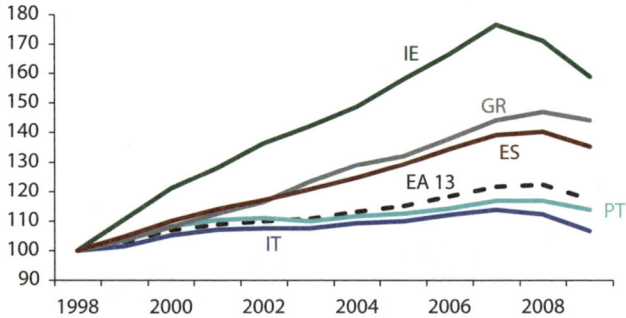

AT = Österreich, DE = Deutschland, EA 13 = Euroraum (13 Länder), ES = Spanien,
FR = Frankreich, GR = Griechenland, IE = Irland, IT = Italien, NL = Niederlande,
PT = Portugal, JP = Japan, USA = Amerika

Quelle: Reuters EcoWin (Eurostat); Berechnungen des IMK

Abbildung 11: Importe und Exporte von Gütern und Dienstleistungen

Importe von Gütern und Dienstleistungen
saison-und Arbeitstage bereinigt, 1998 = 100

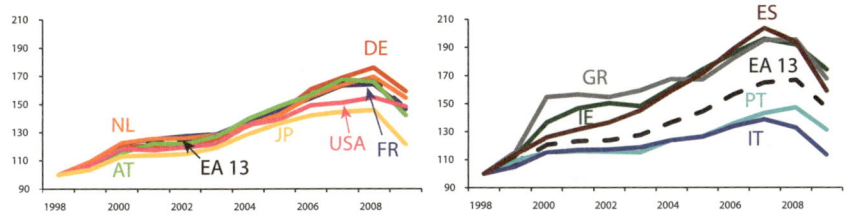

Exporte von Gütern und Dienstleistungen
saison- und Arbeitstage bereinigt, 1998 = 100

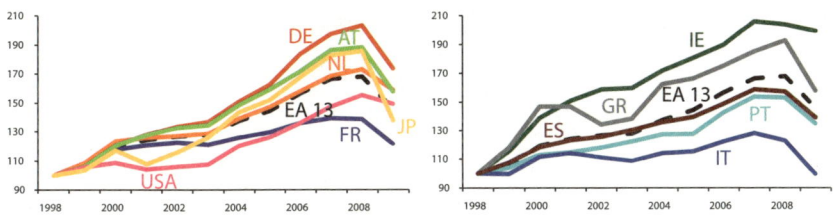

AT = Österreich, DE = Deutschland, EA 13 = Euroraum (13 Länder), ES = Spanien,
FR = Frankreich, GR = Griechenland, IE = Irland, IT = Italien, NL = Niederlande,
PT = Portugal, JP = Japan, USA = Amerika

Quelle: Reuters EcoWin (Eurostat); Berechnungen des IMK

Abbildung 12: Bruttoanlageinvestitionen, preisbereinigt, 1998 = 100

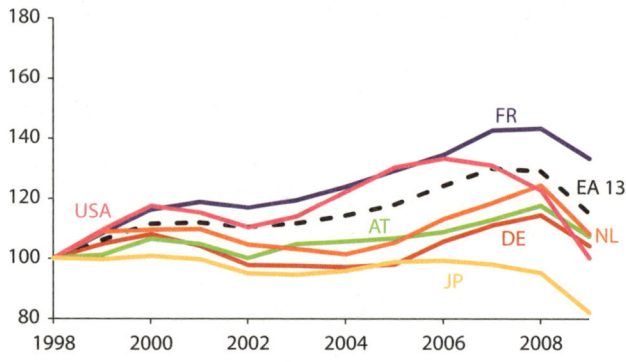

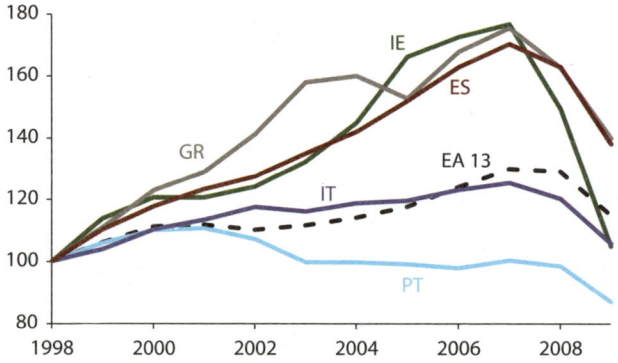

AT = Österreich, DE = Deutschland, EA 13 = Euroraum (13 Länder), ES = Spanien, FR = Frankreich, GR = Griechenland, IE = Irland, IT = Italien, NL = Niederlande, PT = Portugal, JP = Japan, USA = Amerika

Quelle: Reuters EcoWin (Eurostat); Berechnungen des IMK

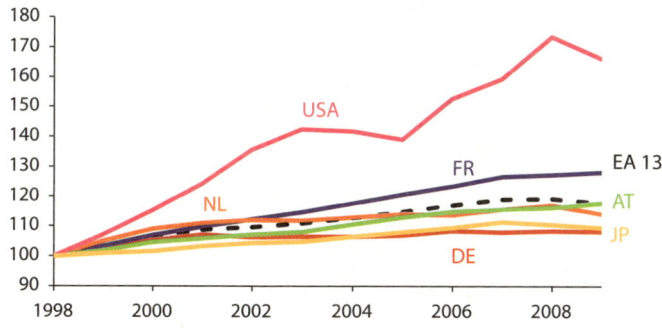

Abbildung 13: Privater Konsum, preisbereinigt, 1998 = 100

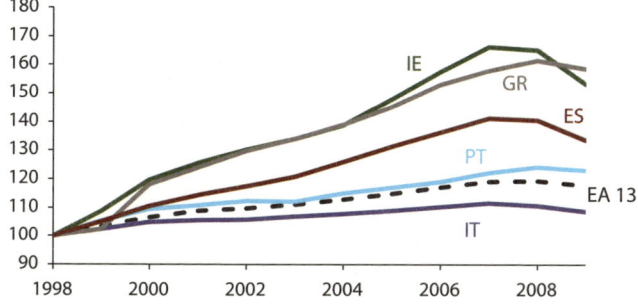

AT = Österreich, DE = Deutschland, EA 13 = Euroraum (13 Länder), ES = Spanien,
FR = Frankreich, GR = Griechenland, IE = Irland, IT = Italien, NL = Niederlande,
PT = Portugal, JP = Japan, USA = Amerika

Quelle: Reuters EcoWin (Eurostat); Berechnungen des IMK

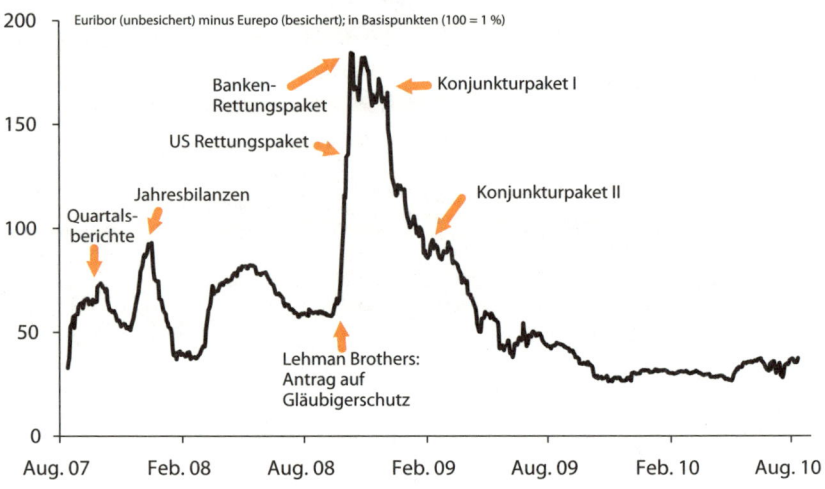

Abbildung 14: Zinsdifferenz am Interbankenmarkt

Euribor (unbesichert) minus Eurepo (besichert); in Basispunkten (100 = 1 %)

200

150

Banken-
Rettungspaket

Konjunkturpaket I

US Rettungspaket

Jahresbilanzen

Konjunkturpaket II

100

Quartals-
berichte

50

Lehman Brothers:
Antrag auf
Gläubigerschutz

0

Aug. 07   Feb. 08   Aug. 08   Feb. 09   Aug. 09   Feb. 10   Aug. 10

Abbildung 15: Arbeitsmarktindikatoren ausgewählter Euroraumländer seit Euro-Einführung, 1998 = 100

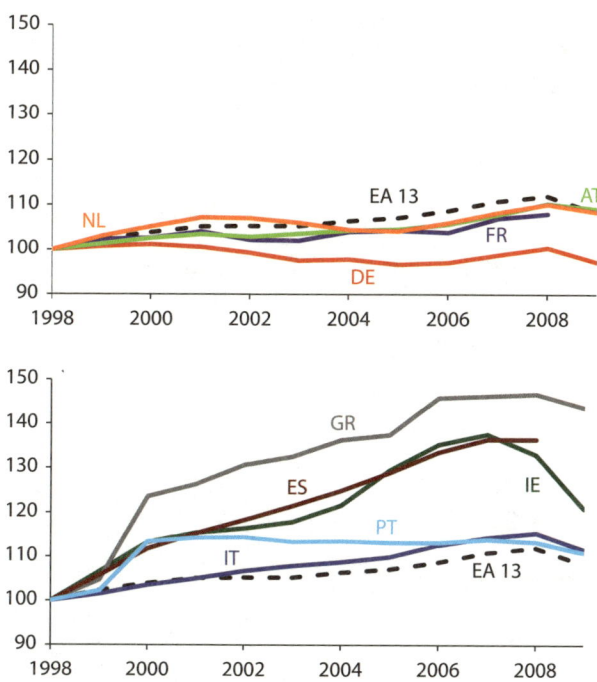

Beschäftigung in Stunden[1]

1 Aufgrund fehlender Daten wird für Portugal die Entwicklung der Erwerbstätigkeit in Stunden gemessen

AT = Österreich, DE = Deutschland, EA 13 = Euroraum (13 Länder), ES = Spanien, FR = Frankreich, GR = Griechenland, IE = Irland, IT = Italien, NL = Niederlande, PT = Portugal

Quelle: Reuters EcoWin (Eurostat); Berechnungen des IMK

Abbildung 16: Öffentliche Verschuldung

Öffentlicher Budgetsaldo

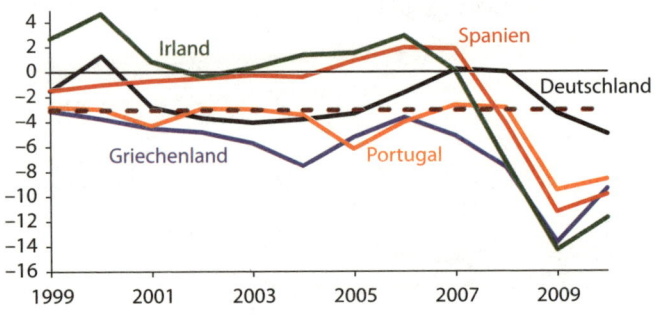

Öffentlicher Schuldenstand

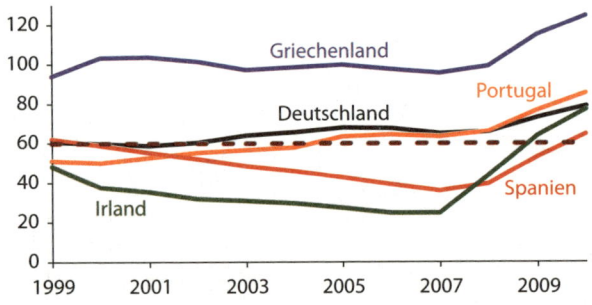

Quelle: EU-Kommission, AMECO-Datenbank, Stand: 20. April 2010;
2010: Prognose der EU-Kommission

außerdem, dass höhere Staatsausgaben und gezielte Investitions-anreize eine wesentlich deutlichere konjunkturelle Wirkung haben als pauschale Steuersenkungen.[46] Es zeigt sich auch, dass Konjunk-turprogramme umso wirksamer sind, je niedriger zu Beginn des konjunkturellen Einbruchs die Staatsverschuldung ist. Ein hoch verschuldeter Staat würde also doppelte Schwierigkeiten haben, die Konjunktur anzuregen. Wegen der bereits vorhandenen hohen Schul-den bekommt ein solcher Staat auf den Kapitalmärkten finanzielle Mittel zur Finanzierung des Programms nur zu relativ hohen Zinsen. Das vermindert dann auch noch die Wirkung des Programms, weil die Glaubwürdigkeit beeinträchtigt ist. Erstens regen sich dann Zwei-fel an einer termingerechten Bedienung der Schulden. Und zweitens entstehen Zweifel an der finanziellen Handlungsfähigkeit des Staates. Beides vergrößert die Unsicherheit, und das wiederum erschwert das Wirken konjunktureller Stimuli. Mein Fazit: Das alles ist ein starkes Argument für eine solide Haushaltpolitik in Zeiten, in denen keine Konjunkturkrise herrscht.

Gegner der Konjunkturprogramme weisen immer wieder auf eine Studie von Cogan und anderen hin, die eine nur sehr begrenzte Wir-kung von Konjunkturprogrammen entdeckt haben.[47] Diese Studie setzt jedoch die Gültigkeit genau jener ökonomischen Modellklasse voraus, die – entsprechend dem Vorkrisen-Mainstream – keine fun-damentale Unsicherheit kennt. Dass unter solchen Voraussetzungen Konjunkturprogramme nur von begrenztem Nutzen sind, ist wenig überraschend.

Das erste Konjunkturprogramm

Die empirischen Vorrausetzungen für eine korrekte Einschätzung konjunkturpolitischer Maßnahmen in Deutschland waren also eher dürftig. Vor diesem nicht allzu ermutigenden Hintergrund rang sich die Bundesregierung Anfang November 2008 doch noch zu einem Konjunkturprogramm durch. Vom gesamten Volumen her war dieses Programm nur ein Tropfen im Ozean der Krise. Aber es enthielt nach der Kontengarantie den zweiten Geniestreich im Krisenmanagement der Großen Koalition.

Das Volumen des ersten Konjunkturpakets betrug für 2009 und 2010 knapp 12 Milliarden Euro.[48] Das ist nicht einmal ein halber Prozentpunkt des Bruttoinlandsprodukts (BIP). Mit einem solch geringfügigen Volumen die tiefste Krise der Nachkriegszeit bekämpfen zu wollen, das war schon ein verwegener Gedanke. Er ist nur aus den geschilderten Widerständen und Widrigkeiten heraus zu verstehen. Es konnte sich allenfalls um einen symbolischen Akt handeln. Die Regierung wollte mit diesem Paket der Bevölkerung und den europäischen Partnern – vor allem Frankreich, das auf koordinierte Maßnahmen drängte –, zeigen, dass man die Krise ernst nahm. Mehr aber auch nicht. Die »Lahmheit« der Reaktion wird durch den Inhalt des Pakets zumindest teilweise ausgeglichen. Denn die Maßnahmen, die von ihrem Volumen her völlig unzureichend waren, erwiesen sich als äußerst effektiv – sieht man einmal von der in diesem Kontext kuriosen Befreiung von der Kfz-Steuer ab. Die verbesserten Abschreibungsmöglichkeiten, die höheren Verkehrsinvestitionen und auch die Aufstockung von KfW-Programmen zur Gebäudesanierung zeigten für sich genommen deutliche Wirkungen.

Das Glanzstück des Programms war jedoch die Verlängerung der Kurzarbeitsregelung in Kombination mit Qualifizierungsmaßnahmen. Zusammen mit der höheren internen Flexibilisierung der Arbeitszeit in den Unternehmen sorgten diese Maßnahmen dafür, dass der massive Produktionseinbruch in bemerkenswert gedämpfter Weise auf die Beschäftigung niederschlug. Die gesamtwirtschaftliche Produktion ist im Verlauf der Krise um über 5 Prozent eingebrochen. An sich hätte sich dies auf Dauer in einem entsprechend starken Rückgang der Beschäftigung niederschlagen müssen. Dieser hätte höchstwahrscheinlich sogar bei deutlich über 6 Prozent liegen müssen, da die Unternehmen ja trotz Krise zusätzlich ständig ihre Produktivität zu verbessern versuchen, also bei gleicher

Produktion mit weniger Arbeitskräften auskommen. Es hätte sich selbst unter optimistischen Bedingungen ein rechnerischer »Anpassungsbedarf« von 2,3 Millionen Arbeitskräften ergeben.[49] Andere Schätzungen sprechen sogar von über 3 Millionen.[50] In einem solchen Szenario wäre die Arbeitslosenzahl leicht über die 5-Millionen-Grenze gestiegen. Das war der Wert, der von den professionellen Prognostikern anfangs erwartet wurde. Diese Zahl stand immer im Raum.

Es kam aber ganz anders. Der erwartete verheerende Beschäftigungseinbruch ist nie eingetreten. Zwar ging die Zahl der geleisteten Arbeitsstunden schon sehr deutlich zurück, wie Abbildung 15 zeigt. Die Zahl der Beschäftigten nahm jedoch kaum ab, und die Zahl der Arbeitslosen stieg auf »lediglich« knapp 3,5 Millionen im Jahresdurchschnitt 2009. Das ist, auch im internationalen Vergleich, ein sensationelles Ergebnis. Wie wurde es nur erreicht? Indem man – symmetrisch zum vorherigen Aufschwung, in dem die Arbeitszeit ausgeweitet wurde – nun im Abschwung die Arbeitzeit einfach reduzierte. Aus konjunktureller Sicht war außerdem wichtig, dass die Löhne und Gehälter nicht in gleichem Maße schrumpften. Das war teilweise den tarifvertraglichen Übereinkünften zur Flexibilisierung der Arbeitszeit geschuldet, die eine entsprechende Kompensation vorsehen. Teilweise war es das Ergebnis staatlicher Subventionen im Rahmen der Kurzarbeitsregelung. In jedem Fall wurden so die Einkommen der Beschäftigten stabilisiert – mit der positiven Konsequenz, dass in Deutschland im Unterschied zu fast allen anderen Ländern der Konsum der privaten Haushalte im Zuge der Krise nicht einbrach. Auf diese Weise wurden die Folgen der Krise für Deutschland spürbar gedämpft. Weder gab es eine Massenarbeitslosigkeit, noch sanken die Einkommen, sie blieben sogar relativ stabil. Wer nicht infolge der Finanzmarktkrise hohe persönliche Verluste erlitt, für den blieb die Krise sehr abstrakt. Ich würde das als einen großen Erfolg werten.

Diese Arbeitsmarktpolitik verhinderte zudem längerfristige Schäden für die Volkswirtschaft. Hätten die Beschäftigten, statt durch diese Regelungen geschützt zu werden, ihren Arbeitsplatz verloren, dann wären ihre Fähigkeiten auf dem Arbeitsmarkt immer wertloser geworden. Dies hätte – gerade angesichts des demografisch bedingt schrumpfenden Arbeitsangebots – das langfristige Wachstumspotenzial der deutschen Volkswirtschaft deutlich vermindert.

Ich würde das Konjunkturpaket 1 rückblickend als einen zu kleinen Schritt in die richtige Richtung würdigen. Es war vielleicht nicht gerade frühzeitig, aber wohl noch rechtzeitig auf den Weg gebracht worden, es war jedoch sehr zielgerichtet und alle Maßnahmen waren temporär. Insofern waren die empirischen Voraussetzungen für einen Erfolg im Wesentlichen gegeben. Ein Kritikpunkt bleibt jedoch: Das Volumen des Pakets war viel zu gering.

Das zweite Konjunkturpaket

Es lag also auf der Hand, dass die Bundesregierung mit diesem Konjunkturpaket die Krise nicht in den Griff bekommen würde. Nach Beratungen mit den Tarifparteien und Ökonomen auf einem Krisengipfel im Kanzleramt legte die Regierung im Januar 2009 rasch nach und präsentierte das Konjunkturpaket 2. Und nun stimmten die Dimensionen. Das Konjunkturpaket 2 umfasste ein Volumen von rund 48 Milliarden Euro, das sind fast 2 Prozent des BIP. Hinzu kamen später – und eher unfreiwillig, weil es das Bundesverfassungsgericht so beschlossen hatte – die Wiedereinführung der Pendlerpauschale und das Bürgerentlastungsgesetz, mit dem die Beiträge zur Krankenversicherung steuerlich besser absetzbar wurden. Beides zusammen erhöhte das Volumen um rund 20 Milliarden Euro.

Das Gesamtpaket ist eine bunte Mixtur von Maßnahmen, in denen sich auch zahlreiche politische Kompromisse widerspiegeln – Tabelle 2 gibt einen Überblick. Sie waren notwendig, weil sich die Regierungsparteien über die Effektivität der einzelnen Maßnahmen nicht einig waren. Während CDU und CSU überwiegend zu Steuersenkungen tendierten, wollten die Sozialdemokraten eher die Ausgaben, vor

Tabelle 2: Fiskalische Impulse durch diskretionäre Maßnahmen 2009 und 2010 gegenüber 2008[1] (in Mrd. Euro)

	2009	2010
Konjunkturpaket I		
1. Erhöhung und Unterstützung von Investitionen	**1,3**	**1,4**
Erhöhung Verkehrsinvestitionen	1,0	1,0
Aufstockung Gemeinschaftsaufgabe Regionale Wirtschaftsförderung	0,2	0,1
Aufstockung KfW-Programm Energieeffizientes Bauen	0,0	0,2
Weitere KfW-Programme, z.B. Kommunalkredit	0,1	0,1
2. Steuerliche Entlastungen für private Haushalte	**0,4**	**1,0**
Kfz-Steuerbefreiung 2009/10	0,4	0,1
Erhöhte steuerliche Förderung für Handwerksdienstleistungen		0,9
3. Steuerliche Entlastungen für Unternehmen	**2,2**	**4,7**
Degressive AfA 25 %	1,9	4,3
Sonderabschreibung KMU	0,2	0,4
4. Maßnahmen der Bundesagentur für Arbeit	**0,3**	**0,5**
Summe	**4,2**	**7,6**
Konjunkturpaket II		
1. Zukunftsinvestitionen der öffentlichen Hand	4,0	11,0
2. Innovationsförderung des Bundes (ZIM)	0,5	0,5
3. Stärkung PKW-Nachfrage	5,0	
4. Neuregelung Kfz-Steuer	0,1	0,2
5. Förderung Forschung Mobilität	0,3	0,3
6. Beschäftigungssicherung[2]	3,0	4,0
7. Senkung der Einkommensteuer	3,1	5,6
8. Beiträge zur GKV	3,0	6,0
9. Familien-/kinderbezogene Leistungen	2,0	0,3
Summe	**20,9**	**27,8**
Weitere konjunkturstützende Maßnahmen		
Pendlerpauschale	5,4	3,1
Bürgerentlastungsgesetz	2,5	9,6
Summe	**7,9**	**12,7**
Summe Konjunkturpakete I + II + weitere konjunkturstützende Maßnahmen	**33,0**	**48,1**
Sonstige diskretionäre Maßnahmen	**3,4**	**0,5**
Summe Große Koalition	**36,4**	**48,6**
in % des BIP	1,5	2,0
Maßnahmen der neuen Bundesregierung		12,1
Wachstumsbeschleunigungsgesetz		6,1
Entlastungen für Unternehmen		0,7
Erhöhung des Kindergeldes/der Kinderfreibeträge		4,3
Entlastungen bei der Erbschaftsteuer		0,2
Senkung Umsatzsteuer Hotelgewerbe		0,8
Ausgabenerhöhungen		6,0
Summe Große Koalition + neue Bundesregierung	**36,4**	**60,7**
in % des BIP	1,5	2,5

1 Ohne makroökonomische Rückwirkungen.
2 Beschäftigungssicherung setzt sich zusammen aus: SV-Beiträge Kurzarbeit, Aktivierung und Qualifizierung, 5000 zusätzliche Stellen Arbeitsagentur, Stabilisierung ALV bei 2,8 % 2. Hälfte 2010.
Quellen: BMF; Projektgruppe Gemeinschaftsdiagnose (2009); Koalitionsvertrag; Tagespresse; Schätzungen des IMK.

allem die öffentlichen Investitionen erhöhen. Aus konjunkturpolitischer Sicht ist dieser Vorschlag eindeutig vorzuziehen. Leider kann eine solche Maßnahme nicht schnell auf den Weg gebracht werden, weil wegen der föderalen Struktur der Bundesrepublik Länder und Kommunen miteinbezogen werden müssen Es erfordert auch einfach Zeit, zulässige Investitionsprojekte festzulegen und anschließend zu planen. Darüber hinaus sollten Anforderungen an die Qualität der Projekte gestellt werden, um langfristige Wachstumschancen zu erhöhen. All dies – und das war vorab allen Beteiligten bewusst –, hatte zum Ergebnis, dass höhere öffentliche Investitionen frühestens nach einem halben Jahr beginnen würden, die Konjunktur zu stimulieren; dann aber sehr effektiv. Doch der Konjunktureinbruch war jetzt. Man hatte einfach keine Zeit zu warten.

Es war also sinnvoll, eine Kombination von Maßnahmen zu wählen. Diese sollte einerseits tatsächlich aus höheren öffentlichen Investitionen bestehen und andererseits aus schneller wirkenden Impulsen, deren Wirkung aber nicht so effektiv und zudem nicht lange anhaltend war. Steuersenkungen sind wesentlich schneller umzusetzen. Aber ihre Wirkung ist einfach nicht groß genug. Das hat auch mit den föderalen Strukturen in Deutschland zu tun. Die niedrigeren Steuern verringern die Einnahmen der kommunalen Haushalte. Da die Kommunen sich grundsätzlich nicht verschulden dürfen, ziehen Steuersenkungen automatisch Ausgabensenkungen vor allem bei öffentlichen Investitionen auf kommunaler Ebene nach sich. Das aber ist aus konjunkturpolitischer Sicht kontraproduktiv.

Wegen der schnelleren Wirksamkeit und der wirtschaftspolitischen Vorstellungen von CDU und CSU wurden dennoch einige Steuersenkungen im Rahmen des Konjunkturpakets beschlossen. Sie machen mit rund 9 Milliarden Euro im Vergleich zu den Investitionen mit 15 Milliarden Euro den geringeren Teil aus. Es bleibt aber dabei, dass sie auf kommunaler Ebene den positiven Effekt der Investitionen durch Einnahmenausfälle rein rechnerisch etwa um ein Drittel verringert haben dürften. Und das ist kein positiver Effekt.

Geniale Idee: Autos verschrotten!

Eine weitere Maßnahme im Konjunkturpaket 2 erregte lange Zeit die Gemüter: die legendäre Abwrackprämie. Es handelte sich um eine Prämie in Höhe von 2500 Euro, die jeder bekam, der sein mindestens neun Jahre altes Auto nachweislich verschrotten ließ und stattdessen einen Neuwagen kaufte. Die Mittel wurden zunächst auf 5 Milliarden Euro begrenzt, später noch einmal aufgestockt und nach dem Windhundverfahren vergeben, sprich nach Eingangsdatum des Antrags und so lange, bis nichts mehr da war.

Die meisten Ökonomen argumentierten strikt gegen eine solche Maßnahme. Sie war in der Tat ordnungspolitisch bedenklich, da sie nur einem Sektor, der Automobilbranche, zugute kam. Außerdem befürchtete man hohe Mitnahmeeffekte, weil die Prämie ja auch von Menschen in Anspruch genommen wurde, die sich ohnehin einen Neuwagen kaufen wollten. Daraus würde also kein Konjunkturimpuls entstehen. Viele Skeptiker prognostizierten auch, dass es zu Sickerungsverlusten durch Importe kommen wurde. Da der Betrag von 2500 Euro sich vor allem beim Kauf von Kleinwagen lohnt, nicht aber bei teuren Limousinen des Premiummarktes, war absehbar, dass in erster Linie importierte Autos von der Prämie profitieren würden. Damit würde man doch eher Arbeitsplätze im Ausland sichern. Die deutschen Hersteller, die tendenziell im Premiumsegment des Marktes angesiedelt sind, würden fast leer ausgehen. Alle diese Bedenken schienen auf den ersten Blick berechtigt zu sein. Doch die Bundesregierung beugte sich dem Druck der Tarifparteien in der Automobilindustrie, die von der Krise besonders stark betroffen war, und führte die Abwrackprämie ein. Und siehe da: Es funktionierte!

Es entstand geradezu ein Run auf Neuwagen, der die Produktion der Automobilhersteller zumindest ein wenig aus dem tiefsten Tal holte. Ein Wunder? Wohl kaum. Was war geschehen? Die Regierung hatte, ohne es wahrscheinlich bewusst anzustreben, das Geheimnis von Konjunkturpolitik entdeckt. Erzeuge Zeitdruck und gib finanzielle Anreize für mehr Ausgaben, dann wird das selbst in einer tiefen Krise funktionieren und die Krise wird gedämpft. Im Idealfall ist so ein Strohfeuer der Funke für einen wiedergekehrten Optimismus, der die privaten Haushalte dann von alleine zu weiteren Ausgaben veranlasst: Die Krise wird überwunden.

So weit reichte es bei der Abwrackprämie nicht, aber sie führte zu deutlich mehr Ausgaben für Neuwagen. Diese Ausgaben waren Einnahmen der Automobilproduzenten und ihrer Händler. So wurden Produktion und Handel auf diesem so stark gebeutelten Markt massiv gestützt. Natürlich profitierten besonders die Hersteller von Kleinwagen und darunter waren auch viele Importeure, aber selbst der Absatz von Premiummodellen zog an. Auch wenn ausländische Hersteller den relativ höchsten Nutzen aus dieser Maßnahme zogen, setzte der VW-Konzern als deren Folge absolut die meisten zusätzlichen Autos ab. Zudem brachte die Abwrackprämie für alle Autohändler in Deutschland zusätzliche Erlöse. All dies wirkte – wie beabsichtigt – nur für eine begrenzte Zeit. Aber diese gewonnene Zeit war wertvoll, denn sie erwies sich als Brücke – bis die ausländische Nachfrage nach Neuwagen wieder anzog und die Investitionsprogramme zu wirken begannen. Damit ergänzte sie in idealer Weise das Kurzarbeitsprogramm: Indem die Produktion in einem der am stärkten betroffenen Sektoren stabilisiert wurde, gab es dort automatisch weniger Kurzarbeit. Das führte nicht zuletzt zu niedrigeren Kosten für den Staat, der sich ohnehin schon an den Mehrwertsteuereinnahmen aus dem sprudelnden Neuwagenverkauf schadlos halten konnte. Das war gute Konjunkturpolitik und auch ein gutes Geschäft für den Finanzminister.

Ab Jahresmitte 2009 zeigten dann auch die Investitionsprogramme allmählich Wirkung. Zunächst schlug sich das nur in den Auftragsbüchern der Bauindustrie und des Handwerks nieder, später auch in der Produktionsleistung. Die Bauwirtschaft entwickelte in der Folgezeit mehr und mehr Dynamik, sodass die Konjunkturpakete trotz der Fehler im Einzelnen insgesamt eine spürbar positive Wirkung entfalteten.

Die Bundesregierung der Großen Koalition hat damit richtig reagiert, auch wenn sie die entscheidenden Ursachen der Krise zu sehr auf die falsche oder gar fehlende Regulierung des Finanzsektors verengte. Die Probleme durch marktwirtschaftliche Unsicherheit und die drastisch zunehmende Ungleichheit wurden nicht gesehen. Es fehlte der Regierung außerdem die Zeit, diese Probleme anzugehen. Mit der Wahl 2009 war ihre Zeit vorbei – eine neue Koalition aus CDU/CSU und FDP hat nun das Heft in der Hand.

Über die Schwierigkeit einer europäischen Koordination

Im Zuge der Finanzkrise, die ein beispielloser Stresstest für die bestehenden Institutionen ist, wurde offenkundig, dass die europäische Koordination der Wirtschaftpolitik einem chaotischen Trümmerhaufen gleicht. Wie komme ich zu diesem harten Urteil? Zunächst zu dem »Trümmerhaufen«. Keine Regierung der EU und des Euroraums ist in der Lage oder willens, Antworten aus europäischer Perspektive auf die Krise durchzusetzen. Das gilt auch für die beiden Bundesregierungen, die während der Krise agierten. »Chaotisch« sind die Verhältnisse, weil auf diesem Trümmerhaufen Entscheidungen getroffen werden, die sowohl Positives wie auch Negatives bewirken. Leider laufen diese Entscheidungen auch in sehr unsystematischer Weise ab. Verlässlichkeit, in Krisenzeiten besonders wichtig, entsteht so nicht. Aber alles der Reihe nach.

Die Finanzkrise ist eine globale Krise. Es geht also nicht um die Interessen einzelner Länder, selbst wenn einzelne Volkswirtschaften stärker betroffen sind als andere, sondern es geht um die Weltwirtschaft als Ganzes. Es geht auch um die EU und den Euroraum als Ganzes und seine Rolle in der Weltwirtschaft. Man erinnere sich: Eigentlich waren der europäische Binnenmarkt und der Euroraum mit seiner gemeinsamen Währung nicht zuletzt deshalb gegründet worden, um in einer zunehmend verflochtenen Weltwirtschaft mit einem großen Binnenmarkt erfolgreich globalen Belastungen widerstehen zu können. Die Voraussetzungen hierfür sind gut. Der europäische Binnenmarkt ist bezogen auf die Kaufkraft der größte der

Welt. Die Währungsunion schützt zudem das Gros der EU-Länder zusätzlich noch vor internen Turbulenzen durch Wechselkurskrisen. Mit anderen Worten: Europa hat ein hohes Potenzial, weltwirtschaftliche Krisen gut zu überstehen. Doch wie schlecht wird dieses Potenzial genutzt!

Die Voraussetzung dafür, dass die europäische Stärke in einer Krise zur Geltung kommt, wäre eine gemeinsame europäische Wirtschaftspolitik aus europäischer Sicht. Das würde bedeuten, dass allein die Gesamtschau für die EU oder zumindest den gemeinsamen Währungsraum zählt – nicht die Einzelinteressen der verschiedenen Länder oder ein Kompromiss zwischen diesen verschiedenen Interessen, der dann vielleicht der Mehrheit der Mitgliedsländer, aber nicht dem Ganzen dient. Leider sind diese Kompromisse in der EU und im Euroraum an der Tagesordnung. Abgesehen von der Geldpolitik innerhalb des Euroraums gibt es keine Wirtschaftspolitik aus rein europäischer Perspektive, und es gibt, abgesehen von der EZB, auch keine Institution, die dazu in der Lage wäre.

Insofern ist es keine Überraschung, dass die EU auf die globale Finanzkrise holprig reagierte. Obwohl den meisten Regierungen der EU sofort klar war, dass diese Krise eine schnelle Reaktion erforderte, dauerte es sehr lange, bis so eine Art gemeinsamer Reaktion überhaupt zustande kam. Das galt sowohl für die Rettung des Finanzsektors als auch für konjunkturstabilisierende Maßnahmen. Ich finde es auch bemerkenswert, dass die Bundesregierung anfangs zu den besonders harten Gegnern einer europäischen Koordination gehörte. Dagegen forderte der französische Präsident schon recht frühzeitig ein gemeinsames Vorgehen. Und das hatte Folgen. Zu Beginn der konjunkturellen Krise war aus der Sicht des Euroraums die Geldpolitik ziemlich auf sich allein gestellt. Sie reagierte dann auch mit massiven Zinssenkungen und scheute so zu Recht nicht vor einem radikalen Kurswechsel im Vergleich zum Sommer 2008 zurück.

Die Gründe für die zunächst abweisende Haltung der Bundesregierung liegen auf der Hand: Sie befürchtete, dass unter dem Deckmantel eines gemeinsamen europäischen Vorgehens gegen die Krise der im europäischen Vergleich relativ solide Bundeshaushalt zugunsten der europäischen Partner geplündert werden sollte. Um genau das zu verhindern, hatte der französische Präsident ein Konjunkturprogramm für jeden Mitgliedsstaat in Höhe von 1 Prozent seines Bruttoinlandsproduktes vorgeschlagen. Dieses Programm wäre für den Bundeshaushalt nicht belastender gewesen als für andere. Es spricht also vieles dafür, dass sich hinter dieser Ablehnung letztlich nur die generelle Skepsis gegenüber Konjunkturprogrammen verbarg – gepaart mit den in weiten Kreisen der deutschen Politik mittlerweile tief verankerten Zweifeln gegenüber der Europäischen Währungsunion.

Dabei wäre ein rasches gemeinsames Vorgehen insbesondere aus deutscher Sicht ökonomisch besonders sinnvoll gewesen. Wie die meisten kleineren Länder des Euroraums ist auch die ökonomische »Mittelmacht« Deutschland im Vergleich zu den übrigen Ländern besonders stark vom Außenhandel abhängig. Unter diesen Voraussetzungen ist es schwierig, die Konjunktur allein mit national isolierten Maßnahmen zu stimulieren. Ein relativ großer Teil der Stimulanz versickert wegen der intensiven Verflechtung mit dem europäischen Ausland in der Importnachfrage. Sie wird daher nicht im Inland wirksam, sondern im Ausland. Nationale Fiskalpolitik verlor in Deutschland immer mehr an Bedeutung und wirkte nur noch schwach. Das ist ein beliebtes Argument gegen jeglichen Versuch, die Konjunktur zu stabilisieren. Dass die Wirkung auf diese Weise eingeschränkt ist, heißt aber nicht, dass sie gleich null ist. Die meisten Berechnungen zeigen eine verminderte, aber durchaus positive Wirkung. Daher ist es auch in außenwirtschaftlich stark verflochtenen Volkswirtschaften nach wie vor sinnvoll, die Konjunktur in Zeiten der Krise zu stabilisieren.

Ich bin sicher, dass sich die Effektivität einer Konjunkturpolitik deutlich steigern lässt, wenn sie in einem internationalen Verbund erfolgt. Das ist gerade dann sehr wirkungsvoll, wenn der konjunkturpolitische Verbund zwischen den wechselseitig wichtigsten Handelspartnern stattfindet. Der Impuls versickert dann gerade nicht, weil er im Ausland durch dortige Konjunkturprogramme gespiegelt wird. Es kommt zu einer sehr positiven Wechselwirkung. Die Importe steigen als Folge des eigenen Programms und ebenso die Exporte als Folge der Programme der anderen. Der Effekt ist umso größer, je enger der Handelsverbund ist.

Genau das ist innerhalb des Euroraums und der EU in nahezu idealer Weise der Fall. So ist es keine Überraschung, dass nach Berechnungen des Sachverständigenrates (SVR) und des Instituts für Makroökonomik und Konjunkturforschung (IMK) der Wirkungsgrad der Konjunkturpolitik durch ein gemeinsames europäisches Vorgehen nahezu (IMK) oder sogar vollständig verdoppelt (SVR) werden kann. Gerade aus deutscher Sicht – man denke an den hohen Außenhandelsanteil – hätte ein koordiniertes Vorgehen bei gleicher Wirksamkeit entweder ein geringeres finanzielles Volumen für die Konjunkturprogramme erfordert, oder aber deren Wirkung wäre umso höher gewesen. Das macht die deutsche Blockadehaltung besonders unverständlich. Sie ist nur mit Unverständnis oder politischem Unwillen zu erklären. Das alles zeigt, dass noch ein weiter Weg bis zu einer wahrhaft wirksamen europäischen Integration zu gehen ist. Und das wurde auch im weiteren Verlauf der Krise deutlich.

Kurzfristig führte bis zum Frühjahr 2009 Pragmatismus auch zum Ziel. Früher oder später sahen alle Mitglieder der europäischen Währungsunion ein, dass Konjunkturprogramme erforderlich waren. Daher kam, wenn auch weder koordiniert noch gleichzeitig, ein Impuls zustande, der für die Währungsunion insgesamt eine zögerliche konjunkturelle Wende zum Besseren einleitete. Der stärkste Beitrag kam dabei ausgerechnet von dem Land, das zu Beginn zu den zögerlichsten gehörte: Deutschland.

Der mühsame Erfolg

Alles in allem möchte ich doch vorsichtig von einer positiven Bilanz sprechen. Trotz des allgemeinen Widerwillens ist die Wirtschaftspolitik in der akuten Krisenbekämpfung den historischen Herausforderungen sowohl auf globaler als auch – mit Abstrichen – auf europäischer Ebene gerecht geworden. Man muss sich nur immer vor Augen halten, was auf dem Spiel stand. Die Krise auf den Finanzmärkten hätte unweigerlich eine weltweite Depression zur Folge gehabt, wenn die Staaten nicht aktiv in das Wirtschaftsgeschehen eingegriffen hätten. Zwar wären die Folgen einer globalen Depression nicht ganz so gravierend gewesen wie noch in den 1930er Jahren. Die heute erheblich besser ausgebauten Sozialsysteme hätten die Not der Arbeitslosigkeit gelindert und zugleich die Konjunktur stabilisiert. Dennoch wären die Folgen gravierend gewesen. Das wurde durch das mehr oder minder entschlossene Handeln verhindert.

Die Geldpolitik war in dieser Hinsicht ein Vorreiter. Das hat nicht zuletzt mit ihrer ohnehin schon gegebenen weltwirtschaftlichen Verknüpfung zu tun. Schließlich hatten sich zumindest die großen Zentralbanken bei anderen Gelegenheiten global abgestimmt, sodass das koordinierte geldpolitische Vorgehen während der Krise nichts Neues war. Es war aber klar, dass die Geldpolitik zumindest anfangs nur einen sehr begrenzten und indirekten Beitrag zur wirtschaftlichen Stabilisierung leisten konnte. Ihre Aufgabe bestand im Wesentlichen darin, das Bankensystem zu konsolidieren. Niedrige Zinsen und die großzügige Bereitstellung von Liquidität waren hierfür die entscheidenden Voraussetzungen. Sie ermöglichten es den Banken, günstig Geld zu bekommen, das sie zu höheren Zinsen wieder verleihen konnten. Auf diese Weise konnten sie leichte Gewinne erwirtschaften und so ihre Eigenkapitalbasis stärken. Das war nach den verheerenden Folgen der Krise auch dringend erforderlich. Direkte Impulse, die Konjunktur zu beleben, wie dies in normalen konjunkturellen Schwächephasen der Fall ist, konnten so jedoch kaum entstehen.

Diese Aufgabe kam der Fiskalpolitik zu. Die globale Koordination dieses Bereichs war, anders als bei der Geldpolitik, weitgehend Neuland und daher besonders heikel. Dennoch führte bei allen Schwierigkeiten ein gesunder Pragmatismus letztendlich dazu, dass in allen global wichtigen Volkswirtschaften Konjunkturprogramme aufgelegt wurden. Allen voran geschah dies in den asiatischen Ländern. Unter ihnen ist besonders China zu nennen, wo ein Programm in Höhe von 13 Prozent des BIP initiiert wurde, das vor allem aus einer Modernisierung der Infrastruktur bestand. Das war vorbildlich – nicht nur aus nationaler chinesischer Sicht, sondern vor allem aus weltwirtschaftlicher Perspektive. China, das wie Deutschland über hohe Exportüberschüsse verfügt, kam in dieser Hinsicht eine besondere Verantwortung zu. Diese Krise hatte eines deutlich gemacht: Das Zeitalter nationaler Wirtschaftspolitik ist endgültig vorbei. Der Globalisierung der Märkte musste zwangsläufig die Globalisierung der Wirtschaftspolitik folgen.

Die Konjunkturprogramme für Deutschland genügten trotz der vielstimmigen Kritik an manchen Maßnahmen insgesamt den Anforderungen, die notwendig sind, um Erfolg zu haben. Meine Einschätzung orientiert sich an den drei T von Elmendorf und Furman und sieht so aus: Wirklich frühzeitig waren diese Maßnahmen nicht, aber sie wurden immerhin mitten in der tiefsten Krise verabschiedet und leisteten schon deshalb einen wichtigen Beitrag, um die Erwartungen zu stabilisieren. Der grassierende Pessimismus wurde eingedämmt.

Die Maßnahmen waren zum Großteil auch zielgerichtet. Der Automobilbranche wurde gezielt durch die Abwrackprämie geholfen; der Industrie insgesamt durch die Kurzarbeitsregelung und durch Kreditgarantien für durch die Bankenkrise in Schwierigkeiten geratene Unternehmen. Die auf den deutschen Binnenmarkt orientierte Wirtschaft wurde durch die Investitionsprogramme unterstützt. Die Binnennachfrage wurde außerdem durch die Steuersenkungen angeregt. Die meisten Maßnahmen waren auch temporär, sodass für bestimmte Ausgaben ein zeitlicher Druck bestand. Eine wichtige Ausnahme bildeten die Steuersenkungen, die permanent angelegt waren. Ihr Beitrag zur Stimulanz der Konjunktur ist daher eher gering, zumal sie auf kommunaler Ebene wegen der Einnahmeausfälle sogar kontraproduktiv wirkten. Alles in allem hätte es viel schlimmer kommen können, wenn die Regierung nicht so gehandelt hätte.

Der Erfolg stellte sich dann auch ein. Schon im zweiten Quartal 2009 wuchs die Wirtschaft in Deutschland wieder, auch wenn das Wachstum zunächst noch nicht sehr stark ausgeprägt war. Dieses positive Resultat kam im Wesentlichen durch die Abwrackprämie zustande, die die Konsumausgaben der privaten Haushalte für den Kauf von Neuwagen spürbar steigen ließ. Hinzu kam, dass der Staat seine Ausgaben beispielsweise für die Subventionierung von Kurzarbeit deutlich erhöhte. Ab Mitte 2009, als die Effekte der Abwrackprämie schon deutlich nachließen, zogen die Exporte vor allem nach China und in das übrige Asien merklich an, sodass Deutschland 2010 auf einen kräftigen Erholungskurs einschwenkte.

An dieser Stelle zeigen sich die positiven Auswirkungen der globalen konjunkturpolitischen Maßnahmen. Es waren ja die asiatischen Länder, allen voran China, die sich als erste und am energischsten dem Einbruch entgegenstemmten. Dies geschah vor allem durch Investitionsprogramme. Sie bewirkten, dass Produktion und Beschäftigung stark ausgeweitet wurden, was in der Folge zusätzlich den Konsum in diesen Ländern belebte. Aufgrund ihrer führenden Stellung auf den Weltmärkten konnten davon vor allem die Investitionsgüterhersteller und die Automobilproduzenten in Deutschland profitieren. Mit großem Abstand gab es ähnliche Belebungstendenzen in den übrigen europäischen Ländern und den USA. Und all das kam dem deutschen Export zugute.

Allmählich stellten sich dann auch die positiven Effekte der Investitionsprogramme ein, die die Binnennachfrage in Deutschland merklich belebten. Sowohl die Investitionen in Ausrüstungen als auch in Bauten nahmen ab Mitte 2009 deutlich zu. Angesichts der positiven Zahlen breitete sich damals sogar Euphorie aus. Der Wirtschaftminister sprach von einem »Aufschwung XXL«. Das war weit übertrieben. Aber eines steht fest: Die Konjunkturprogramme nicht nur hierzulande, sondern weltweit hatten für das Exportland Deutschland eine mustergültige Erholung eingeleitet. Ein Aufschwung war das allerdings noch nicht: Das Produktionsniveau lag immer noch deutlich unter dem Niveau, das es vor der Krise hatte. Die Kapazitäten wurden also nicht erweitert, sondern lediglich besser ausgelastet. Die Schäden der Krise waren noch nicht beseitigt, ganz zu schweigen von deren Ursachen. Aussagen wie die über einen »Aufschwung XXL«

wecken nichts als Illusionen und verhindern so die Aufarbeitung der Krise, vor allem eine intellektuelle Aufarbeitung und eine gründliche Beseitigung ihrer Ursachen. Aber vielleicht ist das gerade politisch gewollt. Denn wenn Unsicherheit der Märkte und Ungleichheit der Einkommen und Vermögen zum Thema werden, stehen bestimmte Interessen auf dem Spiel. Sich mit diesen Interessen auseinanderzusetzen ist für so manchen Politiker wohl zu riskant.

Nein, die Krise war 2010 nicht vorbei. Sie war nur weitergewandert. Nachdem sie ihre verheerenden Spuren zunächst im Finanzsektor und dann in der Realwirtschaft hinterlassen hatte, war sie nun bei den Staaten angekommen.

Schuldenkrise oder Schulden der Krise

Spätestens im Frühjahr 2010 erreichte die Krise ihr drittes Stadium. Sie wurde zu einer Krise der Staatsfinanzen. Tatsächlich war zu diesem Zeitpunkt die öffentliche Verschuldung fast überall deutlich angestiegen, wie Abbildung 16 zeigt. Die Steuerausfälle im Zuge der Finanzkrise und der nachfolgenden Konjunkturkrise rissen bereits große Löcher in die öffentlichen Haushalte. Die Einnahmen der Staaten brachen ein. Auf der Ausgabenseite schlugen in der Folge mehr und mehr die verschiedenen Rettungsprogramme erst für den Finanzsektor, dann für die Konjunktur zu Buche. Die öffentlichen Haushalte gerieten in die Zange aus sinkenden Einnahmen und steigenden Ausgaben. Sieht man nur diese Zahlen, dann scheinen sich die Befürchtungen der Gegner von Konjunkturprogrammen zu bewahrheiten: Konjunkturprogramme würden nur dazu führen, dass der Staat auf einem Berg von Schulden sitzen bliebe. Wen wundert es also, dass in Deutschland, sofort nachdem die akute Krise vorüber war, eine Debatte über den vermeintlich verschwenderischen Staat losbrach? Die Fakten interessierten wieder einmal kaum, alle stürzten sich auf das hohe Defizit und den erhöhten Schuldenstand und beklagten die Misere.

Das Interesse an der Aufklärung der Ursachen war begrenzt. Lieber debattierte man doch darüber, wie man den Einfluss des Staates eindämmen könnte, der anscheinend jede wirtschaftliche Aktivität erdrückte. Selbstverständlich haben die Rettungsprogramme die Staatsschulden erhöht. Aber was wäre ohne sie geschehen?

Eine differenziertere Argumentation geht so: Der Staat habe sich ja schon vor der Krise massiv verschuldet, man könne also die hohe Staatsverschuldung nicht einfach als Krisenfolge abtun. Das Argument ist zunächst einmal korrekt, denn schon vor der Krise lag die Schuldenquote des Staates in Deutschland bei gut 60 Prozent des BIP; also über den 60 Prozent, die nach dem europäischen Stabilitäts- und Wachstumspakt zulässig sind.

Die Ursache dafür ist aber nicht der verschwenderische Umgang mit Steuergeldern. So sind die Staatsausgaben in Deutschland zwischen 1999, dem Beginn der Währungsunion, und 2007, dem Jahr vor der Krise, im Durchschnitt pro Jahr lediglich um 1,3 Prozent gestiegen.[51] Unter Berücksichtigung der Preissteigerungen ist dies sogar ein Rückgang von 0,3 Prozent pro Jahr. Verschwendung sieht anders aus. Allerdings war der Staat an anderer Stelle tatsächlich zu großzügig. Die wahre Ursache der Staatsverschuldung ist nämlich die gleiche wie die für die deutliche Zunahme der Ungleichheit: Es sind die massiven Steuersenkungen. Und so schließt sich der Kreis. Wachsende Staatsverschuldung und wachsende Ungleichheit sind Teil des gleichen Syndroms: Es geht um eine neoliberale Politik der Staatsskepsis. Was aber ist so gefährlich an der Staatverschuldung?

Über die scheinbare und über die wahre Gefährlichkeit von Staatsschulden

Die Befürchtungen der Bundesregierung, der deutsche Staat könne sich durch Konjunkturprogramme überschulden, basiert auf Erfahrungen aus den 1970er Jahren und der Zeit nach der deutschen Wiedervereinigung. In beiden Phasen stieg die Staatsverschuldung in der

Tat steil an. Seit den 1980er Jahren hat sich als Teil der neuklassischen makroökonomischen Gegenrevolution gegen den Keynesianismus das Postulat ausgeglichener Staatshaushalte in der Ökonomie durchgesetzt. Allenfalls kurzfristig, bei unerwarteten konjunkturellen Einbrüchen und in absoluten Notlagen, darf sich der Staat verschulden. In einem Land wie Deutschland, dessen Bevölkerung immer älter wird, sollte er sogar Überschüsse anhäufen, um künftige Ansprüche an die Altersvorsorge abdecken zu können.

Teilweise wird sogar die Ansicht des amerikanischen Ökonomen Robert Barro vertreten, dass Staatsverschuldung selbst in Zeiten schwacher Konjunktur keine positive Wirkung auf die Produktion haben würde. Konjunkturpolitik führt damit zu einer immer weiter zunehmenden Staatsverschuldung. Die Vertreter dieser Theorie wählen gerne ein beeindruckendes, emotional beladenes Bild, um die Gefahr der Verschuldung zu unterstreichen: Noch unsere Kinder würden die Schulden, die wir den Staat machen lassen, in der Zukunft bezahlen müssen. Dieses Bild steckt voller Moralvorstellungen und schwerer Vorwürfe – als würde die heutige Generation sich zulasten ihrer Kinder ein leichtes Leben gönnen, indem sie den Staat für Wohltaten bezahlen lässt, deren Kosten unsere Kinder, unter dieser schweren Last ächzend, abarbeiten müssten.

Diese Bild ist mächtig, aber sehr schief. Ich habe mir ein paar Fragen gestellt, um dahinter zu kommen, zum Beispiel: Was bedeutet eigentlich Staatsverschuldung für künftige Generationen? Wie belastet sie uns wirklich? Wenn der Staat Schulden aufnimmt, so muss er für diese – wie jeder andere Schuldner – fortan Zinsen zahlen. In der Regel sind diese Zinssätze niedriger als jene, die ein privater Schuldner zahlen würde, weil der Staat als sicherer Schuldner gilt. Öffentliche Verschuldung ist also billiger als private. Die Zinsen belasten jährlich den Staatshaushalt, so lange die Schuld nicht getilgt wird. Dies schränkt, bei sonst gleichen Einnahmen, den Spielraum für andere Aktivitäten des Staates ein. Diese Belastung tritt aber sofort ein, wenn die Schulden aufgenommen werden, also nicht erst bei unseren Kindern. Die Generation der Schuldner wird ebenso von den Zinsen belastet.

Schon die Behauptung, der Staat müsse die Schulden irgendwann zurückzahlen, ist mindestens unpräzise. Im Unterschied zu einem Unternehmen oder einem privaten Haushalt, die beide nicht ewig existieren, bleibt ein Staat oder sein Rechtsnachfolger bestehen. Folglich muss er seine Schulden nicht zurückzahlen, sondern sie immer nur wieder refinanzieren und in der Zwischenzeit seinen Schuldendienst durch Zinszahlungen leisten. Medien beschwören immer wieder gerne dramatisch den Eindruck, der Staat müsse, wahrscheinlich sogar bald, seine Schulden auf Heller und Pfennig zurückzahlen. Das ist also schon mal falsch.

Eine höhere Staatsverschuldung ist bis zu einem gewissen Grad völlig harmlos. Sie kann sogar sinnvoll sein, wenn die Steuereinnahmen im folgenden Aufschwung wieder reichlicher sprudeln und genutzt werden, um die Zinsen zu zahlen oder sogar die Schuld zu tilgen. Dann vermindern sich die Belastungen wieder entsprechend. Dies ist der Idealfall; er ist aber nicht unrealistisch. Das Gleiche gilt für Investitionen des Staates. Sie fördern das Wachstum und führen auf diesem Weg zu höheren Steuereinnahmen, mit denen die Zinszahlungen bedient oder Schulden abgebaut werden. In beiden Fällen entstehen keine dauerhaften Belastungen für künftige Generationen.

Gefährlich wird Staatsverschuldung dann, wenn die höheren Steuereinnahmen nicht sachgerecht verwendet werden – wenn man sie zum Beispiel für zusätzliche Ausgaben oder für die Senkung der Steuersätze nutzt. In beiden Fällen bleibt die Belastung durch die Schulden bestehen und wird sich, falls das so weitergeht, immer weiter erhöhen. Dann würde der Handlungsspielraum des Staates immer geringer, und er könnte seine üblichen Aufgaben immer weniger erfüllen. Leider hat die Politik immer wieder ein solches Fehlverhalten gezeigt, und das nicht nur in Deutschland. So wurden im vergangenen Jahrzehnt bei reichlicher fließenden Steuereinnahmen die Steuersätze zum Teil deutlich gesenkt. Das geschah in bester Absicht, man wollte den Bürgern etwas Gutes tun. Tatsächlich hat man damit die Staatsverschuldung und die daraus resultierenden Belastungen erhöht. Das ist falsch und gefährlich. So werden tatsächlich die Bürger belastet. Und das gilt sowohl für uns heute als auch für »unsere Kinder«. Unter diesen Umständen passt diese Mahnung dann doch.

Das ist aber noch nicht das vollständige Bild. Wenn es den Schuldner »Staat« gibt, dann muss es auch Gläubiger geben, die dem Staat das Geld leihen. Das sind die Besitzer der Staatsanleihen. Sie aber profitieren von der Staatsverschuldung, denn sie erhalten genau die Zinszahlungen, die den Staatshaushalt belasten. Wenn also die Staatsschulden an die nächste Generation vererbt werden, werden auch die Staatsanleihen als Vermögen an die nächste Generation vererbt. Es gibt also zwei Klassen von Kindern: jene, die nur die höheren Steuern zahlen oder Opfer der verminderten Ausgaben sind, und jene, die vom Staat die Zinsen überwiesen bekommen.

In Wahrheit ist eine ständig wachsende Staatsverschuldung also kein Generationenproblem, sondern ein Verteilungsproblem zwischen den Gläubigern des Staates und dem Rest der Bevölkerung. Im Regelfall gehören die Besitzer von Staatsschuldtiteln nicht zu den Ärmsten einer Gesellschaft, und wenn dann auch die Ausgabenkürzungen – wie es meist von den Ökonomen gefordert wird – ausgerechnet im Sozialbereich stattfinden, dann führt eine höhere Staatsverschuldung auf Dauer zu einer verschärften Ungleichheit. Das ist das eigentliche Problem und nicht die Belastung der Kinder.

Es gibt jedoch noch eine weitere Gefahr. Die Ungleichheit kann zwar durch gezielt umverteilende Steuern gemildert werden. Aber diese Maßnahme ist nur von Erfolg gekrönt, wenn die Besitzer der Staatsanleihen überwiegend Inländer sind und der inländischen Steuerpflicht unterliegen. Befindet sich die Staatsschuld aber überwiegend im Besitz von Ausländern, greift die umverteilende Steuerpolitik nicht. Es findet über die Zinszahlungen ein fortwährend zunehmender Wohlstandstransfer ins Ausland statt, und die Inländer werden immer stärker belastet. Dann wird die Bürde einer höheren Staatsverschuldung im Verlauf der Zeit tatsächlich unerträglich schwer.

Mein Fazit: Staatsverschuldung ist nicht per se eine Gefahr. Es kann

durchaus sinnvoll sein, dass der Staat zum Beispiel zu Investitions-
zwecken Schulden aufnimmt, um das künftige Wachstum zu fördern
oder um eine Konjunkturkrise zu meistern. Gefahren entstehen erst
dann, wenn in Zeiten kräftig sprudelnder Steuereinnahmen nicht genügend gespart wird oder wenn sich der Staat vor allem im Ausland
verschuldet, weil die inländische Ersparnis nicht ausreicht.

Wer rettet den Staat?

Diese Sorgen beschäftigten auch das Parlament. Noch im Krisenjahr
2009 beschloss der Bundestag eine sogenannte Schuldenbremse mit
Verfassungsrang, die Bund und Länder zwingt, bis zum Jahr 2016
beziehungsweise 2019 ausgeglichene Haushalte vorzulegen. Ausnahmen sind nur kurzfristig bei konjunkturellen Krisen und Notlagen
zulässig. Die Schuldenbremse ist sicherlich auch ein Ausdruck des
schlechten Gewissens, das viele Wirtschaftspolitiker angesichts der
hohen Ausgaben für die Konjunkturpakete quälte. Sie wollten die
entstandene Staatsverschuldung möglichst schnell wieder zurück-
führen. Daher verpassten sie dem Staatssektor nun ein enges Korsett, das die wirtschaftliche Aktivität des Staates im kommenden
Jahrzehnt massiv beschränken dürfte. Aber wie funktioniert so eine
Schuldenbremse überhaupt?

Die Schuldenbremse besteht aus einer komplexen Regel, die angibt,
welches Defizit der Staat in einer bestimmten ökonomischen Situation machen darf. Die Komplexität dieser Regel ergibt sich daraus,
dass in Anlehnung an das von der EU-Kommission praktizierte
Verfahren die ausgewiesenen Haushaltsdefizite um konjunkturelle
Einflüsse bereinigt werden. Im Ergebnis führt das dazu, dass in konjunkturell schlechten Zeiten höhere Defizite zugelassen sind und in
guten Zeiten geringere Defizite, wenn nicht sogar Überschüsse erforderlich sind. Auf Dauer müssen die öffentlichen Haushalte ausgeglichen sein, nur der Bund darf einen geringfügigen Fehlbetrag von
0,35 Prozent des BIP zulassen. Eine Unterscheidung zwischen Inves-

titionen und Konsum des Staates gibt es nicht mehr, weil sie – nicht ganz zu Unrecht – als zu komplex und teilweise willkürlich erscheint. Folglich kann der Staat sich in Zukunft nicht mehr verschulden, um Investitionsvorhaben durchzuführen, die sich über ihre Wachstumswirkungen möglicherweise selbst finanzieren. Unterbleiben aus diesem Grund die Investitionen, wird auch das Wachstum fehlen und die Volkswirtschaft ist ärmer, als sie es ohne die Schuldenbremse wäre. Das ist der klare Nachteil dieses Prinzips.

Alle Vorbehalte gegenüber dem Staat als wirtschaftspolitischem Akteur haben in Deutschland nunmehr Verfassungsrang. Die Schuldenbremse ist ein klares Misstrauensvotum gegen die Rationalität wirtschaftspolitischer Entscheidungen. Man traut sich selbst nicht mehr über den Weg. Ich finde einen anderen Aspekt noch schlimmer: Das Funktionieren der Schuldenbremse hängt ja letztendlich von der Gültigkeit genau jener ökonomischen Theorien naiver Marktgläubigkeit ab, die in der Umsetzung ursächlich für die Krise waren. Genau daran wird die Schuldenbremse scheitern, aber dieses Scheitern wird kostspielig sein.

Der einzige Vorteil der Schuldenbremse ist, dass es nun höhere Hindernisse für Steuersenkungen in Zeiten guter Konjunktur gibt. Die Großzügigkeit von Rot-Grün zu Beginn dieses Jahrhunderts dürfte sich vor dem Hintergrund der Schuldenbremse nicht wiederholen. Und das ist gut so.

Massive Probleme werden allerdings in schlechten Zeiten und in der Übergangsphase auftreten. Die Schuldenbremse funktioniert nur so lange, wie sich die Konjunkturzyklen an die theoretischen Vorgaben für ihre Länge und Ausprägung halten. Schon auf EU-Ebene war dies ein Fehlschlag, weil die Zyklen leider nicht so regelmäßig sind, wie es uns die Lehrbücher suggerieren. Ist aber ein Einbruch tiefer oder dauert er länger als vorgesehen, muss der Staat mitten in einer schwierigen wirtschaftlichen Lage die Wirtschaft durch erzwungenes Sparen noch mehr abbremsen. Auch der umgekehrte Fall kann passieren. Ist ein Aufschwung stärker als üblich oder dauert er länger, wird die Haushaltslage von den Theorien geschönt interpretiert und der Staat spart in guten Zeiten zu wenig. Das Konzept der Schuldenbremse enthält ein grundlegendes Problem: Sie versucht, Haushaltsprobleme gleichsam mechanisch zu lösen. Damit die Mechanik der Schuldenbremse funktioniert, muss die Wirtschaft prinzipiell mechanisch sein. Genau das ist sie aber nicht. Die Krise hat gezeigt, wie Panikwellen jede Mechanik über den Haufen werfen. Die Schuldenbremse gehört in die Zeit vor der Krise. Sie wird den Staat nicht retten.

Für besonders gravierend halte ich die Probleme der Übergangszeit bis 2016 beziehungsweise 2019. In dieser Zeit muss der Haushaltsausgleich zuerst beim Bund und dann bei den Ländern geschafft werden. Es ist völlig klar, dass damit bei allen Gebietskörperschaften massive Ausgabenkürzungen sowie Steuer- und Abgabenerhöhungen anstehen. In den kommenden Jahren wird also vom Staatssektor tendenziell eine stark dämpfende Wirkung auf die Wirtschaft ausgehen. Derzeit ist nicht absehbar, dass hoch verschuldete Länder wie Bremen, das Saarland und Berlin das Ziel überhaupt erreichen können. Für Deutschland insgesamt ist eine solche Haushaltskonsolidierung jedenfalls nur realistisch, wenn in dieser Phase eine sehr dynamische Konjunkturentwicklung die vom öffentlichen Sektor ausgehenden Belastungen kompensiert. Ob das so sein wird, ist völlig ungewiss. Es hängt sehr stark vom europäischen und globalen Umfeld ab.

Schulden machen in Europa

Aber genau dieses Umfeld gibt Anlass zu noch größerer Sorge. Die Staatsverschuldung in Deutschland ist im internationalen Vergleich nicht besonders hoch, und Anleihen des deutschen Staates werden auf den internationalen Kapitalmärkten besonders geschätzt, was sich in entsprechend niedrigen Zinssätzen ausdrückt. Nicht nur für die bekannten Krisenländer Griechenland, Irland, Spanien und Portugal sind die Verhältnisse wesentlich schwieriger. Selbst in den USA und in Großbritannien hat die Staatsverschuldung ein exorbitantes

Ausmaß angenommen. Dies wirft die berechtigte Frage auf, ob wir in absehbarer Zeit nicht den einen oder anderen Staatsbankrott befürchten müssen und wer diesen Staat dann retten soll.

Wie in Deutschland macht man auch in anderen Staaten häufig den verschwenderischen Umgang finanzpolitisch unseriöser Regierungen mit Steuergeldern für die hohen Schulden verantwortlich. Das stimmt aber nur zum Teil. Schaut man sich die Entstehung der Schulden in den verschiedenen Ländern an, zeigen sich durchaus vielfältige Ursachen. Es gibt Länder wie Griechenland, wo der Staat schon vor der Krise unsolide gewirtschaftet hat. Es gibt aber auch Länder, in denen die öffentlichen Haushalte vor der Krise völlig in Ordnung waren. Hierzu gehören Spanien und Irland, die teilweise sogar Haushaltüberschüsse auswiesen und deren Schuldenstand deutlich unter der laut Stabilitäts- und Wachstumspakt zulässigen Obergrenze von 60 Prozent des BIP lag.

Allen Ländern gemeinsam ist, dass die Schulden in der Krise zum Teil dramatisch anstiegen. Das kommt durch die hohen Ausgaben zur Bankenrettung und zur Stabilisierung der Konjunktur zustande. Besonders drastisch erhöhten sich die Staatsschulden in Spanien und Irland, wo der Immobiliensektor einbrach beziehungsweise die Banken große finanzielle Unterstützung benötigten. In Griechenland stieg das Defizit vor allem deshalb an, weil das Land die zuvor falschen Zahlen korrigieren musste.

Im Kern ist der jüngste Anstieg der Staatsschulden ganz klar eine Folge der Krise. Der Staat übernimmt am Ende den Großteil jener Kosten, die durch die Krise entstanden sind. Und der Staat, das sind die Bürger, genauer gesagt die Steuerzahler. Und das ist doch der eigentliche Skandal. Sie müssen letztendlich für alles aufkommen: für die gravierenden Fehler in der Regulierung des Bankensektors, für das intellektuelle Versagen des ökonomischen Mainstreams und für das wirtschaftspolitische Desaster einer forcierten Ungleichheit.

Es ist zu befürchten, dass im Zuge der künftig notwendigen Konsolidierung der Staatsfinanzen in der nächsten Runde auch noch die Empfänger staatlicher Leistungen zur Kasse gebeten werden. Das werden voraussichtlich genau die Menschen sein, deren Einkommen im Vorfeld der Krise durch den Renditedruck der Finanzmärkte besonders gelitten haben – jene, die vor der Krise am unteren Ende der Einkommensskala waren und die diese Art der Krisenbewältigung noch weiter nach unten drücken wird. Die Ungleichheit der Einkommen vergrößert sich. Auf diese Weise wird die finanzielle Abwicklung dieser Krise zum Humus für die nächste Krise. Offensichtlich hat niemand etwas gelernt.

Wie wenig überzeugend die gesamte Strategie vor allem im Euroraum war, zeigte sich im Herbst 2009 und im Frühjahr 2010 an der Reaktion der Kapitalmärkte. Der globale Anstieg der Staatsverschuldung weckte erste Zweifel an der Solvenz der staatlichen Schuldner. Bemerkenswert war, dass sich diese Zweifel auf den Euroraum konzentrierten – aber auch in gewisser Hinsicht konsequent. Warum ist das so?

Das hat etwas mit der Struktur des Euroraums zu tun. Anders als in den USA oder anderen etablierten Staatsgebilden ist der Euroraum ein Zusammenschluss souveräner Einzelstaaten, die allerdings durch einen Binnenmarkt mit gemeinsamer Währung verbunden sind. Vor der Krise beschränkte sich die wirtschaftspolitische Koordination auf die gemeinsame Geldpolitik durch die EZB und die Beschränkung der Defizite in den öffentlichen Haushalten sowie der Höhe der Staatsverschuldung.

Die Krise enthüllte die Unzulänglichkeit dieses institutionellen Rahmens. Hinweise darauf gab es viele: die ausufernden Leistungsbilanz-Ungleichgewichte, die Schwierigkeiten, eine koordinierte Regulierung der Finanzmärkte zu erreichen, den holprigen Weg zu abgestimmten Konjunkturprogrammen und vor allem den ratlosen Umgang mit der hohen Staatsverschuldung. Die durch den Stabilitäts- und Wachstumspakt vorgegebenen Schranken wurden von fast allen Mitgliedsstaaten verletzt, weshalb die EU-Kommission pflichtgemäß gegen fast alle Mitglieder ein Verfahren wegen exzessiver Haushaltsdefizite eröffnete. Es drohte nun die kollektive Selbstbestrafung des gesamten Euroraums, oder – weil fast alle betroffen waren – es würde im Gegenteil gar nichts geschehen. Es erscheint mir ganz logisch und folgerichtig, dass ein so offensichtlich ungenügendes institutionelles Gefüge Zweifel und Ratlosigkeit hervorruft. Die Frage war nur: Wo und wie würde sich der Zweifel ökonomisch niederschlagen?

Eine griechische Tragödie

Die sensiblen Kapitalmärkte reagierten als Erste. Auslöser waren die Korrekturen der griechischen Regierung zur Höhe der öffentlichen Haushaltsdefizite. Sie wurden merklich angehoben. Das löste viele Fragen aus. War dies tatsächlich das letzte Wort zu den griechischen Defiziten, oder waren die in Wirklichkeit noch viel höher? Wie sollte man auf nationaler und auf europäischer Ebene mit diesen Schulden umgehen? War Griechenland überschuldet? Würde Griechenland von den übrigen Euroländern unterstützt werden? War womöglich der Euro in Gefahr?

Mit all diesen Fragen begann im Oktober 2009 erst zögerlich und sich dann immer stärker beschleunigend der Anstieg der Risikoprämien auf griechische Staatsanleihen.[52] Die treibenden Kräfte waren die Ratingagenturen und jene Anleger, die vor allem über CDS-Papiere und Leerverkäufe auf eine Insolvenz des griechischen Staates spekulierten. Die Ratingagenturen stuften im Laufe der Zeit die Bonität Griechenlands immer weiter herunter und befeuerten damit einen Anstieg der Risikoprämien. Höhere Risikoprämien verteuerten aber die Refinanzierung der griechischen Staatsschuld und machten damit eine Insolvenz immer wahrscheinlicher. Das ist also ein sich selbst verstärkender Prozess in Richtung Insolvenz. Je länger er dauert, desto stärker wird er – und desto schwieriger ist er zu stoppen.

Für die Beschleunigung gibt es auch noch einen anderen Grund. Mit dem immer schlechteren Rating waren institutionelle Anleger wie Banken und Lebensversicherungen, die griechische Staatsanleihen beaßen, aus regulatorischen Gründen dazu gezwungen, diese entweder zu verkaufen oder sie in ihren Bilanzen entsprechend dem

Wertverlust abzuschreiben. Das erhöhte den Druck auf den Markt und trieb die Zinsen weiter nach oben. Damit kam Griechenland in eine immer schwierigere Lage, die im April 2010 fast außer Kontrolle geriet. Irgendwann stellten sich Anleger dann zu Recht die entscheidende: Frage: Würde Griechenland bei den hohen Zinsen seine Schulden, die zudem noch zum Großteil im Besitz ausländischer Anleger sind, überhaupt noch bedienen können? Das trieb die Zinsen noch höher. Eine zerstörerische Spirale nahm ihren Lauf. Ähnliches wird ein halbes Jahr später im Fall Irlands zu beobachten sein.

Die Brisanz war nicht nur das Ergebnis einer nüchternen Schuldenstandsanalyse des griechischen Staates. Man hatte im Zuge der Diskussion auch ein institutionelles Vakuum entdeckt. Es war völlig unklar, wie der Euroraum als Verbund souveräner Staaten mit der Überschuldung eines seiner Mitgliedsländer umgeht. Auf diese Frage gibt es im gesamten Regelwerk des Euroraums keine Antwort – da steckt das Vakuum. Eine solche Situation tiefer Unsicherheit in Kombination mit verfälschten Zahlen ist eine Einladung an Spekulanten, sich ihrer Wettleidenschaft zu widmen. Und genau das geschah. Es ist in diesem Zusammenhang bemerkenswert, dass insbesondere im angelsächsischen Raum, wohl auch aus politischen Gründen, stark auf den Zerfall der Währungsunion gesetzt wurde.

Im Zuge der Griechenlandkrise zeigte sich aber auch, dass durch die gemeinsame Währung die konventionelle Reaktion von Staaten auf hohe Schulden, nämlich eine Abwertung der eigenen Währung, nicht mehr möglich ist – aus dem einfachen Grund, dass es die eigene Währung nicht mehr gibt. Ebenso wenig greifen jene innerstaatlichen Mechanismen wie ein Länderfinanzausgleich, mit dem Staaten regionale Ungleichgewichte üblicherweise auszugleichen versuchen. Solchen Mechanismen steht der politische Widerstand gegen eine Transferunion entgegen. Es ist also völlig ungeklärt, wie die europäischen Institutionen mit einer Überschuldungssituation innerhalb des Euroraums umgehen sollen.

Die ohnehin schwierige Lage wurde leider vor allem durch die Bundesregierung, hinter der sich die Regierungen einiger kleinerer

Länder versteckten, in unverantwortlicher Weise verschärft. Sie tat zunächst nämlich einfach nichts, und sie lehnte es, unter dem kräftigen Beifall des Boulevards, auch ab, etwas zu tun. Ich erinnere mich noch an die spöttischen und höhnischen Bemerkungen, die Griechen könnten einfach nicht haushalten, oder die »gut gemeinten« Ratschläge, dass Griechenland doch seine Inseln verkaufen könne, für die es ja sicherlich Interessenten gebe – es war ein würdeloses Spektakel, für das man sich als Europäer schämen muss.

An diesem unschönen Beispiel zeigt sich erneut die Unfähigkeit oder der Unwille breiter politischer Kreise, gesamtwirtschaftlich zu denken und zu handeln. Der Euroraum ist ein Binnenmarkt, und die Wirtschaftspolitik muss sich folglich immer den Anforderungen des gesamten Binnenmarktes stellen. Man kann nicht einfach einen Teil des Marktes abschneiden oder ausblenden. Die Verantwortung für einzelne Regionen dieses Marktes kategorisch zu negieren und so zu tun, als gehe Griechenland die Bundesregierung nichts an, ist realitätsfern und auf Dauer nicht durchzuhalten. Auf diese Weise wurde die Unsicherheit nicht vermindert, sondern sogar erhöht. Was wäre, wenn uns so etwas passierte?

All das war den Händlern auf den globalen Finanzmärkten wohlbewusst. Nun begannen die nächsten Wettrunden, und die Spekulation auf einen Niedergang Griechenlands heizte sich weiter auf. Und es kam noch schlimmer. Da sich die Haushaltslage in anderen Staaten des Euroraums, in Spanien und Irland, ebenfalls dramatisch verschlechterte, kam es zu noch mehr Spekulationen. Folglich stiegen für die Staatsanleihen der betroffenen Länder die Risikoprämien drastisch an. Die Krise der Staaten gewann an Breite.

Im Mai 2010, als die Börsen schon sehr nervös wurden, lenkte die Bundesregierung endgültig ein, und es kam zu einem gemeinsamen Rettungspaket von EU-Kommission und IMF für Griechenland. Außerdem wurde ein Rettungsschirm für alle Euroraum-Länder aufgezogen, den die Staaten in finanziellen Notlagen in Anspruch nehmen können. Beide Maßnahmen erlauben es den Krisenländern, ermöglicht durch die Garantien der übrigen Staaten, Kredit unter dem Marktzins aufzunehmen. So können sie die hohen Risikoprämien vermeiden. Parallel zu diesen Aktionen begann die EZB, Staatsanleihen dieser Länder ohne Rücksicht auf deren Rating aufzukaufen.

Dies war in verschiedener Hinsicht ein besonders wichtiger Schritt. Die EZB stabilisiert so den Kurs für die entsprechenden Staatsanleihen. Das schafft Vertrauen bei den Gläubigern und verminderte zugleich die Zinsbelastung für die Schuldner. Ferner reduzierte sich der Abschreibungsbedarf bei den institutionellen Gläubigern, also vor allem Banken und Lebensversicherern. Das gibt Halt in der immer noch unsicheren Lage des Finanzsystems. Viele Banken verkauften zudem Staatsanleihen an die EZB und verminderten so ihre Risiken.

Vor allem aber war dies auch ein Signal an die Ratingagenturen, dass ihr Urteil für die EZB nun ohne Bedeutung war. Man kann also getrost vom Anfang vom Ende ihres überzogenen Einflusses sprechen. Mit all diesen Schritten – Rettungsschirm, Garantien und Zentralbankkäufe von Staatspapieren – gelang es, die Märkte halbwegs zu beruhigen, auch wenn es immer wieder, bei jeder schlechten Nachricht über das Wirtschaftsgeschehen in diesen Ländern, Unsicherheiten gab und Panikverkäufe aufflackerten. Insbesondere verschafften diese Schritte den unter Druck geratenen Staaten eine Atempause an den Finanzmärkten. Für die Laufzeit des Rettungsschirms brauchen sie de facto den Kapitalmarkt nicht in Anspruch zu nehmen. Damit sind sie unabhängig von den hysterischen Wellenbewegungen des Kapitalmarktes in Krisenzeiten.

Die Unterstützung der Gemeinschaft der Euroraumstaaten hat in Verbindung mit den Interventionen der EZB die in Bedrängnis geratenen Mitglieder der Währungsunion gerettet. Wieder einmal zeigte sich auch in diesem Stadium der Krise, dass soziale Risiken, die immer mit gravierenden Unsicherheiten für viele verbunden sind, nur durch Kooperation und durch gemeinschaftliches Handeln aufgefangen werden können. Viele Medien, Politiker und Ökonomen vertreten dennoch die weit verbreitete und durch die vorherrschende

Theorie gestützte Sichtweise, dass solche Notsituationen stets individuell interpretiert und gelöst werden sollen. Das aber wird der prinzipiellen Natur des Problems nicht gerecht.

Diese Philosophie des Einzelfalls wurde besonders im Falle Griechenlands anfangs breit ausgewalzt. Die Vorwürfe reichten von der vermeintlichen notorischen Faulheit aller Griechen und Südländer bis hin zum kollektiven Betrug an Europa. Folglich seien auch nur sie allein dafür verantwortlich, ihre Notlage zu überwinden. Es sollte keinerlei finanzielle Unterstützung durch die übrigen Euroraum-Staaten gewährt werden.

Diese Haltung hatte vor allem in Deutschland einen breiten Rückhalt in der Bevölkerung. Das ist einerseits verständlich. Schließlich war man selber über ein Jahrzehnt lang außerordentlich bescheiden gewesen und hat in der Ära des Lohndrucks massive Einbußen des eigenen Lebensstandards hingenommen. Zweifellos wurden in Griechenland, aber auch in Spanien und Irland gravierende wirtschaftspolitische Fehler begangen. Andererseits sind aber auch jene Länder, die mittels Lohndruck und Umverteilung ihr Wachstum auf Exportüberschüsse gründeten, mitverantwortlich für die Krise der Staatsfinanzen in diesen Ländern. Da müssen sich die Deutschen auch an die eigene Nase fassen. Aus dieser Verantwortung können sie sich nicht einfach mit dem Rückgriff auf Klischees wegstehlen. Ob sie es nun wahrhaben wollten oder nicht: Die Bewältigung der Krise in Griechenland (oder Spanien oder Irland) ist eine Angelegenheit aller Mitgliedsländer des Euroraums. Beide Seiten müssen sich in einer Währungsunion stabilitätsgerecht verhalten und sich entsprechend anpassen.

Das fehlende Gleichgewicht der Märkte

Die Krise um die Staatsfinanzen enthüllt Zusammenhänge in einer Währungsunion, die zuvor sträflich vernachlässigt wurden. Entgegen aller populären grauen Theorie kann es sehr wohl innerhalb einer Währungsunion zu Leistungsbilanzkrisen und damit zu einem Schuldenproblem kommen. Der Grund dafür ist, dass der vermutete längerfristige automatische Ausgleich der Leistungsbilanzsalden nicht stattfindet. Um das zu verstehen, möchte ich noch einmal einen Ausflug in diese ideale Theorie machen. Demnach hätten Defizitländer, für die aufgrund ihrer Wettbewerbsprobleme ein schwächeres Wachstum erwartet wurde, über geringere Inflationsraten über kurz oder lang eine Wende zum Besseren im Außenhandel erreichen müssen. Umgekehrt hätte man erwarten können, dass Länder mit hohen Überschüssen ein höheres Wachstum und höhere Inflationsraten aufweisen sollten, sodass für sie eher eine Wende zum Schlechteren im Außenhandel eintreten müsste. Beide Tendenzen zusammen hätten auf Dauer zu einer Gleichgewichtssituation geführt. Und genau das ist nicht geschehen. Das Vertrauen in Gleichgewichtsautomatismen erweist sich als nicht gerechtfertigt.

Hiefür gibt es zwei Gründe. Der eine ist die Geldpolitik, die einen einheitlichen Zins für den gesamten Euroraum festsetzt. Dieser Einheitszins verhindert den Ausgleich. Denn ausgerechnet in Ländern mit hoher Inflationsrate führt diese Regel dazu, dass es relativ billig ist, sich zu verschulden. Schließlich entwerten die Schulden sich über die höhere Inflationsrate relativ schnell. Das trägt kurzfristig durchaus dazu bei, das Wachstum noch stärker anzutreiben. So sind Investitionen unter diesen Umständen leicht zu finanzieren. Längerfristig bilden sich mit fortwährend hoher Investitionsneigung möglicherweise spekulative Blasen. In jedem Fall bleiben die Inflationsraten hoch.

Umgekehrt verhält es sich in Ländern mit niedriger Inflationsrate. Hier ist es vergleichsweise teuer, sich zu verschulden. Das Ergebnis sind niedrigere Investitionen und ein fortwährend gedrücktes Wachstum mit fortwährend niedrigen Inflationsraten: kein Ausgleich in Sicht. Erst eine Krise, in der die Investitionsblasen platzen und die Schulden bleiben, erzwingt eine Umkehr.

Der zweite Grund ist der, dass innerhalb der Nationalstaaten Leistungsbilanzkrisen irrelevant sind und man daher auch keine auf europäischer Ebene erwartete. Dabei wird gern übersehen, dass es innerhalb der Nationalstaaten kompensierende Mechanismen gibt. In Deutschland ist das zum Beispiel der Länderfinanzausgleich. Er verhindert, dass einzelne Länder finanziell ins Bodenlose fallen, während andere völlig vom nationalen Durchschnitt abheben. Man kann dies als eine Transfergemeinschaft bezeichnen, und genau diese ist auf europäischer Ebene bislang politisch nicht erwünscht. Genau dann besteht aber auf einem Binnenmarkt und bei einheitlicher Geldpolitik das Risiko von Leistungsbilanzkrisen, mit der Gefahr, dass sich einzelne Mitglieder überschulden. Die Überschuldung trifft in der Krise nicht nur den Schuldner selbst, sondern auch seine Gläubiger, die ihr Kapital dann teilweise abschreiben müssen.

Das müsste eigentlich auch die bittere Erkenntnis für die Wirtschaftspolitik in Deutschland sein: Fortwährende Lohnzurückhaltung führt zur Kapitalvernichtung. Sie ist also auf längere Sicht nicht einmal im Interesse derer, die kurzfristig von ihr profitieren. Ich meine die Unternehmen oder Privatanleger, die ihr Vermögen durch die (als Folge der gedrückten Löhne) hohen Renditen steigern konnten und es dann im vermeintlich dynamischeren Ausland anlegten. Mit den Blasen platzten viele Hoffnungen auf Rendite. Des Reichtums fette Beute fault, wenn sie nicht solide erwirtschaftet ist.

Der Verlauf der Krise – ein zweites Zwischenfazit

Die Krise entfaltete sich erst langsam und dann dramatisch im Finanzsektor, griff mit bislang unbekannter Geschwindigkeit auf die Industrie über, um schließlich in eine staatliche Schuldenkrise zu münden. Das zeigt, wie die Lasten der Krise gewandert sind und wie sie letztlich bei der Allgemeinheit landeten. Dies ist der nahezu zwangsläufige Verlauf sozialer Risikolagen. Sie sind weder individuell zu bewältigen noch, ab einer gewissen Größe, von einem einzelnen oder mehreren Sektoren einer Volkswirtschaft. Nur die Gesellschaft als Ganzes kann das leisten.

Für den Euroraum gilt das Gleiche auf höherer Ebene. Die Schuldenkrise einzelner Staaten kann nicht von ihnen alleine gemeistert werden. Alle Mitglieder der Gemeinschaft müssen dafür einstehen. Das hat auch nichts mit der Schuldfrage zu tun, die man gesondert betrachten muss. Die primäre Verantwortung liegt sicherlich im Fehlverhalten des Finanzsektors. Aber die Krise enthüllte schonungslos alle wirtschaftspolitischen Fehlleistungen, die dazu beigetragen haben, dass eine so gefährliche Konstellation überhaupt entstehen konnte. Da ist zum einen die falsche Vorstellung eines in sich stabilen Marktsystems, die von den meisten Ökonomen vertreten wurde. Dazu gehören auch die fortwährende zunehmende Ungleichheit von Einkommen und Vermögen und schließlich das unseriöse Wirtschaften einzelner Staaten.

Vor diesem Hintergrund kann die Reaktion vieler Ökonomen und einzelner Wirtschaftspolitiker in Deutschland nicht anders als zynisch genannt werden, wenn sie mit Blick auf die erhöhte Staatsverschuldung den Staat als wahren Schuldigen benennen. Das ist eine völlige Verdrehung von Ursache und Wirkung. Umgekehrt wird ein Schuh draus: Es gibt derzeit keine staatliche Schuldenkrise, sondern der Staat sitzt auf den Schulden der Krise.

Umso drängender stellt sich mir die Frage, wie diese Krise überwunden werden kann und wie die Staaten ihre Schulden wieder loswerden. Noch wichtiger ist die Erkenntnis, dass sich die Wirtschaftspolitik vor allem in Deutschland grundlegend ändern muss, wenn wir die nächste Krise verhindern wollen. Eine neue Krise träfe auf einen geschwächten Staat, eine finanziell ausgezehrte Gesellschaft, die eine solche Herausforderung wohl kaum bewältigen könnte. Eine Zeitenwende in der Wirtschaftspolitik ist vonnöten. Es bedarf einer neuen gesamtwirtschaftlichen Ordnung.

Das Steuer herumreißen

Scio nescio
(Ich weiß, dass ich nichts weiß)
Sokrates

Prinzipien einer künftigen gesamtwirtschaftlichen Ordnung

Die gesamtwirtschaftliche Politik des vergangenen Jahrzehnts ist gescheitert. Die Rückkehr zu ihren Prinzipien wäre wie die Aussaat für eine neue Krise. Die bittere Ernte würde folgen. Dennoch erwecken viele Ökonomen und Politiker in Deutschland gerne den Eindruck, eine solche grundlegende Änderung sei überflüssig. Nach der Krise, die gemäß ihrer Logik einen einmaligen Ausnahmefall darstellte, der besondere Reaktionen erforderte, könne man getrost zum üblichen Verhalten der Vorkrisenzeit zurückkehren. Man müsse sogar noch härter an den Prinzipien der Vergangenheit festhalten. Das bezieht sich vor allem auf die Aktivitäten des Staates – sie müssen aus der Sicht der Vergangenheitsanhänger in ein noch engeres und härteres Korsett gezwängt werden, um die überaus hohen Staatsschulden wieder in den Griff zu kriegen. Schließlich habe man über seine Verhältnisse gelebt und müsse nun den Gürtel entsprechend enger schnallen – eine Binsenweisheit folgt der anderen. Und das Schlimmste ist: So in etwa sieht die makroökonomische Strategie der gegenwärtigen Regierung aus. Und ich füge ungern hinzu: So in etwa beginnt der Weg in die künftige Krise.

Um genau das zu verhindern, muss man sich vom Gewohnten lösen und Neues, aber auch Altes wieder neu wagen. Was ich damit meine? Das würde ich gerne an einem Bild verdeutlichen. Die Wirtschaft und die Wirtschaftspolitik müssen aus einer anderen Perspektive und mit einer anderen Einstellung gesehen werden – ich spreche von einer gesamtwirtschaftlichen Optik. Mit dem Blick durch eine neue Brille erkennt man Neues und sogar Altes neu. In jedem Fall schärft sich der Blick für das Notwendige, und genau darauf kommt es jetzt an, damit in Zukunft die Wahrscheinlichkeit schwerer Krisen sinkt. Was wir dafür tun können, ist Thema dieses Kapitels.

Oberstes Gebot: wirtschaftliche Stabilität

Das erste und wichtigste Prinzip für eine neue wirtschaftspolitische Perspektive lautet: Stabilität. Um Stabilität zu erreichen, müssen wir das wirtschaftliche Geschehen als fundamental unsicher ansehen und wissen, dass es destabilisierende Euphorie- und Panikwellen geben kann. Die künftige wirtschaftliche Entwicklung ist prinzipiell nicht vorhersehbar, und so kann man folglich auch nicht mit einer stabilisierenden Erwartungsbildung rechnen.

Vor diesem Hintergrund muss die künftige Wirtschaftspolitik einen Gegenpol zur privatwirtschaftlichen Instabilität bilden. Das ist ihr Ziel. Die Wirtschaftspolitik muss Ankerplätze für haltlose Erwartungen bieten, die erratisch in jede Richtung abdriften können und die gesamte Wirtschaft mit sich zu ziehen drohen. Tut die Wirtschaftspolitik nichts, wären instabile Zustände mit anschließender Krisenkorrektur das Ergebnis.

Die Stabilität kann also nicht aus dem Privatsektor kommen. Man kann Stabilität auch nicht einfach, wie Manna vom Himmel, aus dem Ausland erwarten, wie es in Deutschland so üblich ist. Es gibt nur eine Instanz, die der kollektiven ökonomischen Irrationalität von individuell durchaus rational handelnden Individuen entgegentreten kann – und das ist der Staat. Der Staat verkörpert keine von Gott gegebene höhere Instanz besseren Wissens. Es geht auch nicht darum, das staatliche Tun zu verklären, wie das früher gerne die politische

Linke tat. Es geht schlicht und gar nicht so einfach um die Frage gesamtwirtschaftlicher Rationalität.

Der Einzelne, sei es das Individuum, der einzelne Haushalt oder das einzelne Unternehmen, kann dazu wenig beitragen – er unterliegt oft dem Herdentrieb, steht unter Renditedruck und leidet unter der bedrückenden Unsicherheit. Herdentrieb und Renditedruck gibt es beim Staat nicht, Unsicherheit über die wirtschaftliche Lage schon, aber der Staat verfügt über Instrumente, von denen er weiß, dass sie den einzelwirtschaftlichen Übertreibungen entgegenwirken. Er kann also zumindest in die richtige Richtung steuern, wenn er auch nicht unbedingt weiß, wie weit er kommen wird. Es geht nicht darum, dass der einzelne Haushalt oder das einzelne Unternehmen schlechter informiert ist als der Staat. Das kann so sein, muss es aber nicht. Es geht vielmehr darum, dass einzelne Menschen oder Unternehmen, selbst wenn sie optimal informiert sind, immer ihrer privaten wirtschaftlichen Logik folgen werden. Und genau das verschärft eine Krise immer weiter. Es bedarf also einer staatlichen Intervention, weil sich der Staat in Krisen- und in Boomzeiten der einzelwirtschaftlichen Logik entziehen kann.[53] Das setzt aber natürlich intellektuelle und machtpolitische Distanz zur privaten Wirtschaft voraus.

Die Abwägung, wann und wie stark staatliche Instrumente eingesetzt werden sollen, muss Gegenstand des politischen und ökonomischen Streits sein. Es gibt in dieser Frage nicht die eine, sichere Wahrheit. Wichtig ist nur, dass sich alle Seiten darauf verständigen, die Verantwortung für die wirtschaftliche Stabilität beim Staat anzusiedeln. Sieht man sich den offenkundigen notorischen Unwillen mancher Ökonomen an, aus der Krise zu lernen, ist das heute leider nicht selbstverständlich.[54]

Der Begriff »Staat« (Singular) ist ein wenig irreführend in diesem Kontext, weil er zu monolithisch klingt. In Wahrheit geht es nicht um eine einzige Instanz, sondern um eine Kette von Instanzen. Das beginnt mit den verschiedenen Gebietskörperschaften, Bund, Ländern und Kommunen, setzt sich über die Zentralbank fort und endet bei der internationalen Kooperation von Staaten, deren Bedeutung stetig zunimmt. Das gilt zunächst für die Kooperation innerhalb der Europäischen Währungsunion, dann der EU, für die Einheiten im Rahmen der G8 und der G20 und darüber hinaus auf globaler Ebene. Es gibt also nicht den Staat, sondern es gibt den Verbund und die Gemeinschaft von Staaten. In Zeiten einer intensiven Verflechtung der Volkswirtschaften über die Kapital- und Gütermärkte ist eine solche Kettenbildung sowohl unvermeidlich als auch wünschenswert. Die wirtschaftlichen Ereignisse finden nur noch selten ausschließlich im nationalen Rahmen statt. Dazu sind die Wechselwirkungen zwischen den Volkswirtschaften mittlerweile viel zu stark. Deshalb ist Kooperation ohnehin unerlässlich. Das gilt besonders für den Euroraum, wo der Puffer von Wechselkursbewegungen fehlt und Entwicklungen in einem Land sich ungebremst auf die anderer Länder auswirken. Das gilt auch innerhalb Deutschlands zwischen den einzelnen Gebietskörperschaften. Die wirtschaftspolitische Abstimmung zwischen ihnen ist angesichts eines ausgeprägten föderalen Bewusstseins in Deutschland zwar nicht einfach, aber unumgänglich.

Um unter diesen komplizierten nationalen wie internationalen Umständen Stabilität zu erreichen, muss es unter den Beteiligten einen Konsens geben. Im Fall einer Krise muss allen die gemeinsame Verantwortung bewusst sein, jeder steht für den anderen ein. Man sollte generelle Abläufe vereinbaren, um in Phasen großer Zeitnot schneller handeln zu können. Die Absprachen über konkrete wirtschaftspolitische Maßnahmen verlaufen holprig genug, das zeigte sich deutlich während Krise. Der Vorteil einer gemeinsamen Anstrengung liegt auf der Hand. Wenn es eine möglichst breite Kooperation gibt, lassen sich auch schwerste globale Krisen eindämmen oder sogar beherrschen. Ein isoliertes nationales Vorgehen wäre dagegen von Anfang an zum Scheitern erurteilt.

Die Kooperation bezieht sich zunächst auf die zwei wesentlichen Felder der Stabilisierungspolitik: die Geld- und die Fiskalpolitik. Für die Geldpolitik wird die Rolle als Stabilisator im Hinblick auf die Entwicklung der Preise grundsätzlich schon akzeptiert. Wenn die Regierung ein Stabilitätsziel in Gestalt einer Zielinflationsrate verkündet, geschieht das in der Absicht, den Erwartungen über Inflationstendenzen einen Halt zu geben. Für die Konjunkturpolitik im Allgemeinen und die Fiskalpolitik im Besonderen gibt es bisher keine solchen Orientierungen, an denen sich die Erwartungen festmachen lassen. Sowohl für die Geldpolitik als auch für die Finanzpolitik sollen solche Orientierungen entwickelt werden. Ich stelle im Folgenden ein Konzept dafür vor.

Eines muss den Märkten bewusst sein: Der Staat wird in Zukunft seine Rolle als Stabilisator für ein ansonsten in sich instabiles marktwirtschaftliches System wahrnehmen. Diese Rolle muss er quer durch die gesamte Wirtschaftspolitik glaubwürdig verkörpern. Je besser er diese Aufgabe erfüllt, desto eher werden die Märkte diese Rolle des Staates von vornherein einkalkulieren. Unter diesen Voraussetzungen werden sich auf den Märkten Erwartungen bilden, die auf Stabilität gerichtet sind. Und so schließt sich der Kreis.

In einer Phase der Euphorie rechnen die Unternehmen und Konsumenten folgerichtig mit bremsenden Eingriffen des Staates und sorgen durch vorsichtiges Ausgabenverhalten vor, anstatt – ungebremst und allzu risikofreudig – immer weiter über das Ziel hinauszuschießen. Das Gleiche gilt für die Gegenrichtung. Statt in einer Phase wirtschaftlicher Schwierigkeiten immer tiefer in Pessimismus zu versinken, werden die Marktteilnehmer mit stimulierenden Maßnahmen des Staates rechnen und ihre Ausgaben nicht völlig zurückschrauben. In beiden Fällen wird durch glaubwürdiges staatliches Stabilisieren schon die inhärente Stabilität des Marktsystems gestärkt. Glaubwürdige Stabilitätspolitik ist also im Grunde eine Impfung, die Marktwirtschaften aus sich heraus zumindest teilweise gegen Krisen schützt.

Man darf jedoch nicht vergessen, dass das stabilisierende Eingreifen des Staates einen defensiven Charakter hat. Der Staat handelt erst dann, wenn die Lage schwierig ist, wenn die Wirtschaft den Pfad der Stabilität also bereits verlassen hat. Es ist natürlich viel besser, Unsicherheiten schon an ihrer Quelle zu bekämpfen, damit ein solches Eingreifen gar nicht erst nötig ist. Aber auch das ist nicht immer machbar. Wir wissen ja, dass sich marktwirtschaftliche Unsicherheiten prinzipiell nicht vollständig ausschließen lassen. Es gibt jedoch Bereiche, die besonders anfällig für Unsicherheiten sind. Dort sollte man präventiv tätig werden und geeignete Maßnahmen treffen.

Maßnahmen für den Finanzmarkt

An erster Stelle der Unsicherheitsquellen stehen die Finanzmärkte. Dort sollten besondere Vorkehrungen getroffen werden. Das ist durch eine strikte Regulierung möglich, die verhindert, dass zu viele finanzielle Ressourcen in zu riskante Anlageformen fließen. Im Ergebnis würde das bedeuten, dass das Anlagevolumen auf den Finanzmärkten schrumpft – und in der Folge der Finanzsektor selbst. Das immer wieder verwendete Argument, ein solches Vorgehen erschwere die Preisbildung auf den Finanzmärkten und erhöhe deren Volatilität, geht am eigentlichen Kern des Problems vorbei. Das Ziel besteht nicht darin, die Volatilität auf den Finanzmärkten zu minimieren, sondern die finanziellen Ressourcen insgesamt in weniger riskante Anlagen zu lenken und damit den Finanzmarkt insgesamt sicherer zu machen. Wie volatil die Preise auf diesen Märkten dann sind, ist von nachrangiger Bedeutung. Der Anteil riskant angelegten Geldes muss also zurückgehen. Auf diese Weise würde eine wesentliche Quelle der Marktunsicherheit zumindest etwas weniger stark sprudeln.

Maßnahmen für den Arbeitsmarkt

Aber nicht nur der Finanzmarkt ist eine notorische Quelle der Unsicherheit. Das gilt in deutlich abgeschwächter Form auch für den Arbeitsmarkt. Die Unsicherheit auf diesem Markt resultiert aus Schwankungen bei der Beschäftigung und den Löhnen. Beides überträgt sich auf die Einkommen der privaten Haushalte und tangiert damit primär den privaten Verbrauch, über den Absatz dieser Güter aber indirekt auch die Investitionen. Für die Gesamtwirtschaft ist das von großer Bedeutung, weil sich auf diese Weise die Schwankungen des Arbeitsmarktes, wenn auch etwas gedämpft, auf die gesamte Wirtschaft ausdehnen. Ein instabiler Arbeitmarkt zieht also einen instabilen Gütermarkt nach sich.

In den vorherrschenden theoretischen Ansätzen wird dieses Problem entweder überhaupt nicht gesehen, oder die Lösung dafür ist gedanklich sehr einfach. In diesen Modellen besteht ein klarer positiver Zusammenhang zwischen flexibler Lohnhöhe und stabiler Beschäftigung. Daraus folgt: Je stärker die Löhne mit den wirtschaftlichen Gegebenheiten schwanken, desto geringer sind die Schwankungen der Beschäftigung. Wer also eine stabile Beschäftigung will, muss stark schwankende Löhne ertragen. Das ist die Basis für die von dieser Seite immer wieder erhobenen Forderungen nach maximaler Flexibilität der Löhne. Es ist zugleich die Basis für die Umverteilung zulasten der Einkommen der Beschäftigten – und so eine der wesentlichen Quellen der Ungleichheit und des übergroßen Reichtums.

Wer hingegen Lohnsicherheit fordert, würde dieser Theorie nach starke Beschäftigungsschwankungen ernten. Eine sicherere Beschäftigung ist wichtig. Wer arbeitslos wird, muss einen Kompetenzverlust fürchten. Da muss sich der Arbeitnehmer doch gut überlegen, was ihm wichtig ist – und sich besser gegen eine Lohnsicherheit und für die sichere Beschäftigung entscheiden.

Diese Sichtweise ist in meinen Augen sowohl theoretisch als auch empirisch zumindest zweifelhaft. Der Einfluss von Löhnen auf die gesamtwirtschaftliche Nachfrage wird hier grob unterschätzt. Dass die Nachfrage bei einem Beschäftigungsabbau sinkt, braucht nicht erklärt zu werden. Nur entgeht man diesem Problem leider nicht durch sinkende Löhne. Sinken nämlich – wie gefordert – in einer Phase wirtschaftlicher Schwäche die Löhne, gerät die Nachfrage gleichfalls unter Druck, weil die Einkommen der Beschäftigten zurückgehen. Dass dieser Rückgang der Nachfrage aufgefangen wird, beruht auf vergeblichen Hoffnungen. Man hofft zum einen, dass die

Haushalte nun weniger sparen, um ihre Ausgaben und ihren Konsum mehr oder minder konstant zu halten. Diese Erwartung ist bestenfalls kurzfristig haltbar und nur realistisch, wenn die Menschen eine schnelle Besserung erwarten. Breiten sich aber Pessimismus und Sorgen aus, wird das wohl kaum eintreten. Außerdem werden die Ersparnisse gerade bei niedrigen Einkommen schnell erschöpft sein. Das aber sind die konsumintensiven Bevölkerungsschichten.

Die zweite Hoffnung besteht darin, dass mit den niedrigeren Löhnen die internationale Wettbewerbsfähigkeit steigt und dort ein höherer Absatz erzielt werden kann. Diese Hoffnung ist wohl auch vergeblich, wie das Beispiel Japan zeigt. Obwohl die Exporte Japans sich dank der hohen Wettbewerbsfähigkeit nicht ungünstig entwickelten, blieben diese Erfolge begrenzt, weil sie durch die Aufwertung des Yen immer wieder gedämpft wurden, sodass die Bemühungen um eine fortwährend gesteigerte Wettbewerbsfähigkeit letztlich verpufften. Zugleich führte die schwache Lohnentwicklung zu einer lahmen Binnennachfrage. Dies alles gilt, obwohl es in Japan die geforderte extrem hohe Lohnflexibilität gibt, die durch hohe erfolgsabhängige Bonuszahlungen zustande kommt. Der Preis der hohen Lohnunsicherheit ist eine gerade in schlechten Zeiten besonders belastete Binnennachfrage. Im Ergebnis bleiben wegen der hohen Lohnflexibilität sowohl die Löhne als auch die Beschäftigung auf Jahre hinaus gedrückt. Der vermeintlich positive Zusammenhang zwischen flexiblen Löhnen und stabiler Beschäftigung entpuppt sich somit letztlich als negativer, und der vermeintliche Ausweg Lohnflexibilität ist in Wahrheit keiner. Das ist wohl eher ein »gutes« Rezept für massive Umverteilung zulasten der Beschäftigten und zugunsten der Unternehmen.

Eine der Aufgaben künftiger Wirtschaftspolitik besteht also darin, Rahmenbedingungen für den Arbeitsmarkt zu schaffen, die den Unsicherheitsfaktor vermindern. Dazu braucht es sicherlich ein gewisses Maß an Lohnrigidität. Die Kurzarbeitsregelung während der Krise ist ein Ansatz, der sich als erfolgreich erwiesen hat. Mit einer Mischung aus tariflich vereinbartem Lohn- und Gewinnverzicht und staatlichen Subventionen konnten die Einkommen der Kurzarbeiter stabilisiert und die wirtschaftliche Sicherheit der Beschäftigten erhöht werden. Auf diese Weise wurde ein stärkerer Einbruch der Binnennachfrage in Deutschland verhindert. Auf diesen Erfahrungen und Erkenntnissen müssen wir aufbauen. Wir sollten die Arbeitsmarktpolitik stärker als bisher als einen Baustein in einer wirtschaftspolitischen Strategie verstehen, deren Ziel es ist, Unsicherheit für die gesamte Volkswirtschaft zu vermindern.

Was Verteilungsgerechtigkeit für uns bedeutet

Es ist lange her, dass Verteilungerechtigkeit eine wesentliche Rolle für die Wirtschaftspolitik gespielt hat. Das Thema wurde zwar von Interessenverbänden oder von professionellen Moralisten immer mal wieder ins Spiel gebracht. Die meisten aber begriffen Verteilungsgerechtigkeit als eine Frage der gesellschaftlichen Moral, über die man trefflich streiten kann, die aber mit dem wirtschaftspolitischen Kerngeschäft nichts zu tun hat. Im Gegenteil, wirtschaftspolitische Professionalität zeigte sich anscheinend am besten in der dezidierten Vernachlässigung von Verteilungsfragen. Schließlich war man vollauf damit ausgelastet, den Kuchen des wirtschaftlichen Erfolgs immer größer zu machen. Wer diese einzelnen Stücke letztlich bekam, war im Grunde völlig egal und interessierte niemanden so richtig. Wenn es darum ging, den Kuchen zu vergrößern, schien die Beschäftigung mit dieser Frage sogar eher hinderlich.

Ohne Zweifel geht es bei der Verteilungsgerechtigkeit um eine moralische Angelegenheit. Darüber lässt sich auf der Basis verschiedener Gerechtigkeitsprinzipien sicherlich streiten. Das soll aber hier nicht das Thema sein. Die Krise hat doch noch etwas viel Fundamentaleres gezeigt. Die weitgehende wirtschaftspolitische Vernachlässigung von Verteilungsfragen trägt entscheidend dazu bei, dass Krisen überhaupt erst entstehen. Es geht also nicht nur um eine Frage der Moral, es geht auch um die Funktionalität der Marktwirtschaft. Mit anderen

Worten: Die Größe des zu verteilenden Kuchens hängt wesentlich davon ab, *wie* er verteilt wird. Wachstum und Verteilung sind keine unabhängigen Größen.

Diesem Punkt dürften übrigens selbst harte neoliberale Wirtschaftspolitiker zustimmen. Ihre Schlussfolgerung führt dennoch zu einem Verzicht auf jegliche Verteilungspolitik, da sie diese Frage dem Markt alleine überlassen wollen. Das aber sind genau die Tendenzen, die den Beutezug des Reichtums ermöglicht haben – der uns wiederum letztlich in die Krise geführt hat.

Wer Krisen verhindern will, muss es genau andersherum sehen. Indem die Verteilung der Früchte des Wachstums in vielen Volkswirtschaften, vor allem in Deutschland und den USA, zunehmend dem Markt überlassen wurde, erzeugte man durch geballten Reichtum ein Krisenpotenzial, das durch die entfesselten Finanzmärkte zum Explodieren gebracht wurde. So sehe ich den Zusammenhang.

Die zukünftige Wirtschaftspolitik muss wissen, dass es verteilungspolitischer Maßnahmen bedarf, um eine Volkswirtschaft krisenfest zu machen. Diese Maßnahmen müssen darauf abzielen, Wachstumserfolge in Form höherer Realeinkommen allen Bevölkerungsschichten zugute kommen zu lassen. Jeder soll sein Stück vom Kuchen haben. Nur auf diese Weise lässt sich vermeiden, dass sich immer mehr Reichtum zusammenballt. Reichtumsklumpen erhöhen die Risiken einer Volkswirtschaft. Sie vermindern die soziale Durchlässigkeit einer Volkswirtschaft, was auf längere Sicht Talente und damit Wachstumschancen vergeudet. Sie erzeugen außerdem ein vermindertes Risikobewusstsein. Für Menschen mit hohen Einkommen ist der letzte verdiente Euro weitaus weniger wert als für Menschen mit niedrigeren Einkünften. Folglich sind sie auch eher bereit, diesen Euro durch riskante Finanzoperationen aufs Spiel zu setzen. Eine gleichmäßigere Streuung der Einkommen würde daher zu weniger riskanten finanziellen Abenteuern führen. Und das senkt die gesamtwirtschaftlichen Risiken. Eine gleichmäßigere Einkommensverteilung ist also nicht nur Ausdruck einer höheren Verteilungsgerechtigkeit. Sie führt darüber hinaus zu einer stärkeren

Verankerung von Sicherheitsprinzipien. Beide Prinzipien ergänzen sich.

Bleibt die spannende Frage, ob der Kuchen, der bei mehr Verteilungsgerechtigkeit gebacken werden kann, nicht nur stabiler ist, sondern vielleicht sogar größer. Die gängigen Theorien und ihre Vertreter bestreiten das. Schließlich vermindert aus ihrer Sicht die Umverteilung den Anreiz, überhaupt Reichtum anzustreben. In der Folge nehme die Bereitschaft zu investieren ab, und das drücke das Wachstum. Das Ergebnis: Der zu verteilende Kuchen wäre kleiner. Gegen diese Sichtweise spricht, dass bei einer Bilanz der Wachstumswirkungen die Wachstumsverluste durch Krisen berücksichtigt werden müssen. Das heißt, das Wachstum muss bei einer ungleicheren Verteilung wegen der höheren Risiken in guten Jahren entsprechend höher sein. Skidelsky[55] weist zu Recht darauf hin, dass das Wachstum der größeren Volkswirtschaften in Zeiten gleichmäßigerer Verteilung und regulierter Finanzmärkte höher war. Schon das widerlegt die These eines positiven und linearen Zusammenhangs zwischen mehr Ungleichheit und mehr Wachstum. Ich möchte noch einmal daran erinnern, dass in Deutschland seit etwa 2000 die Ungleichheit am stärksten zugenommen hat, während das Wachstum relativ schwach war. Ähnliches gilt für Japan. Diese Fakten sprechen wohl für sich.

Das zweite Gegenargument basiert auf der Unterscheidung zwischen Investitionen in realwirtschaftliche Anlageformen und Finanzmarktinvestitionen. Da gibt es einen interessanten Zusammenhang. Erstere erhöhen in der Tat das Wachstum. Letztere erreichen dies nur dann, wenn sie durch den Prozess der Finanzintermediation, also über das Sammeln und Verteilen von Kapital durch den Finanzsektor, letztlich in realwirtschaftliche Anlageformen überführt werden. Genau an dieser Stelle haperte es in den vergangenen Jahren. Der Grund liegt in der beschriebenen Verselbstständigung des Finanzsektors. Wenn die Renditeerwartungen für Anlagen auf den Finanzmärkten deutlich über denen in der Realwirtschaft liegen, gibt es keinen Anreiz, die Finanzmittel dorthin zu schleusen. Im Gegenteil, es werden dem realwirtschaftlichen Sektor sogar Finanzmittel entzogen. Aus der Sicht eines Unternehmens ist es so gesehen vernünftiger, seine Finanzmittel stärker in Finanzmarktanlagen zu stecken, als sie für die investive Erweiterung der eigenen Produktionskapazitäten zu verwenden.[56] So kann man sich die trotz hoher Renditen nur mäßige Investitionsneigung im Unternehmenssektor erklären.[57]

Orientieren sich Unternehmen verstärkt am Finanzmarkt und vermindern sie entsprechend ihre realwirtschaftlichen Investitionen, vermindert sich gleichfalls das Wachstum und folglich der zur Verfügung stehende Kuchen. Abgesehen davon ist eine solche Konstellation nicht langfristig aufrechtzuerhalten. Höhere Renditen an den Finanzmärkten als in der Realwirtschaft kann es auf Dauer nicht geben. Schließlich hängt der Finanzmarkt an der Realwirtschaft. Sind die Renditen dort niedrig, können ihm allmählich immer weniger Mittel zufließen. Gleichzeitig werden wegen geringer Investitionsbereitschaft immer weniger Mittel in diese Richtung abfließen. Dann aber versandet der Finanzmarkt, da er auf Dauer keine Renditen aus eigener Kraft erzeugen kann, sondern nur in Verbindung mit einer profitablen Realwirtschaft.

Das dritte Gegenargument beruht auf der Verwendung der Einkommen. Eine gleichmäßigere Verteilung der Einkommen sorgt dafür, dass ein relativ hoher Anteil der Wertschöpfung, die in einer Periode erzielt wird, zunächst in den privaten Verbrauch fließt. Eine kräftige Verbrauchskonjunktur ist dann ein starker Anreiz für vermehrte Investitionen. So kann aus einer gleichmäßigen Einkommensverteilung auf seriöse Weise, also ohne private Überschuldung wie in den USA, eine insgesamt dynamische Binnenkonjunktur entstehen. Genau daran hat es in Deutschland im vergangen Jahrzehnt gemangelt.

Meine Schlussfolgerung aus alldem: Verteilungsgerechtigkeit und Wachstum sind keine Gegensätze. Im Gegenteil, ein Staat, der verteilungspolitisch aktiv ist, stützt die Wachstumskräfte. Beides ergänzt sich, solange Grenzen gewahrt werden. Diese Grenzen werden durch Umverteilung markiert. Dass eine Wirtschaft Schaden nimmt, wenn die Rentabilität der Unternehmen permanent durch zu hohe Lohnabschlüsse gedrückt wird, gehört mittlerweile zu den Binsenweisheiten jedes Wirtschaftspolitikers. Die Überlegungen in diesem Buch zeigen, dass das Gegenteil auch richtig ist. Der permanente Druck auf Löhne, die fortwährende Entwertung der Arbeit ist ebenso schädlich für die Volkswirtschaft. Diese Einsicht ist unter Deutschlands Wirtschaftspolitikern leider nicht weit verbreitet. Dabei zeichnet sich eine vernünftige Wirtschaftspolitik genau dadurch aus: Sie findet den Grat zwischen profitablen Unternehmen auf der einen Seite und gerechter, an der gesamtwirtschaftlichen Leistungsfähigkeit orientierter Entlohnung auf der anderen. Und sie tut alles dafür, dass sich die Tarifparteien an diesem Pfad entlang bewegen.

Daran hat es während des vergangenen Jahrzehnts eindeutig gefehlt. Man wollte diesen Pfad nicht finden, da, so die Argumentation, Verteilungsfragen in Zeiten hoher Arbeitslosigkeit einfach nicht auf der Tagesordnung stünden. Selbstverständlich standen sie trotzdem auf der Tagesordnung, wenn auch nicht groß darüber geredet wurde. Allerdings galt die Beschäftigung mit Verteilungsfragen nur in eine Richtung: mehr Geld für Unternehmen und Reiche.

Die Wirtschaftpolitik muss in dieser Frage eine komplette Kehrtwendung vollziehen. Grundsätzlich stehen Verteilungsfragen immer auf der Tagesordnung. Sie dürfen in Zukunft nicht mehr vernachlässigt oder gar verschwiegen werden. Es dürfen einfach keine Schieflagen entstehen, weder in die eine noch in die andere Richtung. Das muss eine Aufgabe von Wirtschaftspolitik sein. In den kommenden Jahren müssen wir uns auch mit den Verteilungs-Ungerechtigkeiten der Vergangenheit beschäftigen. Die Ära der Umverteilung zulasten der Lohneinkommen muss überwunden, der Beutezug des Reichtums muss beendet werden. Das Prinzip Verteilungsgerechtigkeit erfordert ein wirtschaftspolitisches Umfeld, in dem die Lohnentwicklung wieder so sein kann, dass über die Jahre hinweg alle Beschäftigten in gleicher Weise vom Zuwachs an gesamtwirtschaftlicher Leistungsfähigkeit profitieren wie die Unternehmen. Dies muss wieder ein Ziel wirtschaftspolitischen Handelns werden. Das ist in aller Kürze das Programm.

Die Bedeutung von Normen

Nicht zuletzt die Krise, aber auch zahlreiche andere Verwerfungen in unserer Gesellschaft wie das Entstehen von Parallelgesellschaften in der Unterschicht haben uns eines deutlich gezeigt: Eine nachhaltige Wirtschaftpolitik setzt einen starken gesellschaftlichen Zusammenhalt voraus. Nur wenn es gemeinsame Normen gibt, die von weiten Teilen der Gesellschaft akzeptiert und praktiziert werden, ist die Voraussetzung für eine solide wirtschaftliche Entwicklung gegeben.

In jüngster Zeit haben immer mehr Ökonomen die Bedeutung von gesellschaftlichen Normen für das ökonomische Verhalten erkannt.[58] Experimente haben ergeben, dass sie das wirtschaftliche Verhalten in hohem Maße bestimmen. Dabei spielen auch gesellschaftliche Normen über Verteilungsgerechtigkeit eine erhebliche Rolle. Die Menschen schauen also nicht nur auf Größen, die ihren individuellen Nutzen tangieren. Sie lassen in ihre Handlungen auch ihre Vorstellungen über die Gesellschaft, in der sie leben wollen, einfließen. Dazu gehört, dass der Wohlstand in einer Gesellschaft gerecht verteilt wird. Die Menschen sind bereit, für ein solches Ziel Steuern oder Abgaben zu zahlen, auch wenn das ihr verfügbares Einkommen vermindert. Sie tun das aber nur gerne, wenn sie die – berechtigte – Hoffnung haben, dass auch sie an diesem Wohlstand beteiligt werden.

Eine gesellschaftliche Übereinkunft über die gesellschaftlichen Normen lässt sich nur erzielen und bewahren, wenn letztlich alle am wirtschaftlichen Wohlstandsgewinn teilhaben. Das schließt eine Politik aus, die fast ausschließlich im Interesse des Reichtums agiert, so wie sie im vergangenen Jahrzehnt von maßgeblichen Ökonomen gefordert und von der Wirtschaftspolitik weitgehend akzeptiert und betrieben wurde. Eine Wirtschaftspolitik, die in Zukunft Krisen vermeiden will, muss die gesellschaftlichen Normen beachten und sie in ein Konzept von Verteilungsgerechtigkeit umsetzen. Das Ergebnis kann nur eine Politik sein, die die Position der abhängig Beschäftigten in allen ihren Einkommenssegmenten stärkt.

Ein schöner Gedanke: Vollbeschäftigung

Noch ein anderes zentrales wirtschaftspolitisches Ziel ist in den vergangenen Jahren weitgehend in Vergessenheit geraten – ich denke, weil es so schwer zu erreichen schien: Es geht um Vollbeschäftigung. Erst in jüngster Zeit, als sich herausstellte, dass die Finanzkrise nicht ungebremst auf den Arbeitsmarkt durchschlagen muss, wenn man ihr rechtzeitig mit einer intelligenten Arbeitsmarktpolitik begegnet, taucht die Vollbeschäftigung als ferne Möglichkeit wieder in den wirtschaftspolitischen Debatten auf.

Vollbeschäftigung heißt, dass jeder, der Arbeit will, auch Arbeit findet. Das hört sich doch gut an. Aber noch ist Deutschland davon meilenweit entfernt. Die Entfernung zum Ziel sagt aber nichts darüber aus, ob wir uns dieses Ziel nicht doch wünschen. Und wünschenswert ist die Vollbeschäftigung allemal. Sie ist ein Zustand wahrhaftiger ökonomischer Freiheit. Vor allem anderen befreit sie von den materiellen und immateriellen Zwängen der Arbeitslosigkeit. Diejenigen, die schon einen Job haben, können dann auch eher wechseln und dadurch ihre Einkommens- und Lebenssituation verbessern. Außerdem wird die Integration bisher gar nicht oder nicht mehr hinreichend beschäftigter Menschen in den Arbeitmarkt leichter. Das betrifft vor allem Frauen und ältere Erwerbstätige.

Vollbeschäftigung hat zudem indirekt eine wichtige Funktion als Sicherheitspuffer für Krisenlagen. Falls die Wirtschaft auf Talfahrt geht, wird die Beschäftigung unweigerlich leiden. Dieses Leiden ist umso geringer, je höher das Ausgangsniveau der Beschäftigung ist. Herrscht Vollbeschäftigung, dann können die Beschäftigten im Vorfeld einer Krise mehr Rücklagen bilden. Es fällt ihnen entsprechend leichter, schwierige Phasen zu überbrücken. Falls eine Krise auf eine schon lange anhaltende Phase der Unterbeschäftigung trifft, ist das nicht der Fall, und die Arbeitslosen sind viel mehr auf die Transferleistungen der Sozialversicherung oder des Staates angewiesen. Und je länger jemand arbeitslos ist, umso schlechter sind seine Chancen, dass er eine neue Arbeit findet. Herrschte vorher Vollbeschäftigung, wird Arbeitslosigkeit in einer nachfolgenden Krise mit höherer Wahrscheinlichkeit kein Dauerzustand sein, da die dann Arbeitslosen nur geringe Qualifikationsverluste aufweisen. Daher werden die Arbeitslosen bei einem Anziehen der Konjunktur recht schnell wieder eine neue Stelle finden. Ist die Phase der Unterbeschäftigung relativ lang, droht sich die Arbeitslosigkeit zu verfestigen. Es wird schwer sein, sie zu überwinden.

Das alles spricht für die vollbeschäftigte Wirtschaft, auch wenn der Weg dahin lang sein kann. Dieses Ziel sollte bei allen wirtschaftspolitischen Entscheidungen nie aus den Augen verloren werden. Vollbeschäftigung passt außerdem gut zu den anderen Prinzipien einer vernünftigen Wirtschaftspolitik. Sie erhöht die Stabilität der Einkommen und sie erleichtert die Durchsetzung von Verteilungsgerechtigkeit.

Die Finanzmärkte zähmen

Einer der ersten und wichtigsten Schritte zu einer gerechten, stabilen und zugleich dynamischen Wirtschaft besteht darin, die Finanzmärkte neu zu gestalten. Das ist notwendig, um die Risiken zu begrenzen und die Anreize für realwirtschaftliche Investitionen zu steigern. Nur diese Investitionen werden auf Dauer zu neuen und zusätzlichen Arbeitsplätzen führen – das ist doch eine gute Alternative zu einer Entwicklung, an deren Ende eine geplatzte Spekulationsblase steht, oder?

Zunächst muss es gelingen, den Aktionsradius der Finanzmärkte einzuschränken. Das wird die Renditeerwartungen verringern. Manche Aktivität wird teurer werden, vielleicht sogar zu teuer, um sie weiter anbieten zu können. Manches wird man sogar verbieten müssen. Im Ergebnis wird der Finanzsektor tendenziell schrumpfen. Nicht jede Bank, nicht jeder Finanzmarktakteur wird diesen Schrumpfungsprozess überleben. Das ruft Widerstand hervor, den ich mir lebhaft vorstellen kann. Die Lobbyisten des Finanzbereichs werden das Gespenst namens »Arbeitslosigkeit in Verbindung mit Kapitalmangel« an die Wand malen. Davon sollte man sich nicht weiter erschrecken lassen. Die einzig berechtigte Furcht ist die vor einem Zusammenbruch des Finanzmarktes, der weltweit Millionen von Arbeitsplätzen und Milliarden an Stabilisierungsgeldern kostet. Das würde die Volkswirtschaften *wirklich* in eine tiefe Krise stürzen. Aber gerade um dies zu vermeiden, ist es notwendig, die Aktivitäten des Finanzsektors zu beschneiden. Dass dabei zunächst Arbeitsplätze in diesem Sektor verloren gehen, ist unbestreitbar. In einer dynamischen und prosperierenden Wirtschaft werden die hoch qualifizierten Kräfte aus dem Finanzsektor aber schnell wieder eine Beschäftigung finden. Und dieser neue Job dürfte sicherer und aus gesamtwirtschaftlicher Sicht produktiver sein als ihre vorherige Tätigkeit.

Auch die Drohung mit Kapitalmangel ist eine Mär. Erst umgekehrt wird ein Schuh daraus. Der Finanzsektor hat in der Vergangenheit mit seinen überhöhten Renditeversprechungen viel zu viel Kapital gebunden, das besser für realwirtschaftliche Investitionen verwendet worden wäre. Ein Teil dieses Kapitals wurde für unproduktive Geschäfte mit Wettcharakter verwendet. Diese führten zu hohen Gewinnen bei den Wettsiegern und zu entsprechenden Verlusten bei den Verlierern. Außerdem gingen die erzielten hohen Renditen auf den Finanzmärkten letztlich zulasten der Realwirtschaft. Der Renditedruck wurde schließlich vielfach zum Beispiel über Gebühren und Provisionen an die Realwirtschaft weitergegeben. Sie konnte ihn entweder nur zulasten ihrer eigenen Gewinne erfüllen oder ihn – durch Druck auf die Löhne – an ihre Beschäftigten weiterreichen. Beides geschah. Und beides sind keineswegs positive Maßnahmen.

Das Ziel ist also eine Konzentration der Finanzmarktgeschäfte auf weniger riskante Felder mit selbstverständlich entsprechend geringeren Renditeerwartungen. Wenn das gelingt, sollte sich der Kreditbedarf von Unternehmen und Haushalten erfüllen lassen, ohne überteuert zu werden. Eine verschärfte Regulierung führt daher zwar zu einem Strukturwandel zulasten des Finanzsektors und zugunsten der Realwirtschaft. Die Gesamtwirtschaft aber wird stabiler und produktiver. Die Frage ist nun: Wie kann man das erreichen?

Appetitzügler für Risiken

Ob der Umbau des Finanzsektors erfolgreich ist, hängt davon ab, ob es den Wirtschaftspolitikern – gegen den massiven und weltweiten Widerstand der Lobbyisten – gelingt, die Risiken zu begrenzen. Vieles ist mittlerweile schon auf den Weg gebracht worden, manches ist im Sumpf der Grabenkämpfe stecken geblieben. Ich möchte hier kurz skizzieren, was aus meiner Sicht getan werden muss.

Am Beginn sollten zwei grundlegende Regeln stehen. Die erste lautet, dass strikt zwischen Banken und anderen Akteuren auf den Finanzmärkten unterschieden werden sollte. Die zweite Regel besagt, dass gleiche Geschäfte gleich reguliert werden, unabhängig davon, wer sie durchführt.

Die erste Regel, die in den USA mittlerweile als Volcker-Regel* umgesetzt wurde, sorgt für Transparenz im Hinblick auf Risiken und für eine grundlegende Sicherheit des monetären Intermediationsprozesses zwischen Kapitalanbietern und Kapitalnachfragern. Banken übernehmen die Verantwortung für den regulären Zahlungsverkehr und die Kreditvergabe an die gesamte Wirtschaft. Aus diesen Aufgaben ergibt sich eine hohe gesamtwirtschaftliche Bedeutung der Banken; sie müssen also unbedingt sicher sein. Keine Volkswirtschaft kann sich einen Zusammenbruch des Bankensystems leisten. Daraus ergibt sich – und das hat sich in der Krise deutlich gezeigt – ein ungeheures Erpressungspotenzial gegenüber Regierungen und Zentralbanken, dem diese sich letztlich beugen müssen. Damit es erst gar nicht so weit kommt, muss das Geschäftgebaren von Banken streng reguliert werden. Bankgeschäfte müssen so sicher sein, dass

---

* Sie ist nach dem früheren Vorsitzenden der amerikanischen Notenbank und nachmaligen Berater für Finanzfragen von Präsident Obama, Paul Volcker, benannt.

sie weder die Existenz einer Bank noch das Bankensystem insgesamt gefährden können. Daher müssen die Geschäfte von Banken bezogen auf Volumen und Risiko strikt begrenzt werden. Wer sein Geld einer Bank anvertraut, muss sich einfach sicher sein, dass es nicht in Wettspielen vergeudet wird. Banken, deren Geschäftsmodell auf besonders risikofernen Transaktionen beruht, sollten entsprechend geringeren Aufsichts- und Berichtspflichten unterliegen. Das verstärkt den Anreiz für andere Institute, in diese Geschäftsfelder zu gehen und damit die Sicherheit im Bankensystem zu erhöhen.

Von Banken zu unterscheiden sind alle übrigen Akteure auf dem Finanzmarkt – von Private-Equity-Investoren über Hedge-Fonds bis zu Investment-»Banken«. Für sie gelten weniger Beschränkungen, sie sind aber auch weniger sicher. Wer sein Geld einem solchen Akteur anvertraut, muss auch die Möglichkeit eines Totalverlusts in Betracht ziehen. Umgekehrt gilt: Der Staat wird diesen Akteuren in Notlagen nicht zu Hilfe eilen. Das erhöht das Risiko für Geschäfte dieser Art und verleiht Banken einen deutlichen Vorteil. Aber genau das ist aus Gründen der systemischen Sicherheit gewollt.

Die zweite Regel – gleiche Geschäfte werden gleich reguliert – dient zwei Zielen. Erstens sollte auch Akteuren außerhalb des Bankensektors nicht alles erlaubt sein. Gefährliche Produkte oder Verhaltensweisen, die die Stabilität des gesamten Finanzsystems infrage stellen könnten, müssen beschränkt oder verboten werden. Zweitens sollte es keine Anreize für Banken geben, wegen vielversprechender Renditeerwartungen indirekt doch riskante Geschäfte zu betreiben. Das könnten die Banken tun, indem sie diese Geschäfte, auf welchem Weg auch immer, auf ihnen verbundene Nicht-Banken verlagern. Das kann eine Zweckgesellschaft sein, also eine Tochterfirma, die keine Bank ist. Die Gründung solcher Nicht-Banken ist zwar mittlerweile durch strengere Regulierungsvorschriften kaum noch möglich. Aber darauf sollte man nicht zu sehr vertrauen, schließlich können mit ausreichend Fantasie immer wieder neue Wege gefunden werden. Daher ist es sinnvoll, dass die erlaubten Geschäfte generell durch die Regulierungsbehörden definiert und entsprechend ihrem Risikopotenzial beschränkt oder verboten werden, und zwar unabhängig davon, wer diese Geschäfte durchführt. Damit verschwindet der Anreiz, riskante Geschäfte auf weniger regulierte Institutionen zu verlagern.

Der Kampf um die Eigenkapitalrücklage

Finanzmarktgeschäfte müssen mit einer deutlich höheren Rücklage an Eigenkapital abgesichert werden als früher. Diese Forderung wird mittlerweile von allen Seiten unterstützt. Aber was genau ist damit gemeint? Für jeden Euro, der zum Beispiel im Rahmen eines Kreditgeschäfts ausgeliehen wird, muss ein bestimmter Betrag an Eigenkapital vorhanden sein, der, falls der Kredit notleidend wird oder gar platzt, als Sicherheit zur Verfügung steht. Die Erhöhung dieses Betrags sollte vor allem für Bankgeschäfte, aber prinzipiell auch für alle anderen Transaktionsformen im Finanzsektor gelten.

Die Höhe dieser Rücklage bestimmt entscheidend den Aktionsradius eines Akteurs auf dem Finanzmarkt. Je höher sie ist, über desto mehr Kapital muss er verfügen, um diese Geschäfte überhaupt durchführen zu können. Dieses Kapital muss erst erwirtschaftet oder vom Kapitalmarkt in Form neuer Aktien oder anderer Eigentumsbeteiligungen zur Verfügung gestellt werden. Durch einen zwangsweise erhöhten Einsatz von Eigenkapital verringert sich jedoch dessen Rendite. Und das führt zu einem für den gesamten Finanzsektor schmerzhaften Anpassungsprozess. Die Zeit überhöhter Finanzrenditen wäre dann endgültig vorbei, und damit dürfte der gesamte Finanzmarkt merklich an Dynamik verlieren. Der Finanzmarkt als Quelle für ungeheuren Reichtum wird dann wohl weniger sprudeln, in Einzelfällen wird die Quelle sogar versiegen. Das im wahrsten Sinne goldene Zeitalter der Finanzmarktakteure wäre vorbei. Horrende Bonuszahlungen und rasch erworbener Reichtum durch riskante finanzielle Operationen gehörten dann der Vergangenheit an. Zudem dürften sich die Ausschüttungen an Aktionäre verringern und der für sie lukrative Rückkauf von Aktien wäre wesentlich seltener. Aber demgegenüber stehen unbestrittene Vorteile: Die Sicherheit des Finanzsystems wäre erhöht und die Staaten besser geschützt vor den gleichsam erpressten Milliardenzahlungen zur Rettung eines in Schieflage gebrachten Finanzsystems.

Diese Vorschriften bringen so einiges in Bewegung und würden den Finanzmarkt grundlegend verändern. Daher ist es nicht verwunderlich, dass die Diskussion darüber einen Großeinsatz der Lobbyisten aus dem Finanzsektor und insbesondere aus dem Bankensektor auslöste. Es geht eben um sehr viel Geld. Es geht um die Interessen des Reichtums. Die Taktik der Lobbyisten ist äußerst gewieft, aber auch riskant. Auf der einen Seite beschreiben auch sie eine höhere Eigenkapitalrücklage als *das* Mittel, das den Finanzsektor sicherer macht. Das stimmt schließlich auch, und es eignet sich aus ihrer Sicht gut zur Abwehr anderer Maßnahmen. Ich denke da an das Verbot bestimmter Produkte, ja überhaupt an eine wesentlich strengere Regulierung und Überwachung des Finanzsektors.

Die Lobbyisten behaupten nun einfach, ein Verbot sei überflüssig, wenn nur genügend Eigenkapital hinterlegt werde. Außerdem versuchen sie, die vorgeschriebenen Rücklagen möglichst niedrig zu halten. Würden sich diese Wünsche erfüllen, dann wäre allen alles weiter erlaubt; nur müsste man in Zukunft etwas erhöhte Eigenkapitalrücklagen bilden. Für manche Banken, die schon früher über solche Rücklagen verfügten, würde sich gar nichts ändern. Vor allem aber blieben dann gefährliche Praktiken wie das unbegrenzte Hebeln (Leveraging) von Transaktionen durch die Aufnahme von Fremdkapital bestehen. Diese Praktiken müssen, unabhängig von den Beschlüssen zur Eigenkapitalrücklage, verboten beziehungsweise begrenzt werden. Es wäre gefährlich, das eine gegen das andere auszuspielen.

Ich will das an dieser Stelle einmal zu Ende denken. Käme es so, und die ersten Übereinkünfte zwischen Notenbanken und Regulierungsbehörden im Rahmen des Basel-III-Abkommens sowie die Absichten des EU-Ministerrats räumten diesen Verdacht nicht völlig aus der Welt, bliebe im Wesentlichen alles so, wie es ist – und die Welt stolperte der nächsten Krise entgegen. Es muss also anders gehen: Notwendig ist eine deutlich höhere Rücklage, etwa eine Erhöhung von derzeit 4 Prozent auf 8 Prozent, in Kombination mit weiteren Maßnahmen wie dem Verbot von sehr riskanten Transaktionen und der insgesamt strengeren Regulierung. Beide Maßnahmen ergänzen sich.

Ein weiterer Streitpunkt, der von der Bankenlobby gerne genutzt wird, um die Sicherheitsvorschriften aufzuweichen, ist die Frage, wie Eigenkapital genau definiert ist. Sie strebt eine möglichst breite Definition an, die selbst langfristig geliehenes Geld als Eigenkapital zählt. Dann wären die vorgeschriebenen Quoten leichter zu erfüllen. Und das entspräche einer klaren Aufweichung der Vorschriften. Nicht umsonst kennen die Regulierungsvorschriften aber verschiedene Stufen von Eigenkapital. Die wirklich harten Verhandlungen betreffen das Kernkapital. Dabei handelt es sich um das Kapital, das die Eigentümer, zumeist also die Aktionäre, der Bank zur Verfügung gestellt haben. Hinzu kommen noch die Rücklagen, die durch die Gewinne der Bank entstehen. Das ist alles, und jeder Versuch, diese harte Definition aufzuweichen, sollte unterbunden werden.

Die Banker werden nicht müde, zu betonen, dass die strikteren Anforderungen sofort einen ungeheuren Kapitalbedarf des Bankensystems zur Folge hätten, der sich auf den Kapitalmärkten kaum oder nur mit großen Verwerfungen erfüllen ließe. Diese Verwerfungen bestünden vor allem in einem deutlichen Kursverfall der existierenden Aktien, da die Ausgabe neuer Aktien, durch die sich der Wert des Unternehmens auf mehr Aktionäre verteilt, den Kurs der umlaufenden Wertpapiere drückt. Der Bundesverband Deutscher Banken bezifferte Anfang September 2010 den Kapitalbedarf allein der deutschen Großbanken auf 105 Milliarden Euro bei unverändertem Geschäftsvolumen. Das wären beeindruckende 4 Prozent vom deutschen BIP.

Aber diese Rechnung zeigt mir, dass im Bankensektor offenbar immer noch nicht verstanden wurde, worum es eigentlich geht. Verräterisch ist der Zusatz »bei unverändertem Geschäftsvolumen«. Es geht gerade ja darum, dass die riskanten Geschäfte eben nicht mehr getätigt werden. Das hat zur Folge, dass das Geschäftvolumen unter sonst gleichen Umständen sinkt. Entsprechend geringer wäre also auch der Kapitalbedarf. Der ließe sich sogar noch weiter verringern, wenn man beschließen würde, dass weniger riskante Geschäfte geringere Rücklagen erforderten. Konzentriert sich eine Bank darauf, sinkt der Kapitalbedarf entsprechend. Das Thema des Kapitalbedarfs ist sowieso nicht so dramatisch, wie es die Banker gerne darstellen. Es gibt relativ lange Übergangsfristen, in denen die Banken genügend Zeit haben, das notwendige Kapital aufzutreiben. In dieser Zeit, und das dürfte ihre wahre Befürchtung sein, werden sich allerdings Bonuszahlungen und Dividendenausschüttungen in spürbar engeren Grenzen bewegen als früher. Wer auf dem Finanzmarkt reich werden will, muss sich dann wohl etwas mehr anstrengen.

Eine höhere Stabilität

In den vergangenen Jahren waren die Regulierungsvorschriften eher destabilisierend angelegt. Das heißt, sie verstärkten Euphoriewellen nach oben genauso, wie sie Panikwellen nach unten beschleunigten. Das ist das Ergebnis jener Logik, die allein auf vermeintliche Transparenz in den Augen von vermeintlich stets rational handelnden Finanzmarktinvestoren abzielt. Emotionen kamen in diesem Ansatz nicht vor, und auch der natürliche »Herdentrieb«, von dem schon die Rede war, spielte keine Rolle. Dabei zählt beides seit jeher zu den Merkmalen von Finanzmärkten.

In einem solchen Umfeld ist eine möglichst marktnahe Bilanzierungspraxis äußerst gefährlich. Diese Praxis erfordert es, dass Wertpapiere und Geschäfte in der Regel zu ihren aktuellen Handelswerten in die Bilanz eingestellt werden. Das gilt in strenger Form für alle Wertpapiere, die im Handelsbuch von Banken geführt werden. Das sind unter anderem all jene Wertpapiere, mit denen eine Bank unter

Ausnutzung von Kurs- oder Preisschwankungen kurzfristig handeln will. Es gilt in abgemilderter Form für alle übrigen Wertanlagen, mit denen eine Bank kurzfristig nicht handeln will oder wegen ihrer vertraglichen Bindung zum Beispiel bei Krediten nicht handeln kann.

In guten Zeiten wird der Wert der Bank bezogen auf eine solche Bilanz also als sehr hoch eingeschätzt. Folglich darf sie ihre Geschäfte entsprechend ausdehnen und mehr Kapital zum Beispiel für die Kreditvergabe oder den Kauf von Wertpapieren einsetzen. Dies gilt für alle Banken. So erweitert sich in Boomzeiten, in denen ohnehin alle Anleger euphorisch gestimmt sind, ständig der Spielraum für weitere Geschäfte – mit der Folge, dass Preise und Kurse für Bankgeschäfte aller Art rasant von jeder ökonomischen Realität abheben. Das ist die klassische Blasenbildung mit dem bekannten bösen Ende.

Das Gleiche gilt natürlich in den traurigen Phasen einer Krise. Dann sieht nämlich auch die Bilanz einer Bank sehr traurig aus, und ihr Spielraum engt sich ständig immer weiter ein. Sie muss sich aus den Märkten zurückziehen, was, da alle Banken zugleich dieses Schicksal erleiden, beschleunigend auf den allgemeinen Kurs- und Preisverfall auswirkt – mit dem ebenfalls bekannten bösen Ende.

Diese Regeln, die allein einer transparenten Bewertung dienten, sind aus meiner Sicht eine *der* maßgeblichen Quellen der Instabilität. Neue Regulierungsvorschriften sollten der gesamtwirtschaftlichen Stabilität unbedingt einen höheren Stellenwert einräumen. Es muss genau das Gegenteil dessen passieren, was in den bisherigen Regeln angelegt ist: Der Spielraum von Banken muss sich in euphorischen Zeiten eher verengen und in schlechten Zeiten eher erweitern.

Das kann man durch antizyklische Zu- und Abschläge auf die Eigenkapitalrücklage erreichen. In Zeiten eines Booms müssen die Aufsichtsbehörden einen Zuschlag verlangen, der die Banken zwingt, mehr Kapital zu halten. Dies begrenzt die Kreditvergabe in Boomzeiten und trägt somit dazu bei, die heiß gelaufenen Märkte abzukühlen. In schlechten Zeiten sind Abschläge empfehlenswert, die die Kreditvergaben verbilligen. Auf diese Weise wirken sie der allgemeinen Marktdepression entgegen. Dies sollte prinzipiell auf internationaler Ebene vereinbart werden. Die Zu- und Abschläge sollte man jedoch national erheben, um den Besonderheiten nationaler Zyklen gerecht zu werden. In diese Richtung gehen auch die Vorschläge, die im Rahmen des Basel-III-Abkommens zwischen den Notenbanken und Aufsichtsbehörden für die Regulierung der Finanzmärkte gemacht werden. Es bleibt abzuwarten, ob sie Eingang in die nationale Gesetzgebung finden. Selbst dann bleibt die unvermeidbare Schwierigkeit, die verschiedenen Gefahren rechtzeitig und korrekt zu diagnostizieren.

Wer bezahlt die Schäden der Finanzkrise?

Über all den Vorschlägen, Absichtserklärungen und Beschlüssen zur Neuordnung des Finanzsektors dürfen wir nicht vergessen, dass noch einige Rechnungen offen sind. Die Schäden, die durch das Fehlverhalten im Finanzsektor entstanden sind, sind nämlich noch längst nicht bezahlt. Es war richtig, während der dramatischen Krisentage im Herbst 2008 den Bankensektor zu retten. Es war richtig, dass die Gesellschaft unter massivem Einsatz von Steuermitteln für die Stabilität des Finanzsektors eingetreten ist, denn ansonsten wären die Schäden für alle noch viel größer gewesen. Der Einsatz der Steuermittel für die Rettung der Banken und die Folgeschäden in Gestalt des dramatischen Konjunktureinbruchs haben die Staatsverschuldung überall merklich ansteigen lassen. Inzwischen gilt sie als das größte Problem der Wirtschaftspolitik, was natürlich vollkommen übertrieben ist und von einer gewissen Hysterie zeugt.

Daher sollte man diese Hysteriker – und alle anderen, die auf diesen Zug aufspringen – an etwas Entscheidendes erinnern: Die Ursache für den gewaltigen Anstieg der Schulden liegt im Fehlverhalten des privaten Finanzsektors begründet und nicht im Fehlverhalten des Staates, der Arbeitslosen, der Empfänger von Grundsicherung, der Rentner oder des ganz gewöhnlichen Steuerzahlers. Ich halte es für ein Gebot der Fairness und der Haftung der Verantwortlichen, dass das Gros der finanziellen Schäden auch vom Finanzsektor zu zahlen ist. Es ist ein Skandal, dass man sich weder national noch international bislang auf diese Grundlage hat einigen können. Warum ist das so? Die Antwort liegt doch auf der Hand: Die heillosen Tätigkeiten von Banken und Lobbyisten und die noch heillosere Verknüpfung von politischen mit wirtschaftlichen Interessen des Reichtums sind dafür verantwortlich. Beides gefährdet die Akzeptanz demokratischer Politik in hohem Ausmaß. Und das ist gefährlich.

Ein fairer Vorschlag: eine Finanztransaktionssteuer

Dabei gäbe es durchaus Mittel, wie man den Finanzsektor für die entstandenen Schäden haftbar machen könnte. Das erste wäre eine Finanzmarkttransaktionssteuer. Sie bestünde in einem relativ kleinen Steuersatz in Höhe von 0,01 bis 0,1 Prozent auf jede Finanzmarkttransaktion. Sie würde bei der einzelnen Transaktion kaum bemerkt werden. Da es aber eine Vielzahl an Transaktionen gibt, würde trotzdem ein sehr hohes Steueraufkommen zustande kommen. Nach Berechnungen des österreichischen WIFO-Instituts ergäbe sich bei einem Steuersatz von 0,05 Prozent allein für Deutschland ein Aufkommen zwischen 17 und 37 Milliarden Euro pro Jahr.[59] Das sind nennenswerte Beträge, mit denen über die Zeit die Schulden des Finanzsektors abgetragen werden könnten. Mehr noch: Sie würden unabhängig von der Schuldentilgung steuerliche Verzerrungen zugunsten des Finanzsektors mildern und zugleich einen wichtigen Beitrag zur Stabilität des Finanzsektors leisten.

Die erwähnten Verzerrungen ergeben sich aus der derzeitigen steuerlichen Begünstigung des Finanzsektors. Anders als alle realwirtschaftlichen Transaktionen unterliegen Finanztransaktionen in Europa nicht der Mehrwertsteuer. Warum eigentlich nicht? Es gibt keinen ökonomischen Grund, warum realwirtschaftliche Transaktionen aus gesamtwirtschaftlicher Sicht »schädlicher« sind als Finanztransaktionen. Also gibt es auch keinen Grund, warum die realwirtschaftlichen Vorgänge steuerlich schlechter behandelt werden.

Und das ist wirklich so. In der Regel werden in Deutschland 19 Prozent Mehrwertsteuer auf jeden Kauf und Verkauf erhoben. Selbst im Fall eines ermäßigten Satzes sind 7 Prozent Steuern fällig. Genau um diese Sätze ist eine gleich große Finanztransaktion aus rein steuerlichen Gründen billiger als eine realwirtschaftliche. Der Kauf eines Brotes wird also höher besteuert als der Kauf einer Aktie. Allein diese Tatsache schafft für Vermögende und Unternehmen einen deutlichen Anreiz, ihre Tätigkeit auf den Finanzmärkten auszudehnen. Eine Finanzmarkttransaktionsteuer, wie ich sie eben beschrieben habe, würde diesen steuerlichen Vorteil bei Weitem nicht aufheben, ihn aber deutlich mildern. Wenn jede Transaktion besteuert wird, ergibt sich durch die Vielzahl der finanziellen Transaktionen, die mit einem hohen Anlagebetrag in der Regel durchgeführt werden, ein steuerlicher Kaskadeneffekt. Da bei jeder Transaktion die Steuer fällig wird, erhöht sich die steuerliche Belastung mit jeder Transaktion und ist damit in der Regel ein Vielfaches des ursprünglichen Steuersatzes.

Eine Finanzmarkttransaktionssteuer wäre auch ein Beitrag zur Stabilität des Finanzmarktes. Wenn sich die Transaktionen durch die Steuer verteuern, werden sie weniger rentabel. Das dürfte insbesondere für häufig spekulative Handelsvorgänge, bei denen wegen geringer Margen erst durch eine große Zahl von Transaktionen nennenswerte finanzielle Vorteile entstehen, das Aus bedeuten. Auf diese Weise wird sich die Liquidität auf den Finanzmärkten verringern. Und das ist ja beabsichtigt. Wie ich bereits ausgeführt habe, ist eine vernünftige Preisbildung dadurch nicht gefährdet. Zudem wird der Anreiz für spekulatives Handeln vermindert, da Käufe und Verkäufe auf dem Finanzmarkt dann unabhängig von einem möglichen Gewinn mit einer Steuer belegt sind. Das Risiko für den Spekulanten, Verluste zu erleiden, hat sich also vergrößert. Mein Fazit: Eine Finanzmarkttransaktionssteuer wäre sowohl ein Beitrag zur Schuldentilgung als auch zur finanziellen Stabilität.

Allerdings gilt es einige wichtige Voraussetzung zu klären, wenn man die erwünschten Ziele optimal erreichen will. Eine wichtige Voraussetzung ist die, dass möglichst viele Finanztransaktionen »verbörslicht« werden. Mit diesem etwas spröden Ausdruck ist gemeint, dass der Handel über offizielle Plattformen abläuft, wo die einzelnen Transaktionen registriert werden können. Die Registrierung ist eine notwendige Bedingung für die Besteuerung der Transaktionen. Man muss Gesetze schaffen, die eindeutig besagen, dass der Handel außerhalb solcher Pattformen illegal ist. Falls dieser Handel trotzdem geschieht, müssten die Aufsichtsbehörden empfindliche finanzielle Strafen verhängen können. Das erhöht das Risiko der Gesetzesbrecher.

Würde auf dieser Basis tatsächlich das Gros der Finanztransaktionen erfasst, dann würden jene die Hauptlast der Steuer tragen, die besonders häufig Transaktionen vornehmen. Das sind vor allem Hedge-Fonds- und Derivate-Händler, deren Ziel es ist, ständig aus geringsten Margen Gewinne zu erzielen. Erst weit dahinter kämen die konventionellen Aktienhändler.

Die zweite Voraussetzung für eine gelungene Steuer ist ihre internationale Verbreitung. Ideal wäre es, wenn man die Steuer weltweit mit identischen Sätzen einführte. Dann wäre ein Ausweichen unmöglich. Aber das ist natürlich eine Illusion. Unsere Welt ist nicht so. Schließlich gibt es eine Reihe von Staaten, die glauben, dass sie Steuervorteile in Standortvorteile ummünzen können. Auf diese Weise gelingt es ihnen, die in diesem Sektor tätigen Unternehmen bei sich anzusiedeln. Andere bestreiten einfach die Notwendigkeit einer solchen Steuer. Hierzu gehören Kanada und Japan, die auf dem G20-Treffen im Sommer 2010 erklärten, diese Steuer sei bei ihnen unnötig. Der Finanzsektor in ihren Ländern sei gut reguliert und habe zudem die Krise ja nicht verursacht.

Das erste Argument mag stimmen, da die Instabilitäten in der Tat nicht von diesen Ländern ausgingen und ihre Banken auch nicht in eine Schieflage gerieten. Das zweite Argument ist zweifelhaft. Banken und andere Finanzmarktakteure sind immer eng miteinander verflochten. Das gilt auch für kanadische und japanische Banken. Über diese Verflechtungen könnten sie sehr wohl an riskanten Geschäften beteiligt gewesen sein, die zu dem Fast-Zusammenbruch des Weltfinanzsystems geführt haben.

Es wäre zum Beispiel sehr erstaunlich, wenn japanische Banken nichts mit den sogenannten Carry Trades zu tun hätten. Das waren jene Kreditgeschäfte, bei denen zu den in Japan damals sehr niedrigen Zinsen ein Kredit aufgenommen wurde. Das Geld wurde anschließend in Ländern wie Island mit wesentlich höheren Zinsen verliehen. Diese Geschäfte, die sich auf den ersten Blick eindeutig lohnen, sind mit einem hohen Wechselkursrisiko versehen. Aufgenommen wird der Kredit in Yen, verliehen in isländischen Kronen. Das heißt, dass die Zinsen in Yen zu bezahlen sind. Wertet der Yen nun gegenüber der Krone auf, müssen die isländischen Schuldner nicht nur die ohnehin hohen Zinsen bezahlen, sondern darüber hinaus noch die Aufwertung des Yen. Wie wir gesehen haben, hat dies das gesamte isländische Bankensystem und im Grunde die gesamte isländische Wirtschaft in den Ruin getrieben. So viel zur japanischen – und vermutlich kanadischen – »Unschuld«.

Anscheinend sind die Regierungen dieser Länder aber nicht zu überzeugen. Das ist nicht schön und verhindert die Ideallösung. Das allein wäre jedoch kein Hindernis, die Steuer in allen übrigen Ländern einzuführen. Doch der Enthusiasmus hält sich auch in den USA und anderen Staaten sehr in Grenzen, sodass man sich dort bequem hinter der Ablehnung Kanadas und Japans versteckt. Bliebe immer noch die Möglichkeit, dass die EU, einer der größten und bedeutendsten globalen Finanzmärkte, die Steuer im Alleingang durchsetzt. Eine Initiative von Frankreich und Deutschland ging in diese Richtung, wurde aber immer wieder abgeblockt.

Als letzte Möglichkeit, schon recht weit vom Ideal entfernt, könnte Deutschland eine solche Steuer einführen. Die Befürchtung, dass dann keine Finanzgeschäfte mehr in der größten Volkswirtschaft des Kontinents stattfänden, ist völlig übertrieben. Seriöse Händler mit hinreichenden Margen würde die Steuer kaum tangieren, und auf die anderen kann man getrost verzichten. Deutschland könnte auch eine Vorbildfunktion für alle anderen übernehmen. Die Probleme sind schließlich in allen Ländern ähnlich. Die öffentliche Hand benötigt dringend Mittel zur Finanzierung ihrer Schulden, und zu Recht besteht überall die Angst, dass der Finanzsektor erneut eine Krise auslösen könnte. Das sollte den politischen Druck in Richtung Finanzmarkttransaktionssteuer eigentlich überall in der Welt verstärken – aber die Wirklichkeit sieht anders aus.

Es gibt begründete Zweifel, dass sich dieser Vorschlag gegen die Wirtschaftspolitik der meisten Regierungen durchsetzen könnte. Es fehlt ja auch immer noch die Antwort auf die Frage, warum Finanzmarkttransaktionen überhaupt schon so lange steuerlich bevorzugt wurden, wenn es nicht um gesamtwirtschaftliche Gründe geht. Ich finde es schon erklärungsbedürftig, dass jedem Hartz-IV-Empfänger beim Kauf von Lebensmitteln 7 Prozent Mehrwertsteuer abverlangt werden, während der Investmentbanker sich steuerlich unbehelligt mit Derivaten versorgen kann.

Die Wahrheit ist: Es sind machtpolitische Gründe. Die Finanzbranche nutzt gerne ihr Drohpotenzial, und die Politik hat diesen Drohungen auch gerne nachgegeben. Zumindest war das bisher so. Die enorme Macht des Finanzsektors speist sich aus zwei Quellen: Geld und Mobilität. Geld ist selbsterklärend – gerne spendet die Finanzwelt für politische Parteien oder sponsert Veranstaltungen, auf denen sich ökonomische Sachkompetenz trifft. Selbstverständlich wird keine konkrete Gegenleistung erwartet, das würde ja den Tatbestand der Bestechung erfüllen. Und das will ja niemand. In den USA und Großbritannien ist die Verzahnung zwischen politischen Parteien und Finanzsektor besonders eng. Das schließt Parteien aus dem linken Spektrum wie die Demokraten und die Labour-Partei ein. So war es ja auch in Deutschland zu Zeiten der Koalition von SPD und Bündnis 90/Grüne, als zum Beispiel mit der Steuerreform im Jahr 2000 wesentliche Weichenstellungen zugunsten des Finanzsektors stattfanden.

Von den Wirtschaftspolitikern wird als Rechtfertigung ihres Tuns immer das Argument angeführt, man wolle verhindern, dass viele

Finanzmarktakteure einschließlich der Banken ihre Geschäfte ins Ausland verlagern. In Deutschland ist oft der »Finanzplatz Frankfurt in Gefahr«. Standortentscheidungen sind aber sehr komplex. Die steuerliche Belastung von Transaktionen ist dabei nur ein Argument unter vielen. Marktnähe, Nähe zur Zentralbank, gut ausgebildetes Personal und eine hervorragende Infrastruktur sind andere. Das zeigt sich am Beispiel London, wo eine Börsenumsatzsteuer ja auch die Geschäfte nicht verdorben hat.

Andere Mittel im Angebot

Gerne werden auch Alternativen zu einer Finanzmarkttransaktionssteuer vorgeschlagen. So hat der Internationale Währungsfonds eine Art Mehrwertsteuer für Banken ins Gespräch gebracht. Durch sie würden die Gewinn und die Lohnsumme der Banken besteuert. Das hätte den Vorteil, dass hohe Bonuszahlungen, die ja in die Lohnsumme eingehen, stark besteuert werden könnten. Der Nachteil der Steuer ist aber, dass es sich um eine reine Bankensteuer handelt, die alle übrigen Akteure auf den Finanzmärkten ungeschoren davonkommen lässt – obwohl auch sie zu der Krise beigetragen haben.

Eine andere Alternative wäre eine Bankenabgabe. Sie könnte explizit als eine Art umgekehrter Lastenausgleich erhoben werden, mit dem Ziel, die Schäden, für die die Gesellschaft eingetreten ist, durch ihre Verursacher zumindest teilweise bezahlen zu lassen. Die Bankenabgabe könnte in Kraft treten, sobald die Banken wieder Gewinne machen, ihre Existenz also nicht durch diese Belastung gefährdet wird. Das wäre ein sinnvolles Vorgehen. Der Nachteil liegt aber gleichfalls in der Fokussierung auf Banken, wieder würden die übrigen Akteure ungeschoren bleiben. Außerdem trägt die Bankenabgabe – anders als eine Finanzmarkttransaktionssteuer, die Finanztransaktionen permanent verteuert – nichts zur dauerhaften Stabilisierung der Finanzmärkte bei. Sie ist daher eher als Ergänzung denn als Ersatz für eine Finanzmarkttransaktionssteuer anzusehen.

In den Auseinandersetzungen um die Einführung einer Finanzmarkttransaktionssteuer in Deutschland wurde immer wieder die Befürchtung geäußert, die Finanzmarktaktivitäten würden sich ins vermeintlich großzügigere Ausland verlagern. Dieses Argument löste bei den Politikern Ängste aus, die auf den ersten Blick nachvollziehbar sind. Genau das aber entspricht dem Kalkül der Lobbyisten. Sie schrecken wirklich vor keinem Argument zurück, das aus ihrer Sicht diesen Druck verstärkt. Das zeigte sich in dieser Debatte geradezu exemplarisch. Im Vorfeld und während des Hearings im Bundestagsausschuss für Finanzen zur Einführung der Finanzmarkttransaktionssteuer behaupteten sie, dass diese Steuer den kleinen Riester-Sparer, der sein weniges Geld mühsam zusammenhält, stark belasten würde. Mir kommen die Tränen! Während des Hearings wurde deutlich, dass es dabei um eine Belastung von weniger als 10 Euro während der gesamten Laufzeit eines solchen Vertrages ging. Das Gros des Aufkommens wäre selbstverständlich von den mit hoher Frequenz am Finanzmarkt tätigen Hedge-Fonds und anderen ähnlich agierenden Akteuren zu leisten. Tatsächlich dürfte der Riester-Sparer durch die Finanzmarkttransaktionssteuer sogar entlastet werden.

Wenn sie nicht eingeführt wird, muss der Staat seine Schulden auf andere Art und Weise refinanzieren. Erhöht er zum Beispiel die Mehrwertsteuer, dürfte der Riester-Sparer viel mehr belastet werden als durch eine Finanzmarkttransaktionssteuer. Dieses Beispiel macht deutlich, mit welcher Einseitigkeit und intellektuellen Skrupellosigkeit die Lobbyisten in dieser Auseinandersetzung vorgingen – und alles nur, um den Finanzsektor davor zu bewahren, dass er sich an der Finanzierung der von ihm verursachten Schäden beteiligt. Absurdes Theater ist wohl die richtige Bezeichnung für so viel schauspielerisches Talent.

Wer also den Finanzmarkt zähmen will, muss sich auf gewaltige Widerstände gefasst machen. Eine Politik, die die nächste Krise vermeiden will, muss gegen alle diese Widerstände den Mut aufbringen, die Finanzmärkte zu beschränken und ihre Liquidität zu vermindern. Aber wie geht das?

Die Ungleichheit vermindern

Ein stabiler Finanzmarkt ist wichtig, reicht aber alleine nicht aus, um wirtschaftliche Stabilität zu erzielen. Dazu muss man an eine der maßgeblichen Wurzeln der Krise herangehen: die Ungleichheit. Die immer stärkere Zusammenballung großer Vermögen ist riskant, nicht nur aus rein ökonomischer Sicht. Durch sie entsteht auch eine Machtballung, die insbesondere die Wirtschaftspolitik stark in ihrem Sinne beeinflusst. Der Reichtum erzeugt somit jenseits aller ökonomischen zusätzlich noch politische Vorteile. So können sich die glücklichen Eigentümer sicher sein, dass ihnen ihr Reichtum auch erhalten bleibt. Das führt zu einer verkrusteten Gesellschaft, in der der Traum vom wirtschaftlichen Aufstieg ein Traum bleibt. Wenn das alle verstanden haben und sich Resignation und Frustration ausbreiten, wird der Traum nicht mehr geträumt, und die Anstrengung, ihn zu verwirklichen, lässt nach. Und es ist gerade diese Anstrengung, die wirtschaftlichen Erfolg und Dynamik für die gesamte Wirtschaft hervorbringt. Deshalb muss genau diese Anstrengung gepflegt und belohnt werden.

Das bezieht sich nicht nur auf Spitzenleistungen, es gilt für Leistungen auf allen Ebenen. Jeder Ungelernte, der sich anstrengt und sich um eine bessere Tätigkeit bemüht, muss die Chance auf eine Belohnung haben. In Deutschland sieht das leider seit geraumer Zeit ganz anders aus. Die sogenannte Einkommensmobilität nach oben nimmt ab. Sie ist die Wahrscheinlichkeit, seine Einkommensgruppe innerhalb eines bestimmten Zeitraums zu verlassen. Natürlich möchte man sich finanziell verbessern. Und genau das ist in Deutschland immer unwahrscheinlicher geworden; es geht eher in die andere Richtung. Ziel einer Wirtschaftspolitik muss es aber sein, die Chancen auf Verbesserung hoch zu halten oder zu erhöhen. Jeder Arbeitslose mit Hartz-IV-Status, der sich um Arbeit bemüht, sollte eine Chance haben aufzusteigen. Diese Chance fällt aber nicht vom Himmel, womit wir wieder bei der Wirtschaftspolitik wären.

Diese Sichtweise ist völlig neu, wenn man sie mit den Vorstellungen vergleicht, die in der Wirtschaftspolitik der vergangenen 15 Jahre vorherrschten. Sowohl Ökonomen als auch Politiker haben immer nur betont, dass der Arbeitslose sich anstrengen müsse. Den Reichen als vermeintlichen Leistungsträgern der Gesellschaft erleichterte man hingegen das Leben durch Steuer- und Abgabenvorteile, die – selbstredend – zugleich die Staatsfinanzen belasteten. Auf diese Weise verengte sich der Handlungsspielraum des Staates, Chancen für Wachstum und Beschäftigung für genau jene zu schaffen, die sich (wirklich) anstrengen. Besonders auf der kommunalen Ebene verfällt die Infrastruktur. Der erzwungene Rückzug des Staates hatte einige Konsequenzen: Die Ungleichheit nahm zu, während gleichzeitig die Wachstumsperspektiven abnahmen. Die Zahlen weisen seit 2000 im internationalen Vergleich in eine eindeutige Richtung, nämlich nach unten. Selbst der viel gefeierte Aufschwung zwischen 2006 und 2008 war im internationalen Vergleich nur durchschnittlich, die Stagnation zuvor dagegen ungewöhnlich lang und die Krise danach ungewöhnlich tief. Das hat man damals gerne übersehen.

Erst wenn ein grundlegender Kurswechsel in der Wirtschaftspolitik erfolgt, weg vom ausschließlichen Druck auf Arbeitlose hin zu einer Politik der Chancen, wird sich die soziale Mobilität wieder erhöhen. Wenn das erreicht wird, sollten sich die Wachstumsperspektiven der deutschen Wirtschaft wieder aufhellen. Doch auch eine solche Politik erfordert den Mut, sich mit den mächtigen Interessen des Reichtums und den gegensätzlichen ökonomischen Theorien anzulegen.

Eine solche Politik ist eine Gratwanderung. Da ist einerseits die Notwendigkeit, die Ungleichheit zu vermindern, und andererseits die notwendige Spreizung von Einkommen, um Leistungsanreize zu erhalten. Meine Empfehlung steht: Die Politik muss sich vor allem gegen Einkommen und Vermögen richten, die wenig oder gar nichts mit Leistung zu tun haben und im Kern das Ergebnis gesellschaftlicher Privilegien sind. Umgekehrt müssen jene gefördert werden, die trotz massiver Anstrengungen kein oder nur wenig Einkommen erzielen. Steigen wir also noch etwas tiefer in den fiskalpolitischen Keller.

Vermögen besteuern: die Erbschaftsteuer

Der direkte Weg, die massive Zunahme der Ungleichheit anzugehen, besteht in deutlich höheren Vermögensteuern. Drei Arten von Steuern sollten spürbar erhöht werden. Die erste ist die Erbschaftsteuer. Sie ist der Klassiker, um leistungsfreies Einkommen zu besteuern. Erben ist schließlich keine Leistung, sondern schlicht ein positives Schicksal. Es ist daher schon aus Gründen der Leistungsgerechtigkeit geboten, diese Einkommen der Allgemeinheit zuzuführen. Diese verwendet sie wiederum für Vorhaben, die entweder allen zugute kommen oder besonders jenen, die mit einem widrigen Schicksal zu kämpfen haben. Mit dieser Begründung könnte man einen Erbschaftsteuersatz von 100 Prozent rechtfertigen.

Man muss das Ganze aber schon etwas differenzierter betrachten. Natürlich kann hinter dem Vermögen des Erblassers eine anerkennenswerte Leistung stehen. Dann hätte sie gesamtwirtschaftlich durchaus positive Auswirkungen. Man muss sich das so vorstellen: Die Anstrengungen werden größer, wenn die Möglichkeit besteht, das Ergebnis seiner Anstrengungen über den eigenen Tod hinaus für seine Familie oder andere zu bewahren. Das Gleiche gilt vor allem für Betriebsvermögen. Würde es zu 100 Prozent besteuert, ginge es verloren und würde dann nicht mehr als Wohlstandsquelle zur Verfügung stehen. Denkt man an kleine Vermögen wie zum Beispiel das Reihenhaus, das der Besitzer mühsam sein Leben lang abbezahlt hat, erscheint eine hohe Besteuerung irgendwie ungerecht.

Diese Überlegungen sprechen alle gegen einen Steuersatz von 100 Prozent. Sie sprechen aber nicht für einen Satz von 0 Prozent, sondern für eine faire Abwägung mit Freibeträgen für geringe Vermögen, wie es sie jetzt schon gibt. Man darf nicht vergessen, dass der Erbe ein »leistungsloses« Einkommen bezieht. Über das Ergebnis einer solchen Abwägung lässt sich politisch gut streiten. Eine Erbschaftsteuer sollte letztendlich zu einer spürbaren Umverteilung der Vermögen führen – das ist das Ziel. Bis heute ist das nicht hinreichend der Fall, daher müssen die Sätze deutlich erhöht werden. Die absehbaren Einwände, vor allem von Unternehmensvertretern, sind abgestanden, und es gibt genügend Gegenargumente. Auch aus Betriebsvermögen können Erbschaftsteuern bezahlt werden. Kleinere Handwerksbetriebe werden aufgrund der Freibeträge in der Regel überhaupt nicht tangiert. Größere Unternehmen mit einem höheren Vermögen, bei dem eventuell vorhandene Schulden bereits herausgerechnet sind, bekommen mühelos einen Kredit zur Finanzierung ihrer Steuerschuld – wenn diese nicht sogar vom Finanzamt gestundet wird. Eine höhere Erbschaftsteuer ist also möglich und zwingend erforderlich. Sonst bleibt sie nichts als Kosmetik auf dem Gesicht einer Gesellschaft, die in ihrer Ungleichheit erstarrt ist. Wahrlich kein schönes Bild!

Vermögen besteuern: die Vermögensteuer

Die zweite Steuer, die einen Beitrag zur Umverteilung leisten muss, ist die Vermögensteuer, die seit 1997 nach einem Urteil des Bundesverfassungsgerichts nicht mehr erhoben wird. Das war ein wichtiger Schritt auf dem Weg in die Ungleichheit und damit in die Krise. Diese Steuer muss, ohne Diskriminierung verschiedener Vermögensarten, wieder eingeführt werden. Das heißt, der Steuersatz für zum Beispiel Geldvermögen muss genauso hoch sein wie der für Immobilienvermögen. Die Einführung der Steuer ist wichtig, um wirklich zu einer umfassenden Umverteilungspolitik zu gelangen. Immer wieder führen die Gegner der Vermögensteuer die Schwierigkeiten und die Komplexität einer Vermögensbewertung als Hindernis für eine Wiedereinführung an. Sie behaupten, die Komplexität der Bewertung erfordere einen so hohen Aufwand, dass sich eine Erhebung nicht lohne, weil das Steueraufkommen die Kosten der Erhebung nicht abdecken würde. Klingt kompliziert. Wenn die Steuersätze nahe null liegen, kann so ein Ergebnis tatsächlich herauskommen.

Es ist sicherlich nicht immer einfach, Vermögen richtig zu bewerten. Doch das gehört zu den Routineaufgaben im Wirtschaftsleben.

Ständig werden Unternehmensvermögen von Anlegern bewertet, ständig werden die Werte von Immobilien durch Makler eingeschätzt, und die Messung von Geldvermögen ist anhand von Kontoauszügen ohnehin trivial. Nur zum Zwecke der Besteuerung geht das alles plötzlich nicht? Das überzeugt mich nicht im Geringsten, zumal es in Ländern wie den USA und Großbritannien anscheinend möglich ist. Aus diesem Grund sollte man dem beliebten Einwand, besteuertes Vermögen fliehe ins Ausland, durchaus mit Skepsis begegnen. Ob sich diese Flucht lohnt, hängt schließlich von der gesamten Steuerquote ab, und die ist in Deutschland eher niedrig. Warum also kann man in Deutschland keine Vermögensteuer erheben?

Die entscheidende Frage ist letztlich, ob man Vermögen besteuern will oder ob man das als einen unzulässigen Zugriff des Staates auf bereits versteuertes Einkommen ansieht. Diese Einkommen werden doppelt besteuert, das ist unbestreitbar. Das erscheint auf den ersten Blick tatsächlich ungerecht. Auf den zweiten Blick ist jedoch eine größere Ungerechtigkeit zu erkennen. Zusammenballungen von Vermögen vermindern die soziale Durchlässigkeit einer Gesellschaft und – wie wir gesehen haben – sie erhöhen die ökonomischen Risiken. Zum ersten Punkt: Vermögen erzeugen politische und soziale Macht und diese Macht ist an sozialer Durchlässigkeit augenscheinlich nicht interessiert.

Zum zweiten Punkt: Je höher das Vermögen, desto höher ist die Neigung, zumindest für Teile dieses Vermögens höhere Risiken einzugehen. Damit erhöhen die Vermögenden auch die Risiken für die gesamte Wirtschaft. Jeder Punkt für sich und beide zusammen führen zu verschlechterten Bedingungen für diejenigen, die ohne Vermögen sind. Damit verletzt eine immer ungleichere Vermögensverteilung die Rawls'schen Gerechtigkeitsprinzipien. Und damit sind wir beim eigentlichen Grund für eine Vermögensteuer: Sie verbessert die Lage derer, die am bedürftigsten sind. Damit meine ich nicht nur, dass sich aus dem Aufkommen einer Vermögensteuer Sozialtransfers finanzieren lassen. Das greift deutlich zu kurz. Indem eine hohe Konzentration von Vermögen vermieden wird, erhöhen sich die Aufstiegschancen jener ohne Vermögen. Die Gesellschaft wird durchlässiger durch Leistung, die sich lohnt. Das empfinde sicherlich nicht nur ich als gerecht.

Die Festlegung der Steuersätze ist wie bei der Erbschaftsteuer eine Gratwanderung zwischen dem Gerechtigkeitsprinzip und Leistungsanreizen. Kleine Vermögen sollten geschont werden, weil der Aufwand sich in diesem Fall nicht lohnt. Wenden wir uns also lieber den großen Fischen zu. Man kann bei einem Vermögen von 1 Million Euro und einem Steuersatz von 1 Prozent ein Aufkommen von 10 000 Euro erzielen. Langfristig lässt sich mit einem solchen Vermögen mindestens eine Nettorendite von 3 Prozent pro Jahr erzielen,* das sind 30 000 Euro pro Jahr. Durch die Vermögensteuer würde das Vermögen von 1,03 Millionen dann auf 1,02 Millionen Euro geschmälert. Es nimmt also trotz Substanzbesteuerung im Vergleich zum Ausgangspunkt weiter zu, nur eben nicht ganz so stark. In einzelnen Jahren, wenn keine oder nur geringe Renditen erzielt werden, kann das Vermögen aufgrund der Steuer auch abnehmen. Langfristig wird aber lediglich der Zuwachs gedämpft. Zugleich wird das Steueraufkommen spürbar erhöht – was auch anderen zugute kommt. Berechnungen zeigen, dass sich bei einem Steuersatz von 1 Prozent und einem Freibetrag von 500 000 Euro allein für das Bundesland Hessen Steuereinnahmen in Höhe von 1,2 Milliarden Euro erzielen ließen.[60] Es geht also, man muss es nur wollen.

Vermögen besteuern: die Grundsteuer

Die dritte Steuer, die zu einer Umverteilung der Vermögen beitragen kann, ist die Grundsteuer, die von den Kommunen auf Immobilienbesitz erhoben wird. Teilweise wird sie nur in geradezu lächerlicher

---

* Die langfristigen Bruttorenditen auf Eigenkapital betragen 8 bis 11 Prozent. Das heißt, selbst bei einem durchschnittlichen Einkommensteuersatz von mehr als 50 Prozent, den es nach geltendem Recht nicht geben kann, ließe sich diese Nettorendite erzielen. Tatsächlich dürfte sie deutlich höher sein.

Höhe erhoben und seit Jahren weder an allgemeine Preissteigerungen noch an Wertsteigerungen angepasst. Dabei ist sie eine sehr ergiebige Steuer, der man als Immobilienbesitzer nicht ausweichen kann. Es ist politisch allerdings nicht einfach, sie zu erhöhen. Eine Kommune legt sich in diesem Fall schließlich mit sämtlichen lokalen Hausbesitzern an. Eine Erhöhung muss also entsprechend gut begründet werden.

Die wichtigste Begründung ist ganz simpel und appelliert an unseren Gerechtigkeitssinn: Hausbesitzer, vor allem jene, die über mehrere Häuser verfügen, zählen zu den wohlhabenderen Bevölkerungsschichten und sollten daher einen Beitrag zu einer Politik der allgemeinen Umverteilung leisten. Auch sie profitieren letztlich von einer Politik, die die Wirtschaft dynamischer und stabiler macht. Der Wert von Immobilien nimmt in einem solchen Umfeld tendenziell zu; schon allein deshalb, weil sich dann mehr Menschen Immobilien leisten können. Die zweite Begründung ist, dass Hausbesitz die Vorhaltung einer kommunalen Infrastruktur erfordert. Sie ist über die Verbrauchsgebühren alleine nicht zu finanzieren.

Die höheren Vermögensteuern haben neben ihrer unmittelbaren Verteilungswirkung einen weiteren Vorteil. Die erzielten Mehreinnahmen erlauben dem Staat relativ niedrigere Sätze bei der Einkommensteuer. Wenn diese erhöht wird, trifft das vor allem die Mittelschicht, ein niedriger Satz entlastet diese. So gesehen kommen höhere Vermögensteuern indirekt einer Förderung der Mittelschicht gleich. Ihre Nettoeinkommen können bei höheren Vermögensteuern stärker steigen. Dies hätte den weiteren positiven Folgeeffekt, dass der notorisch schwache Konsum in Deutschland Impulse erhält, da die Sparquote der Mittelschicht deutlich niedriger ist als die der höheren Einkommen.

Eine Verlagerung der Steuerlast auf Vermögen dürfte also einen positiven Einfluss auf die wirtschaftliche Entwicklung haben. Das schließt nicht aus, dass die Spitzensteuersätze auf hohe Einkommen heraufgesetzt werden. Das wäre dennoch ein richtiger symbolischer Schritt, der anzeigt, dass die Wirtschaftspolitik das immer stärkere Auseinanderklaffen der Einkommensverteilung nicht länger hinnimmt oder gar propagiert. Allerdings lassen sich allein mit der Vermögensteuer die Finanzprobleme des Staates nicht lösen.

Das Rezept: erst konsolidieren und dann Transfers und Investitionen erhöhen

Um eine Wende bei der Verteilung von Einkommen und Vermögen zu erreichen, reicht es aber nicht, höhere Steuern zu verlangen. Man muss sich auch darüber im Klaren sein, wofür diese Mittel verwendet werden sollten. Zunächst sollten die Einnahmen genutzt werden, um die öffentlichen Haushalte zu konsolidieren. Damit würden die Vermögenden und der Finanzsektor ihrer Verantwortung gerecht: Sie zahlen die Rechnungen für die Schäden der Finanzkrise. Die Konsolidierung der Haushalte muss absolute Priorität besitzen. Nur so ist der Staat in der Lage, künftigen Krisen zu begegnen. Das stärkt auch das allgemeine Vertrauen in seine Fähigkeit, die Wirtschaft gegebenenfalls stabilisieren zu können.

Erst auf längere Sicht stellt sich die Frage, für welche Zwecke die Mittel nun verwendet werden sollten. Ein Teil wird zwangsläufig an Bedürftige gehen. Dabei geht es um die Empfänger der Grundsicherung und von Hartz IV, deren Regelsätze sich, gemessen am Existenzminimum, auf Dauer als zu niedrig erweisen dürften. Zudem wird die reguläre Anpassung der Sätze in Zukunft mit Blick auf die Preisentwicklung erfolgen. Die Zahlungen an Bedürftige werden zukünftig höher ausfallen – also einen größeren Posten ausmachen.

Weitere Steuermittel werden in Zukunft auch für die Rentenversicherung benötigt werden. Die Rentenreformen des vergangenen Jahrzehnts haben dazu geführt, dass es in Deutschland auf längere Sicht wieder mehr Altersarmut geben wird. Künftige Rentenansprüche wurden immer wieder gekürzt, das war ein Teil der sogenannten »Reformen«. Außerdem führen Zeiten der Arbeitslosigkeit und Phasen, in denen die Menschen prekäre Tätigkeiten ausüben, zu Brüchen in den Erwerbsbiografien – und damit gleichfalls künftig zu sinkenden Rentenansprüchen. Will man diese Altersarmut und damit ein verschärftes Auseinanderklaffen der Einkommensverteilung vermeiden, halte ich die Einführung einer mit Steuermitteln finanzierten Minimalrente für unumgänglich.

Wichtiger noch ist aber eine längerfristig angelegte Politik gegen die Ungleichheit. Und da muss man bei den ganz Kleinen beginnen. Die Kommunen müssen die Investitionen in die frühkindliche Bildung durch ein flächendeckendes Angebot an Krippen und Kindergärten erhöhen. Auch in das Schulsystem muss investiert werden. Die Schüler sollen gute Lehrer bekommen und man muss Strukturen aufbauen, die einen differenzierten Unterricht ermöglichen – mit dem Ziel, dass alle Schüler entsprechend ihren Fähigkeiten und Voraussetzungen einen optimal angepassten Unterricht erfahren.

Nur wenn es gelingt, sowohl in der Spitze als auch in der Breite bestmöglich ausgebildete junge Menschen aus dem Schulsystem zu entlassen, lässt sich das Wohlstandsniveau in Deutschland halten, und vor allem sicher erhalten. Ein gutes Bildungssystem gibt gerade jenen eine Chance zum Aufstieg, die von ihren sozialen Voraussetzungen her eher benachteiligt sind. Ein adäquates Bildungssystem ist ein wichtiger Beitrag dazu, die Ungleichheit, vor allem die Ungleichheit der Vermögen, zu vermindern. Wer dank besserer Bildung sozial aufsteigt, kann auch ein Vermögen erwerben. Die Schicht der Vermögenden bleibt damit offen und reproduziert sich nicht nur aus sich selbst. Die soziale Mobilität nimmt zu. Wenn wir das ereichen, haben wir die Mittel gut angelegt.

Selbstverständlich ist das ein langfristiger Prozess. Aber er muss jetzt in Angriff genommen beziehungsweise verstärkt werden Die demografische Entwicklung, die in den kommenden Jahrzehnten zu sinkenden Schülerzahlen führt, erleichtert diese Investitionen. Man wird nicht mehr Lehrer und Erzieher brauchen, um Kleinkinder und Schüler besser zu betreuen und auszubilden. Es geht primär um qualitative Verbesserungen, aber auch die kosten Geld. Die neuen Einnahmen des Staats könnten jedoch kaum besser verwendet werden als für Investitionen ins Bildungssystem. Das wäre auf längere Sicht eine der wirksamsten politischen Strategien gegen Ungleichheit und die Zusammenballungen von Einkommen und Vermögen.

Ein allgemeiner Mindestlohn als Bollwerk gegen Lohndruck

Es gibt auch eine Maßnahme gegen die Ungleichheit, die den Staat überhaupt kein Geld kostet, sondern ihm sogar hilft, Mittel einzusparen. Das ist die Einführung eines allgemeinen gesetzlichen Mindestlohns – eine immer noch sehr umstrittene Maßnahme. Noch immer glauben viele Ökonomen und Politiker, Deutschland käme, anders als die meisten europäischen Länder und die USA, ohne einen allgemeinen gesetzlichen Mindestlohn aus. Als Argumente dienen die altbekannten: Die Beschäftigung würde unter einem Mindestlohn leiden oder der Staat solle sich wegen der im Grundgesetz garantierten Tarifautonomie aus der Lohnbildung heraushalten; dies sei Sache der Tarifparteien, und so weiter und so fort.

Beide Argumente hören sich irgendwie plausibel an – wenn sie nur richtig wären. Wie sich Mindestlöhne auf die Beschäftigung auswirken, ist mittlerweile relativ gut erforscht. Die daraus gewonnenen Erkenntnisse kommen primär aus dem Ausland, da es in Deutschland ja keinen allgemeinen Mindestlohn gibt. Insofern beziehen sich die deutschen Forschungsergebnisse auf die Wirkung von sektoralen Mindestlöhnen. Die Ergebnisse legen im Überblick die Schlussfolgerung nahe, dass die Einführung eines Mindestlohns keine großartigen Auswirkungen auf die Beschäftigung hat. Die vorliegenden Studien kommen zu unterschiedlichen Ergebnissen. Die einen zeigen positive, die anderen negative Effekte. Allen gemeinsam ist, dass die nachgewiesenen Beschäftigungseffekte nicht groß sind. Zu diesem Ergebnis kommt sogar der Sachverständigenrat, der ansonsten die Einführung von Mindestlöhnen ablehnt.[61] Wirtschaftspolitisch bedeutet das: Nichts ist gerechtfertigt – weder die Hoffnungen der einen, durch Mindestlöhne ließe sich infolge höherer Kaufkraft die Beschäftigung steigern, noch die Befürchtungen der anderen, Mindestlöhne würden Beschäftigung, besonders im Bereich niedriger Qualifikationen, vernichten. Aber was hätte man dann davon?

Was sich bei der Einführung von Mindestlöhnen als besonders positiv herausstellt, ist, dass die Einkommen derjenigen, die Mindestlöhne erhalten, nach und nach steigen. Das geht in Teilen zulasten der Gewinne der entsprechenden Unternehmen; teilweise erhöhen diese die Preise, sie belasten also die Kunden. Damit haben Mindestlöhne bezogen auf die Verteilungsfrage genau die gewünschte Wirkung. Sie verteilen die Rendite zulasten der Unternehmereinkommen und zugunsten der Arbeitnehmereinkommen um. Sie leisten also – wie gewünscht – einen Beitrag dazu, die Ungleichheit zu vermindern. Hinzu kommt ihre indirekte Wirkung auf die übrigen Löhne. Indem Mindestlöhne eine gesetzliche Untergrenze für Löhne fixieren, stärken sie die Verhandlungsposition der Gewerkschaften. Diese können daher vor allem im Niedriglohnbereich leichter höhere Lohnsteigerungen erzielen. Auf diesem Weg stoppen sie die permanente Umverteilung in Richtung Gewinneinkommen.

Bleibt also das prinzipielle Argument gegen eine Einmischung des Staates in die Lohnbildung. Wünschenswert wäre das im Grunde schon. In der alten Bundesrepublik vor der Vereinigung, in der die Löhne durch die Tarifparteien, quasi auf Augenhöhe, festgelegt wurden, waren Mindestlöhne in der Tat überflüssig, da der allgemein gültige Tariflohn faktisch eine anerkannte Lohnuntergrenze bildete. Der Staat hätte in diesem Prozess nur stören können.

Seit der Wiedervereinigung und den allgemeinen gesellschaftlichen Veränderungen der vergangenen beiden Jahrzehnte, die sowohl die Gewerkschaften als auch die Unternehmensverbände geschwächt haben, sind großflächige tariffreie Zonen der Lohnbildung entstanden. Das kann man sich wie eine unreglementierte Grauzone vorstellen. Im Ergebnis gibt es in weiten Bereichen, insbesondere in Ostdeutschland, keine Lohnuntergrenzen mehr. Die heile Tarifwelt der alten Bundesrepublik existiert nicht mehr. Sie ist auch so einfach nicht mehr zurückzuholen, selbst wenn die Gewerkschaften und auf der anderen Seite die Unternehmensverbände auf längere Sicht wieder an Stärke gewinnen.

Diese Tendenz wird noch einmal dadurch verstärkt, dass sich die Lohnbildung nunmehr im Kontext eines europäischen Binnenmarktes vollzieht. Aus europäischer Sicht ist die Reichweite von Tarifverträgen nochmals eingeschränkt. Daher kann die an sich gesamtwirtschaftliche Aufgabe nicht mehr allein den geschwächten Tarifparteien aufgebürdet werden. Schlussendlich ist die Wirtschaftspolitik in letzter Instanz für die gesamtwirtschaftliche Stabilität verantwortlich. Daraus ergibt sich eine oft völlig veränderte Machtbalance bei der Lohnbildung. Der einzelne Arbeitsuchende steht nun dem einzelnen Unternehmer oder Unternehmen bei der Aushandlung des Lohns gegenüber. Wenn man nicht gerade ein gesuchter Spezialist ist, zieht der einzelne Arbeitnehmer dabei in Zeiten der Arbeitslosigkeit immer den Kürzeren. Er wird so ziemlich jedem Lohn zustimmen, nur um die Arbeit zu bekommen und nicht arbeitslos zu bleiben oder zu werden. Das gibt den Arbeitgebern eine große Macht, vor allem in Branchen oder Berufen, in denen die Auswahl an Bewerbern groß ist. Sie können den Lohn sehr weit nach unten drücken. Selbst dort, wo es Tarifverträge gibt, wie zum Beispiel im Friseurgewerbe in Ostdeutschland, ist die Lohnhöhe teilweise beschämend niedrig. Nicht umsonst fahren polnische Arbeitsuchende mittlerweile durch Deutschland durch, um sich erheblich besser bezahlte Arbeit im europäischen Ausland zu suchen. Dort gibt es dann auch Mindestlöhne. Darauf kann unser Land nicht stolz sein.

Der Druck auf die Löhne speist sich zudem aus den Zuverdienstregelungen für Hartz-IV-Empfänger. Sie dürfen nur wenig hinzuverdienen, damit sie nicht mit entsprechenden Abzügen vom Regelsatz bestraft werden. Das schafft einen enormen Anreiz, nur minimal bezahlte Jobs anzunehmen, die sich im Rahmen von geringfügigen Beschäftigungsverhältnissen bewegen. Auch die Aufstockerregelung wirkt dämpfend auf den Lohn. Daraus ergibt sich das Sparpotenzial des Staates, in dem ein Mindestlohn eingeführt wird. Mit einem Mindestlohn dürften die Einkommen rasch über der Hartz-IV-Grenze liegen. Also entfällt die Verpflichtung des Staates, den Lohn aufzustocken. Würde man außerdem die Zuverdienstregelungen ändern, sodass die Betroffenen einen Mindestbetrag hinzuverdienen müssten, um keine Abzüge zu erhalten, entfiele auch dieser Anreiz, die Löhne zu drücken.

Mein Fazit: Die Einführung eines allgemeinen gesetzlichen Mindestlohns kann die Verteilung der Einkommen gerade am unteren Ende nach oben stauchen. Zugleich steigt die Sicherheit derjenigen, die über eine noch halbwegs rentable Beschäftigung verfügen. Sie wissen nun, dass sie nicht ins Bodenlose fallen, wenn sie ihre Stelle einmal wechseln müssen. Eine minimale Entlohnung ist gesetzlich garantiert. Vor allem aber trägt der Staat mit der Einführung eines Mindestlohns den gesellschaftlichen Veränderungen der vergangenen beiden Jahrzehnte deutlich Rechnung. Der Verbandskorporatismus der deutschen Tariflandschaft ist fast überall untergegangen. Das mag man bedauern, aber es ist so und wir müssen mit den neuen Verhältnissen zurechtkommen – und sie gestalten.

Steht eine Zeitenwende bevor?

Die geschilderten einzelnen Maßnahmen wirken alle in Richtung mehr Gleichheit. Sie sind im Prinzip geeignet, die Krisenquelle Ungleichheit in ihrem Fluss zu hemmen. Aber wird das ausreichen? Ich habe da so meine Zweifel. In Wahrheit ist die wirtschaftspolitische Herausforderung deutlich größer als die Summe der einzelnen Maßnahmen. Das übergeordnete Ziel ist ambitioniert: Wir müssen in Deutschland eine neue wirtschaftspolitische Ordnung etablieren. Das Ancien Régime ökonomischen Denkens und Handelns, das in den vergangenen Jahrzehnten zu immer weniger Teilhabe breiter Schichten der Bevölkerung am ökonomischen Erfolg geführt hat, muss abgelöst werden.

»Dank« dieses Systems sind sowohl am oberen als auch am unteren Ende der Einkommensskala Parallelgesellschaften entstanden, deren Mitglieder mit dem großen Rest der Gesellschaft nur noch wenig gemein haben – natürlich auf gänzlich verschiedene Weise. Das gilt nicht nur im Hinblick auf die ökonomische Situation. Es geht vor allem um gemeinsame oder eben trennende Werte. Das zeigen beispielsweise die jüngsten Integrationsdebatten um Migranten auf der einen Seite und so manche Banker auf der anderen Seite, die trotz verlustreicher und für die Steuerzahler teurer Bankensanierungen ungerührt Anspruch auf unverschämt hohe Bonuszahlungen erheben. Phänomene wie diese werfen ein grelles Schlaglicht auf die tiefe ökonomische und wertmäßige Spaltung der Gesellschaft.

Das Nouveau Régime muss also vor allem auf die Integration dieser so verschiedenen Randgruppen gerichtet sein. Diese Integrationsleistung ist primär eine normative Aufgabe – sie zielt auf eine gemeinsame Wertebasis. Aus ökonomischer Sicht muss es Grenzen der ökonomischen Spaltung nach oben wie nach unten geben. Wirtschaftlicher Erfolg sollte letztlich allen zugute kommen. Um Missverständnissen vorzubeugen: Das ist kein Plädoyer für eine Gleichverteilung. Unternehmen oder Unternehmer, die neue Produkte oder Produktionsverfahren erfinden und sie besonders erfolgreich an den Markt bringen, sollen diesen Erfolg auch an ihrem Einkommen und ihrem Vermögen ablesen dürfen. Sie sollen sich aber auch verpflichtet fühlen, ihre Mitarbeiter an diesem Erfolg teilhaben zu lassen; das soll kein Gnadenbeweis sein.

Aus dieser normativen Grundhaltung heraus ergibt sich gleichzeitig die gesellschaftliche Ächtung einer bestimmten Art von Arbeitgebern. Ich denke an diejenigen, die ihren Erfolg nicht etwa einer besonders guten Produktion verdanken, sondern dem besonders harten Druck auf die Arbeitsbedingungen ihrer Beschäftigten. Das können schikanöse Arbeitsbedingungen oder skandalös niedrige Löhne sein. Im Einzelhandel finden sich dafür besonders viele Beispiele. Aus dieser Werthaltung folgt aber auch die Ächtung jener Arbeitnehmer, die ihre tatsächliche oder vermeintliche Machtposition innerhalb eines Unternehmens oder einer Branche ausnutzen, um den wirtschaftlichen Erfolg für sich zu beanspruchen. Diese Haltung scheint vor allem im Finanzwesen weit verbreitet zu sein. Dazu fällt bestimmt jedem Leser etwas ein!

Vor dem Hintergrund dieser Werthaltung sollte auch die neue Wirtschaftspolitik agieren. Anders als in der Vergangenheit sollten die Verantwortlichen es als Manko ansehen, wenn die Lohnentwicklung jahrelang hinter der Produktivitätsentwicklung zurückbleibt. Das ist nämlich kein Anlass, um die Bescheidenheit der Arbeitnehmer zu loben. Es ist vielmehr ein Grund, sich um die gesamtwirtschaftliche Stabilität Sorgen zu machen – wir müssen darüber nachdenken, welche wirtschaftspolitischen Maßnahmen dazu beitragen könnten, die Verhandlungsposition der Arbeitnehmer zu stärken. All das wurde im vergangenen Jahrzehnt geradezu sträflich vernachlässigt.

Triebkräfte des Wandels:
demografische Entwicklung und europäische Integration

Es gibt da auch noch eine interessante Entwicklung. Die Wende zu einer integrativen wirtschaftspolitischen Ordnung, die gegen Ungleichheit angeht, ist mittlerweile nicht mehr nur als Ergebnis einer freiwilligen wirtschaftspolitischen Zeitenwende denkbar. Sie wird wahrscheinlich erzwungen. Zwei Faktoren wirken in diese Richtung. Der erste ist die demografische Entwicklung, der zweite die europäische Integration. Beide möchte ich näher beleuchten.

Die demografische Entwicklung führt schon seit einigen Jahren zu einer allmählichen Abnahme des Arbeitsangebots. Diese Grundtendenz ist bereits seit Ende der 1990er Jahre erkennbar, damals wurde sie jedoch durch eine starke Zuwanderung vor allem aus dem krisengeschüttelten Balkan noch mehr als ausgeglichen. Mittlerweile ist die Zuwanderung nicht nur zum Stillstand gekommen, sondern es lässt sich sogar eine leichte Abwanderungstendenz feststellen. Das verstärkt den demografischen Trend noch einmal.

Auf dem Arbeitsmarkt zeigt sich das als eine allmählich zunehmende Knappheit an Arbeitskräften. Sie ist vor allem in Ostdeutschland spürbar, das über den allgemeinen Trend hinaus zusätzlich Arbeitskräfte durch die binnenwirtschaftliche Wanderung von Ost nach West verliert. Die Klagen der Unternehmen über einen Mangel an Facharbeitern mögen zwar angesichts der immer noch hohen Arbeitslosigkeit und einer Unterbeschäftigung von Menschen auf Teilzeitstellen oder in prekären Arbeitsverhältnissen voreilig sein. In Zukunft werden sie aber vermutlich berechtigt sein. Allein die Aussicht auf einen Mangel an Arbeitskräften wird das Verhalten der Unternehmen gegenüber ihren Mitarbeitern grundlegend ändern. Deren Verhandlungsposition und die der Gewerkschaften werden sich erheblich verbessern. Diese Trendwende wird – welch eine Ironie – durch die Politik der Lohnzurückhaltung in den vergangenen Jahren noch beschleunigt. Das haben sich die Arbeitgeber damals wohl ganz anders gedacht. Das Pendel schwingt heftig zurück.

Die Zurückhaltung bei den Löhnen erhöhte ständig die Wettbewerbsfähigkeit der Exporte aus Deutschland auf den Weltmärkten, insbesondere innerhalb des Euroraums. Das hat zu wachsender Nachfrage nach Produkten aus Deutschland geführt, und zugleich haben sich die Unternehmen in Deutschland immer mehr zu den Auslandsmärkten hin orientiert. Zum einen trafen sie dort auf eine dynamische Nachfrage nach ihren Produkten. Zum anderen war, ebenfalls als Folge der schwachen Lohnzuwächse, der Binnenmarkt in Deutschland alles andere als dynamisch, sodass dort nur geringe Absatzchancen bestanden.

Damit beschritt die deutsche Wirtschaft einen Sonderweg im Außenhandel. Anders als in fast allen größeren europäischen Volkswirtschaften, in denen die außenwirtschaftliche Verflechtung im Zuge der Globalisierung allmählich zunahm, machte die deutsche Wirtschaft in den vergangenen 15 Jahren einen Quantensprung. Ihre Exportquote verdoppelte sich in dieser Zeit nahezu.[62] Gemessen an der gesamtwirtschaftlichen Wertschöpfung besteht nun also ein fast doppelt so großer Anteil aus Auslandsnachfrage. Diese Tendenzen weisen ansonsten nur kleinere Volkswirtschaften wie Österreich oder die Niederlande auf.

Dieser hohe Anteil an Auslandsnachfrage hat massive Konsequenzen für die künftige Produktion und Beschäftigung. Sie führt vor dem Hintergrund der demografischen Entwicklung zu einer spürbaren Diskrepanz zwischen der Nachfrage nach Produkten von Unternehmen aus Deutschland und dem Angebot an Arbeit, diese zu produzieren.

Dieser Befund steht der weit verbreiteten Ansicht entgegen, eine Wirtschaft mit einem ausgeprägten Alterungsprozess müsse zwangsläufig schrumpfen. Abgesehen davon, dass der Alterungsprozess selbst neue Arten von Nachfrage und Angeboten an altersspezifischen Produkten erzeugt, gibt es eben noch die Auslandsnachfrage. Das Ausland als Ganzes gesehen altert langsamer als Deutschland, daher kann man dort die ohnehin zweifelhaften alterungsbedingten Stagnationsprozesse in weniger starkem Ausmaß erwarten. Etwas anderes ist aber viel wichtiger: Die Nachfrage aus den aufstrebenden Marktwirtschaften insbesondere nach Investitionsgütern, welche die deutsche Wirtschaft in hohem Maß exportiert, wird auf absehbare Zeit noch sehr dynamisch sein. Der Schrumpfungsprozess ist also nicht zwangsläufig, denn die Absatzmärkte verschwinden ja nicht einfach so.

Wie man Beschäftigungsreserven mobilisiert

Allerdings stellt sich die Frage, wie diese Produkte mit einer abnehmenden Erwerbsbevölkerung hergestellt werden können. Der erste Vorschlag, der an dieser Stelle meist kommt, lautet: Zuwanderung. Bis zu 500 000 gezielt ausgewählte Zuwanderer werden von Migrationsforschern gefordert. Das aber ist eine völlige Illusion, denn dafür müsste erst einmal der Trend zur Abwanderung gedreht werden. Man müsste die gesuchten Fachkräfte finden – und deren Familienangehörigen würden sicherlich auch einreisen wollen. Es dürfte sich also alles in allem um eine Zuwanderung von mehreren Millionen Menschen handeln. Man sollte nicht darauf setzen, dass all dies geschieht.

Hinzu kommt, dass sich auch andere Länder, die sich in einer ähnlichen Situation wie Deutschland befinden, um genau die gleichen Einwanderer bemühen dürften. Nichts spricht dagegen, sich um verstärkte Zuwanderung zu bemühen, doch wer sich davon die Lösung des Arbeitskräfteproblems verspricht, hat wohl keinen Sinn für die Realität. Damit bleiben nur zwei Alternativen. Entweder die Unternehmen wandern aus, oder es werden massiv Beschäftigungsreserven in Deutschland mobilisiert. Da Verlagern teuer und riskant ist, wird es wahrscheinlich auf eine Mischung aus beiden Möglichkeiten hinauslaufen.

Was die Beschäftigungsreserven angeht, so wird eine Mobilisierung nur dann möglich sein, wenn die Löhne deutlich steigen. Sie könnten sogar so stark steigen, dass sich die Umverteilung umkehrt und in Deutschland eine Ära der Lohnblüte beginnt. Als Erstes dürfte das in Ostdeutschland zu spüren sein. Die Produktivität in der Privatwirtschaft ist dort mittlerweile so hoch wie im Westen – die Löhne aber bei Weitem nicht.[63] Gleichzeitig beklagen die ostdeutschen Unternehmen besonders die Abwanderung der jungen Arbeitskräfte. Es gibt ein probates Gegenmittel, vor dessen Nutzung die meisten Unternehmen derzeit noch zurückschrecken: höhere Löhne. Wenn sie wirklich die Abwanderung stoppen wollen, werden sie letztendlich die gleichen Löhne wie im Westen zahlen müssen.

Wenn die Löhne steigen und zugleich auch immer mehr Arbeitsplätze angeboten werden, wird das zusätzliche Arbeitskräfte mobilisieren. Teilzeitkräfte werden ihre Arbeitszeit ausdehnen. Menschen, die sich freiwillig oder unfreiwillig vom Arbeitsmarkt zurückgezogen haben, werden wieder einsteigen wollen. Die zu erwartende Welle höherer Ostlöhne wird im Westen Spuren hinterlassen. Auch dort wird ein Trend in Richtung höherer Löhne entstehen.

Ein (vorsichtig) optimistischer Blick in die Zukunft

Es ist also wahrscheinlich, dass sich in den kommenden Jahren, ausgehend von Ostdeutschland und befeuert von der hohen Auslandsnachfrage, eine unerhoffte Trendwende vollzieht. Die Einkommen der Beschäftigten werden endlich wieder real zunehmen, die Kaufkraft wird steigen. Und dann vermindern sich auch die Folgeprobleme der Ungleichheit: die Ungleichgewichte im Außenhandel und die Risiken durch Vermögenszusammenballungen. Eine neue wirtschaftliche Ordnung wäre entstanden. Deutschland würde sein Wachstum nicht mehr durch Exportüberschüsse erzielen, sondern durch eine kräftige Binnennachfrage, die nicht zuletzt durch Einkommen generiert wird, das auf Exportmärkten erzielt wurde.

Anders als im Ancien Régime entstünde aber eine außenwirtschaftlich stabile Situation insbesondere innerhalb des Euroraums, da die Handelsungleichgewichte zumindest aus deutscher Sicht abgebaut würden. Denn anders als früher kämen die Früchte des Exports breiten Schichten der Bevölkerung zugute, sie blieben nicht im Portefeuille der Unternehmen oder ihrer leitenden Angestellten. Ein Teil dieser erhöhten Einkommen würde für importierte Güter ausgegeben und damit zu steigenden Importen führen. Der Überschuss im Außenhandel würde sich vermindern, zugleich würde sich das binnenwirtschaftliche Wachstum beschleunigen. Der Schlüssel für diesen wirtschaftlichen Wandel liegt in der Machtposition der Arbeitnehmer und der Gewerkschaften. Die demografische Entwicklung ist auf ihrer Seite. Das alles klingt doch sehr gut – was sagt die Politik dazu?

Vorsicht: Märchenerzähler unterwegs

Mit der kräftigen wirtschaftlichen Erholung im Verlauf des Jahres 2010 beginnt eine neue Zeit der Märchenerzähler und Mythenbildner. Sie reisen durch die Lande und erzählen den Menschen, wie gut doch alles sei und wie sehr diese Erfolge der vorausschauenden Politik aus der Zeit vor der Krise zu verdanken seien, wobei das Wort »Krise« in ihren Erzählungen meist nicht vorkommt. Gemeint ist, dass die Arbeitsmarktreformen und die Schuldenbremse dazu geführt hätten, dass die Wirtschaft sich so schnell erholt und die Staatsfinanzen in Deutschland sich im Vergleich zu anderen Ländern relativ günstig darstellen. Die Botschaft lautet im Kern: Wir müssen die Vorkrisenpolitik fortsetzen. Diese Denkweise zeigt sich bereits deutlich in vielen Maßnahmen der Bundesregierung. So wird die Gesundheitsreform wegen der in ihr enthaltenen Pauschalbeträge die Ungleichheit verschärfen. Gleiches gilt für das Sparpaket, das primär zulasten von Arbeitslosen geht, anstatt den Finanzsektor fühlbar am Schuldendienst zu beteiligen.

Ich meine, das ist der Weg zur nächsten Krise. Denn kehren wir zu den Praktiken der Vorkrisenzeit zurück, werden wir auch in Zukunft globale Ungleichgewichte haben und die weltweite Ungleichheit wird sich verschärfen. Damit wäre der Keim für die nächste Krise gelegt, wie auch immer sie sich Ausdruck verleihen mag. Und dann wird sich erweisen, dass wir immer noch nicht gelernt haben, mit fundamentalen Unsicherheiten umzugehen. Das ist ein hoher Preis für eine ohnehin schale Rechtfertigung vergangener wirtschaftspolitischer Strategien. Das geht auch anders: wenn wir nämlich den Märchenerzählern und Mythenbildnern einfach nicht mehr glauben. Schließlich haben ihre wirtschaftspolitischen Vorstellungen uns in die Krise geführt.

Ein besserer Weg

Statt der alten Märchen benötigen wir eine neue wirtschaftliche Ordnung. Dann würden sich die Fehlentwicklungen des vergangenen Jahrzehnts gleichsam von selbst korrigieren. Angemessen wäre es, wenn die Wirtschaftspolitik diesen Pendelschwung konstruktiv begleiten, ihn vielleicht sogar beschleunigen würde. Wie das geht? Indem sie all das macht, was ich in den vorigen Kapiteln vorgeschlagen habe. Dann würden sich die positiven Trends schneller und möglicherweise reibungsloser vollziehen. Es ist sogar zu erwarten, dass die neue wirtschaftliche Ordnung sich zumindest einige Zeit lang selbst reproduziert. Wenn erst einmal die Lohnzuwächse auf einem guten Weg nach oben sind, werden sie diesen so schnell nicht wieder verlassen. Die Gewerkschaften würden das als Rückfall und Zeichen von

Erfolglosigkeit betrachten. Den Unternehmen wird es trotz leicht verminderter Renditen in einem Umfeld, in dem sie außenwirtschaftlich wettbewerbsfähig sind und gleichzeitig die Binnenwirtschaft blüht, nicht schlecht gehen. Sie sind daher zu Lohnzugeständnissen bereit. Wird es so kommen? Die Wahrscheinlichkeit ist hoch. Es wird aber auch heftige Widerstände geben, die den Wandel verzögern oder vielleicht sogar verhindern können. Die Protagonisten der vorherrschenden ökonomischen Lehre werden Zeter und Mordio schreien, da ihnen jede Löhnerhöhung als Vorbote des ökonomischen Untergangs erscheint – selbst wenn sie das angesichts der Knappheit von Arbeitskräften marktwirtschaftlich nicht begründen könnten.

Die Wirtschaftspolitik dürfte den Wandel gleichfalls ablehnen, da die Bundesregierung im Kern den Status quo ante Krise mit möglichst wenigen Modifikationen anstrebt. So wird die außenwirtschaftliche Anpassungslast von der Bundesregierung und der Bundesbank nicht symmetrisch bei Überschuss- wie bei Defizitländern gesehen, sondern ausschließlich bei den letztgenannten. Das ist schon rein rechnerisch unmöglich. Wenn die deutsche Wirtschaft weiterhin auf steigende oder auch nur konstante Außenhandelsüberschüsse als Wachstumsquelle setzen würde, könnten die anderen Länder ihre Defizite nicht ausgleichen, es sei denn, der Euroraum als Ganzes würde strukturelle Überschüsse erwirtschaften. Dann hätte sich die globale Schieflage aber sogar verschärft und die nächste Krise stünde vor der Tür.

So geht es jedenfalls nicht. Deutschland muss sein wirtschaftliches Verhalten ändern. Diese wissenschaftlichen und politischen Widerstände können den Wandel durchaus gefährden und die deutsche Wirtschaft auf der falschen Spur halten. Es ist vorstellbar, dass es weiteren Druck auf die Löhne gibt, als Teil weiterer Arbeitsmarktreformen. Allerdings werden dann auch die Unternehmen wegen des Arbeitskräftemangels immer mehr in Schwierigkeiten geraten. Das klingt gar nicht gut.

Entscheidend wird sein, wie die EZB auf ein verändertes wirtschaftspolitisches Regime in Deutschland reagiert. Wird sie – wie es vor der Krise der Fall war – schon die Ankündigung höherer Lohnforderungen in Deutschland als versuchten Verstoß gegen die Preis-stabilität werten? Oder wird sie erkennen, dass die Preisstabilität im Euroraum nicht gefährdet ist, sondern Deutschland nur eine ihm gemäße Rolle spielt, die der Stabilität des Euroraums sogar dienlich ist? Diese Hoffnung setzt allerdings voraus, dass die übrigen Länder des Euroraums gleichfalls die Stabilität wahren. Das würde für einige weit zurückhaltendere Lohnzuwächse bedeuten. Es besteht die realistische Gefahr, dass mindestens eine dieser Bedingungen nicht erfüllt ist. In diesem Fall würde die EZB einen restriktiven geldpolitischen Kurs mit hohen Zinsen einschlagen. Das würde das Wachstum drücken und so den Arbeitskräftebedarf mindern. Es würde allerdings auch bedeuten, dass Deutschland und der Euroraum vor einer langen Phase wirtschaftlicher Stagnation stünden. Der Wandel würde gestoppt. Das klingt noch schlechter.

Ich bin dennoch optimistisch. Die Hindernisse sind groß, aber überwindbar. Ein Wechsel ist, anders als noch zu Beginn des Jahrzehnts, vor dem Hintergrund des Arbeitskräftemangels im Interesse sowohl der Beschäftigten als auch der Unternehmen der Export-wirtschaft. Das dürfte zumindest helfen, politische Widerstände zu überwinden. Selbstverständlich ist auch das neue Regime nicht ungefährdet. Es kann zu Krisen kommen, es können sich Übertreibun-gen herausbilden. Das muss die Wirtschaftspolitik im Auge behalten, und sie muss bereit sein, gegebenenfalls mäßigend einzugreifen. Die konjunkturellen Schwankungen werden sich auch unter den verän-derten Gegebenheiten fortsetzen.

Die Wiederentdeckung der Konjunktur

Allein das Wort »Konjunkturpolitik« löste in den vergangenen bei-den Jahrzehnten bei den meisten Ökonomen und Wirtschaftspoli-tikern entweder reines Entsetzen oder nur noch ein müdes Gähnen aus. Wie konnte man sich nur mit diesem altmodischen Zeug beschäftigen, das war ja nun in höchstem Maße nutzlos! Es schien vollkommen abwegig, sich überhaupt mit dem Phänomen Konjunktur zu befassen. Stattdessen betrieb man »Wachstumspolitik«, die sich nicht mehr auf die gesamtwirtschaftliche Nachfrage, sondern lediglich um das Angebot kümmerte. In den Augen vieler Politiker und Wissenschaftler war dies ein langfristig tragfähigerer Weg, wirtschaftliche Dynamik zu entfalten, als eine vermeintlich kurzfristig orientierte Nachfragepolitik, die auf zyklische Schwankungen reagierte.

Die Krise sollte alle Verantwortlichen gelehrt haben, wie wichtig ein konjunkturpolitisches Instrumentarium ist, selbst wenn man es nicht jederzeit anwendet, sondern einfach nur für Krisenfälle vorhält. Schließlich kann niemand ausschließen, dass es früher oder später – aus welchen Gründen auch immer – wieder zu einer Krise kommt. Die Marktwirtschaft ist kein Sofa, auf dem man sich ausruhen kann und gelassen auf den stetigen Strom der Ereignisse blickt. Marktwirtschaft ist das produktive Chaos, das jederzeit ausflippen kann, um in einen Zustand knallbunter Euphorie oder tiefschwarzer Panik zu verfallen. Da gibt es genug Aufgaben für eine aktive Konjunkturpolitik: Sie muss an der Seitenlinie dieses Chaos stehen, durch permanente und sorgfältige Analysen dessen Zustand im Auge behalten und dann, wenn der Zustand pathologisch zu werden droht, mittels geeigneter konjunkturpolitischer Maßnahmen beruhigend oder stimulierend eingreifen. Doch was ist schon »geeignet«?

In diesem Zusammenhang ist der Unterschied zwischen Automatismen oder automatischen Stabilisatoren auf der einen Seite und diskretionären Eingriffen auf der anderen Seite wichtig. Die Erstgenannten wirken ständig, ohne dass die Politik irgendeine Entscheidung zu treffen braucht. Das macht ihren Vorteil aus, da auf diese Weise eine schnelle Reaktion auf konjunkturelle Fehlentwicklungen gewährleistet ist.

In der Vergangenheit wurde immer wieder empfohlen, sich allein auf solche Mechanismen zu verlassen. In dem vorherrschenden harmonischen Verständnis von Wirtschaft, die fortwährend auf einen Gleichgewichtszustand zustrebt, der allenfalls temporär verlassen wird, mag das ausreichen. Die Realität sieht härter aus. Außer Kontrolle geratene Bewegungen weg von jedem Gleichgewicht, wie sie während der Finanzkrise auftraten, sind so kaum zu bewältigen: In diesen speziellen Situationen muss die Politik zusätzliche diskretionäre Entscheidungen fällen, um die Wirtschaft wieder auf Kurs zu bringen. Man braucht also beides, adäquate Automatismen, die kleinere Störungen auffangen und bei größeren helfen, und Konzepte für geeignete konjunkturpolitische Entscheidungen, die im Fall einer tiefen Konjunkturkrise greifen sollen.

Die automatischen Stabilisatoren stärken

Das klingt selbstverständlich. Ist es aber nicht. Die Politik der vergangen Jahrzehnte verlief tatsächlich in die Gegenrichtung. Das war in gewisser Hinsicht sogar konsequent. Wenn Konjunktur keine Rolle mehr spielt, braucht man sich vor ihr auch nicht mehr zu schützen. Folglich wurde durch die Reformen der Einkommensteuer deren automatische Stabilisierungswirkung deutlich geschwächt. Die Einkommensteuer erreicht diese Wirkung, indem bei stark steigenden Bruttoeinkommen, also bei guter Konjunktur, der durchschnittliche Steuersatz gleichfalls steigt. Das bremst den Anstieg der Nettoeinkommen und damit die Ausgaben für den privaten Verbrauch. Die Konjunktur wird gedämpft und damit die Gefahr gemindert, dass sie überschäumt. Umgekehrt fällt bei sinkenden Bruttoeinkommen der Durchschnittssteuersatz; das mindert den Rückgang der Nettoeinkommen und stabilisiert folglich den privaten Verbrauch. Der Konjunktureinbruch wird abgemildert. So leistet die Einkommensteuer einen gleichsam automatischen Beitrag dazu, den Konjunkturverlauf zu stabilisieren.

Wie stark diese Eigenschaft dieser Steuer ausgeprägt ist, hängt davon ab, wie steil der Anstieg des Durchschnittssteuersatzes bei zunehmenden Einkommen ist, wie hoch also der Progressionsgrad des Steuersystems ist. Genau dieser Progressionsgrad ist aber, über den gesamten Einkommensverlauf gesehen, gesenkt worden. Das geschah insbesondere durch den niedrigeren Spitzensteuersatz. Er greift einerseits zwar schon bei relativ niedrigen Einkommen, was für sich genommen die Progressionswirkung erhöhte – mindert diese aber andererseits über den gesamten Verlauf, weil damit die Progression schon bei vergleichsweise niedrigen Einkommen aufhört. Der Tarifverlauf ist also gestaucht worden. Es entstünde erst recht ein Problem, wenn die immer wieder diskutierten Vorstellungen über weitere Steuerreformen mit nur wenigen – nach den Vorstellungen des Steuerrechtlers Paul Kirchhoff sogar nur einem – Stufentarifen zum Zuge kämen. Die Einfachheit des Steuersystems dürfte sich meiner Ansicht nach ohnehin als Illusion erweisen – aber wenn es so kommt wie befürchtet, würde auch seine stabilisierende Wirkung zerstört.

Besser wäre es, den Tarifverlauf wieder zu dehnen, indem die Steuersätze zwar langsamer auf die Höhe des Spitzensteuersatzes stiegen, dieser aber angehoben wird. Dann würde sich der Progressionsgrad wieder erhöhen und der automatische Stabilisator Einkommensteuer gestärkt. Dies ist wichtiger als eine ohnehin fragwürdige Einfachheit. Steuern werden schließlich nicht auf Bierdeckeln berechnet, sondern auf dem PC.

Auch die Arbeitsmarktreformen haben die automatische Stabilisierungswirkung des Sozial- und Abgabensystems geschwächt. Dies zeigt sich vor allem dann, wenn eine konjunkturelle Schwäche länger als ein Jahr dauert, was man nicht ausschließen kann. Dann erlischt für die Arbeitslosen, die zu Beginn der Konjunkturschwäche ihren Arbeitsplatz verloren haben, ihr Anspruch auf das Arbeitslosengeld I (ALG I), das noch an das letzte Nettoeinkommen gekoppelt ist. Sie fallen dann unter Hartz IV (ALG II), das unabhängig vom letzen Nettoeinkommen und damit in der Regel erheblich niedriger ist. Tritt dieser Fall ein, sinken die Einkommen verstärkt, was über einen entsprechend gedämpften privaten Verbrauch die Konjunktur belastet.

Die überaus positiven Erfahrungen mit der Stabilisierungswirkung der Arbeitsmarktpolitik während der jüngsten Krise könnten für den Übergang von ALG I zu ALG II adäquat genutzt werden. Ich stelle mir das wie folgt vor: Ist absehbar, dass eine Krise länger als ein Jahr dauert, verlängert sich automatisch die Bezugsdauer von ALG I. Die Einkommen der Arbeitslosen bleiben stabil, und sie werden, da sie relativ gering sind, in der Regel fast vollständig in den Konsum fließen. Das wiederum trägt dazu bei, den Konsum halbwegs stabil zu halten. Das war auch im Fall der Kurzarbeitsregelung so. Dieses Vorgehen entschärft eine konjunkturelle Schwäche ganz erheblich und trägt zur schnelleren Erholung bei. Ist ein Ende der Schwäche absehbar, verkürzt sich automatisch die Bezugsdauer von ALG I für neue Arbeitslose. Entstehen in einem Aufschwung neue Jobs, ist es zumutbar, dass Arbeitslose mehr finanziellen Druck bekommen, sich möglichst schnell eine Stelle zu suchen.

Die jüngste Krise hat für alle Beobachter eine anscheinend wundersame Erkenntnis gebracht: Eine Flexibilisierung der Arbeitszeit ist ein hervorragendes Instrument, um konjunkturelle Schwankungen aufzufangen, ohne dass es zur Massenarbeitslosigkeit kommt. Diese Lehre sollte für künftige Krisen beherzigt werden. Sinnvoll wäre dieses Instrument nicht nur auf Unternehmensebene, es sollte auch im Hinblick auf seine wirtschaftspolitische Flankierung automatisiert werden. Das heißt, geht die Produktion zurück, sollte ab einem vorab definierten Schwellenwert automatisch die verlängerte Kurzarbeiterregelung mit der entsprechenden staatlichen Subventionierung der Löhne und Gehälter in Kraft treten. Sobald das Vorkrisenniveau der Produktion erreicht wird, sollte sie ebenso automatisch wieder ausgesetzt werden. Flexible Arbeitszeiten könnten sich somit als ein Schlüsselinstrument künftiger wirtschaftlicher Stabilisierung erweisen. Nicht umsonst versuchen derzeit viele Wirtschaftspolitiker anderer Länder, vom Beispiel Deutschland zu lernen, das in der Tat die Krise auf dem Arbeitsmarkt so gut bewältigt hat wie kein zweites Land. Dabei ist aber immer ein fairer Interessenausgleich zwischen den Flexibilitätsbedürfnissen der Unternehmen und denen der Beschäftigten zu beachten. Ansonsten leidet die Akzeptanz dieses Instruments, und das macht es weniger wirksam, weil dann Konflikte während der eigentlich reibungslosen Anwendung entstehen.

Es besteht aber leider die Gefahr, dass die Wirkung der automatischen Stabilisatoren in Zukunft systematisch konterkariert wird. Schuld ist die Schuldenbremse, (noch) die Wunderwaffe der Wirtschaftspolitiker. Diese überaus positive Einschätzung dürfte vielfach auf einer gewissen Unkenntnis beruhen. Die Mechanik einer Schuldenbremse weist Eigenarten auf, die bei längeren Schwächephasen der Konjunktur diese weiter destabilisieren.

Das Gleiche gilt mit umgekehrten Vorzeichen auch für längere Phasen eines konjunkturellen Hochs. Man kann sagen, dass die Schuldenbremse tendenziell den automatischen Stabilisatoren entgegenwirkt. Dieser Effekt tritt dann ein, wenn die mechanisch festgelegte durchschnittliche Länge eines Auf- oder Abschwungs überschritten wird. Ab dann herrscht gemäß dieser Logik keine Konjunkturkrise beziehungsweise kein Konjunkturaufschwung mehr vor, sondern strukturelle Tendenzen führen zu gedämpftem oder beschleunigtem Wachstum. Im ersten Fall muss trotz schwachen Wachstums gespart und im zweiten darf trotz guter Konjunktur mehr ausgegeben werden. Beides wirkt genau gegenläufig zu den automatischen Stabilisatoren und setzt diese damit faktisch außer Kraft. Es steht zu befürchten, dass – wenn nichts geschieht – konjunkturelle Störungen in Zukunft noch stärker auf das Wirtschaftsgeschehen einwirken werden. Es sei denn, man ändert die Schuldenbremse; besser noch: Man schafft sie wieder ab.

Die konjunkturpolitischen Instrumente schärfen

Die Krise hat gezeigt, dass die automatischen Stabilisatoren allein bei schwereren wirtschaftlichen Einbrüchen nicht ausreichen. Das gilt besonders dann, wenn die Geldpolitik in ihrer Wirksamkeit durch Störungen im Finanzsektor oder bei akuten Deflationstendenzen gehemmt ist. Es muss neben den Automatismen die gezielte diskretionäre konjunkturpolitische Entscheidung geben. Es muss wieder möglich sein, Konjunkturpolitik aktiv zu betreiben. Das gilt wohlgemerkt in beiden Richtungen. Bei drohenden Übertreibungen sind konjunkturdämpfende Maßnahmen geboten. Doch was hilft nun genau? Um auf diese Frage eine Antwort zu finden, habe ich mir vor Augen geführt, was während der Krise funktioniert hat und was nicht. Sicherlich ist es für eine endgültige Antwort noch zu früh, doch aus den ersten Beobachtungen ergeben sich schon deutliche Hinweise.

Es hat sich vor allem gezeigt, dass die Investitionsprogramme wirksam sind. Das gilt sowohl für das Inland als auch für das Ausland, von dessen Impulsen der Export aus Deutschland profitierte. Das erzeugte eine wechselseitige Verstärkung in- und ausländischer Impulse. In Deutschland kann man den Weg der staatlichen Gelder von der Beschlussfassung bis hin zur konkreten Wirkung relativ genau verfolgen. Beschlossen wurden die Gelder von der Bundesregierung im Januar 2009. Dann musste mit den Ländern und Kommunen über die Verteilung der Mittel verhandelt werden. In den Auftragsbüchern der Bauindustrie, die vor allen anderen profitierte, tauchen die Gelder allerdings erst gegen Ende 2009 auf, und die Konjunktur belebte sich erst 2010 so richtig. Es dauerte – abgesehen von Erwartungseffekten und den Impulsen aus Ländern, die wie China und Südkorea schneller agierten – über ein Jahr, bis man einen nennenswerten Effekt feststellen konnte.

Investitionsprogramme sind also effektiv, aber langsam. Um den Prozess zu beschleunigen, sind zum einen institutionelle Änderungen erforderlich (mit denen ich mich im nächsten Abschnitt befasse). Zum Zweiten wäre es sinnvoll, wenn die Regierungen solche Programme für den Notfall in ihren Schubladen liegen hätten. Es ist doch ohnehin ihre Aufgabe, öffentliche Investitionsbedarfe zu definieren. Eine solche Regelung würde außerdem verhindern, dass man wertvolle Zeit mit Überlegen darüber verbringt, wozu die Gelder nun verwendet werden sollen.

Offensichtlich aber brauchen wir schneller wirkende Maßnahmen, um die Konjunktur adäquat zu stimulieren. In der Krise hatte die Abwrackprämie diese Funktion. Nun kann man eine solche Maßnahme nicht beliebig oft wiederholen, vor allem, wenn die Konjunkturschwächephasen zeitlich dicht aufeinander folgen würden. Irgendwann wäre der Bestand an PKWs schließlich nicht weiter zu verjüngen. Eine ähnlich stimulierende Wirkung könnten Konsumschecks entfalten, wenn man ihre Gültigkeit zeitlich begrenzt. Pro Kopf wird ein Betrag festgelegt, der entweder für spezielle Güter ausgegeben werden muss oder für den allgemeinen Konsum gedacht ist. Letzteres wäre vermutlich einfacher. Gerade Menschen mit geringem Einkommen, die nichts oder nur wenig sparen können, werden die Schecks für zusätzlichen Konsum nutzen; bei höheren Einkommen dürfte es hingegen Mitnahmeeffekte geben. Die Konsumnachfrage würde aber sicherlich kurzfristig steigen – und dann würden auch bald die Investitionsprogramme wirken.

Konjunkturprogramme sollten indirekt die Anreize für private Haushalte und Unternehmen erhöhen, möglichst schnell ihre Ausgaben zu steigern. Besonders in Bereichen, die aus gesamtwirtschaftlicher Sicht für die Zukunft wichtig sind, sollten Investitionsanreize gesetzt werden. Ein prominentes Beispiel dafür ist die Energiewende hin zu einer emissionsarmen Energieproduktion.

Mit zeitlich begrenzten Investitionszulagen erzeugt man einen solch starken Anreiz. Dabei gibt es eine zuvor festgelegte Obergrenze für das Gesamtvolumen, und es werden nur jene Investitionen bezuschusst, die über das durchschnittliche Niveau der jeweils vergangenen Jahre hinausgehen. Die zeitliche Begrenzung erzeugt einen Druck, die Investitionen schnell auszuweiten. Er wird durch die festgelegte Obergrenze für den Gesamtbetrag noch verstärkt. Denn: Jeder potenzielle Antragsteller muss fürchten, dass der Etat schon ausgeschöpft ist, wenn er mit seinem Antrag auf Förderung zu lange zögert. Außerdem ist bei diesem Verfahren gesichert, dass zusätzliche Investitionen geleistet werden – sie werden ja nur dann gefördert. Der Konjunkturimpuls wird kommen. Zugleich erhöht man das langfristige Wachstumspotenzial, indem die ohnehin unvermeidliche – und gewünschte – Energiewende beschleunigt wird. Der Erfolg solcher Maßnahmen ist mittlerweile vielfach belegt. Als Musterbeispiele gelten die Zulagen für Wärmedämmung in Privathaushalten oder die Förderung der Solarenergie. Selbstverständlich sollte es bei jedem Konjunkturprogramm um ein neues Thema gehen. So lassen sich Abnutzungseffekte und Überinvestitionen vermeiden.

Ein eher umstrittenes Instrument, um die Konjunktur zu stimulieren, sind Senkungen der Einkommensteuer. Auf der einen Seite sind sie relativ rasch umzusetzen und führen damit schnell zu höheren Nettoeinkommen. Die Hoffnung ist, dass diese Maßnahme den Konsum anregt. Aber es gibt dabei auch ein Problem. Auf der anderen Seite können von niedrigeren Steuern nur jene profitieren, die Steuern zahlen. Die niedrigen Einkommen werden also überhaupt nicht entlastet. Der Effekt setzt erst bei mittleren Einkommen ein, ist dort aber noch vergleichsweise gering. Die höchste Entlastung ist bei den hohen Einkommen zu erwarten. Das sind aber genau die Einkommen, bei denen am meisten gespart wird. Wenn die Steuersenkungen aber nur zu mehr Ersparnissen führen, sind sie folglich konjunkturell nicht wirksam – also nutzlos.

Das war auch von wissenschaftlichem Interesse. Das Ergebnis ist aussagekräftig. Die meisten empirischen Untersuchungen zeigen einen Multiplikatoreffekt von deutlich kleiner als eins an. Das heißt, von jedem Euro, den der Staat durch niedrigere Steuern nicht einnimmt, geht deutlich weniger als 1 Euro in den Konsum und damit in die Konjunkturbelebung. Das ist wenig im Vergleich zu höheren öffentlichen Investitionen, die zumeist eine Multiplikatorwirkung von mehr als eins haben. 1 Euro, der hierfür verwendet wird, löst Ausgaben in mindestens der gleichen Größenordnung aus. Die Effektivität von Steuersenkungen ist der von öffentlichen Investitionen also deutlich unterlegen.

Man könnte diesen Nachteil vermindern, indem, wie es im Stabilitäts- und Wachstumsgesetz angelegt ist, die Steuersenkungen zeitlich begrenzt werden. Das erhöht den Druck, in dieser Phase möglichst viel Einkommen zu erzielen, führt also wie erwünscht zu vermehrten Anstrengungen in einer schwachen Konjunktur. Außerdem hat eine zeitliche Begrenzung den großen Vorteil, dass die Belastung der öffentlichen Haushalte gleichfalls zeitlich begrenzt bleibt.

Noch zielgerichteter wäre es, überhaupt nicht bei der Einkommensteuer anzusetzen, sondern bei der Abgeltungsteuer auf Kapitaleinkünfte. Hier müsste man allerdings gegenläufig vorgehen. Die Abgeltungsteuer sollte also während einer konjunkturellen Schwächephase erhöht werden. Das bedeutet: Kapitaleinkünfte lohnen sich in diesem Zeitraum weniger. Es ist also für Anleger in dieser Phase relativ lohnender, ihr verfügbares Einkommen auszugeben, anstatt es anzulegen. Damit gelangt es direkt in den Wirtschaftskreislauf. Auf diese Weise trägt es mehr dazu bei, die Wirtschaft zu beleben. Zwar würde es dann als Finanzkapital letztlich für Investitionen der Unternehmen zur Verfügung stehen. Eine Konjunkturkrise zeichnet sich aber gerade dadurch aus, dass die Unternehmen sich aus Unsicherheit scheuen, groß zu investieren. Das gilt zumindest für die Volkswirtschaft, die sich in der Konjunkturkrise befindet. Lieber investieren sie dann dort, wo die Konjunktur gut läuft. Das nützt der heimischen Wirtschaft auf kurze Sicht rein gar nichts. Daher ist eine zeitweilig erhöhte Abgeltungsteuer ein sinnvoller Weg, um private Mittel zu mobilisieren – und so die Konjunktur anzutreiben.

Alle diese Maßnahmen dienen dazu, das konjunkturpolitische Instrumentarium der Finanzpolitik effektiver zu machen. Dafür müssen jedoch einige Voraussetzungen erfüllt sein. Zum einen muss die Wirtschaftpolitik in Zukunft überhaupt bereit sein, dieses optimierte Instrumentarium einzusetzen. Es bringt nichts, wenn sie wie gehabt in schlichter Manier auf die Selbstheilungskräfte des Marktes vertraut. Zum Zweiten müssen die institutionellen Voraussetzungen dafür gegeben sein, dass die vorgeschlagene Politik funktionieren kann. Und genau das ist in Deutschland leider keine Selbstverständlichkeit.

Konjunkturelles Sorgenkind Kommune

Deutschland hat ein institutionelles Problem mit der Konjunkturpolitik. Prinzipiell liegt die konjunkturpolitische Kompetenz bei der

Bundesregierung. Diese Kompetenz wird aber auf zweierlei Art eingeengt. Zum einen geschieht das regional im Hinblick auf die Investitionen. Das Gros der öffentlichen Investitionen wird von den Kommunen durchgeführt. Sie und nicht der Bund entscheiden damit im Kern über den Erfolg oder Misserfolg von Investitionsprogrammen. Die zweite Beschränkung ergibt sich auf der supranationalen Ebene durch die EU. Man denke nur an die haushaltspolitischen Beschränkungen durch den Stabilitäts- und Wachstumspakt. Außerdem hängt die Wirksamkeit von Konjunkturprogrammen immer stärker davon ab, wie sich die anderen Mitgliedsstaaten der Währungsunion verhalten. Doch eins nach dem anderen.

Derzeit sind die Kommunen ein massives Hindernis für eine effektive Konjunkturpolitik. Das hat mit ihren verschiedenen Funktionen zu tun. Einerseits sind sie der Hauptinvestor vonseiten der öffentlichen Hand. Sie haben also eine besondere Verantwortung, sowohl in konjunkturschwachen Phasen als auch in Zeiten überschäumender Dynamik. Andererseits unterliegen die Kommunen einer speziellen Restriktion: In ihren Haushalten darf es keine Defizite geben. Im Fall eines Konjunkturhochs, das eine restriktive Haushaltspolitik erfordert, schränkt das den Handlungsspielraum der Kommune nicht ein. Im Gegenteil – dann sind Haushaltsüberschüsse ja erwünscht. In einem konjunkturellen Tief mit wegbrechenden Steuereinnahmen entsteht jedoch ein Konflikt zwischen einer adäquaten Haushalts- und einer adäquaten Konjunkturpolitik. Der Haushaltspolitiker würde in einer solchen Phase die Ausgaben, darunter die für Investitionen, kürzen, um den Haushalt angesichts fallender Steuereinnahmen auszugleichen. Der Konjunkturpolitiker würde das genaue Gegenteil tun: die Ausgaben, vor allem die Investitionen, erhöhen, um die Konjunktur zu beleben.

Da die erste Anforderung rechtlich bindend ist, wird sie im Zweifel erfüllt. So haben Kommunen während der Stagnation am Beginn des Jahrzehnts eine stark prozyklische Politik betreiben müssen, die die Stagnation verlängert hat. Das hat die damals ohnehin zaghaften Versuche des Bundes, eine antizyklische Politik durchzuführen, konterkariert. In der jüngsten Krise hat man versucht, diesen Effekt zu verhindern, indem der Bund unter der notwendigen Einschaltung der Länder Investitionsmittel an die Kommunen »durchgereicht« hat. Das war sicherlich ein sehr komplizierter und schwieriger Prozess. Die Mittel müssen zunächst an die Länder gehen, die sie dann erst an die Kommunen weitergeben. Es gehört nicht viel Fantasie dazu, sich vorzustellen, was dann passiert ist. Manche Länder werden im Zuge dieses Prozesses ihre eigenen Interessen, die nichts mit der Bekämpfung von Konjunkturkrisen zu tun haben, ins Spiel gebracht haben. Das mindert den Effekt konjunkturpolitischer Maßnahmen, da zusätzlich Geld aufgebracht werden muss, um Länderinteressen zu befriedigen.

Das Defizitverbot entwertet zudem Steuersenkungen als konjunkturpolitisches Instrument. Sie führen zu automatischen Einnahmeausfällen, und das nicht nur – wie erwünscht – beim Bund, sondern über den Beteiligungsschlüssel auch bei den Kommunen. Wegen des Defizitverbots müssen die Kommunen daher kompensierende Einsparungen vornehmen, die die Konjunktur belasten und damit den positiven Effekt der Steuersenkungen teilweise aufheben. So geschehen auch in der jüngsten Krise, als die Steuersenkungen im Rahmen des zweiten Konjunkturpakets dessen positive Wirkung auf kommunaler Ebene um rund ein Drittel reduzierten.[64]

Dieses institutionelle Hindernis für eine effektive Konjunkturpolitik sollte man in Zukunft überwinden. Dazu muss die Finanzierungsbasis der Kommunen grundlegend verändert werden. Es gibt zwei Optionen. Erstens: Man könnte das Defizitverbot aufheben. Dann müssten die Kommunen in Krisenzeiten nicht auf die geringeren Steuereinnahmen reagieren, und der Zwang zum prozyklischen Verhalten entfiele. Der Vorteil dieser Regelung: Sie ist technisch relativ einfach zu erreichen und es bedarf keiner weiteren Änderungen. Der gravierende Nachteil: Auf diese Weise würden möglicherweise die Schleusen für eine immer tiefere Verschuldung der Kommunen auch in konjunkturell guten Zeiten geöffnet. Das würde sie auf Dauer finanziell und politisch lahmlegen.

Die zweite Option wäre die, dass die Finanzausstattung der Kommunen grundlegend verbessert wird. Dafür reicht es aber nicht, den einen oder anderen Prozentpunkt mehr von der Mehrwert- oder Einkommensteuer zu bekommen – zumal die wohlhabenden, am wenigsten bedürftigen Kommunen gemäß dem gültigen Verteilungsschlüssel am meisten profitieren würden. Der Vorschlag des Bundesfinanzministers für eine kommunale Einkommensteuer geht zwar in die richtige Richtung, da er die finanziellen Unterschiede zwischen den Kommunen im Vergleich zum Status quo etwas vermindert und die Einnahmeschwankungen verringert. Doch das Grundproblem des Verteilungskampfes zwischen armen und reichen Bürgern und Kommunen, bei dem viele arme Kommunen keine Chance hätten, bliebe bestehen.

Es geht primär um qualitative Änderungen. Gerade weil das Defizitverbot fortbestehen soll, muss die Einkommensentwicklung der Kommunen verstetigt werden. Es wäre beispielsweise sinnvoll, die Kosten für soziale Unterstützungen grundsätzlich nicht mehr bei den Kommunen anzusiedeln, sondern dies als eine Aufgabe des Bundes anzusehen, der ohnehin für die entsprechende Gesetzgebung zuständig ist. Das würde zudem die Tendenz zur Kostenverlagerung auf die Kommunen vonseiten des Bundes bremsen, da dieser dann selbst für viele der Kosten aufkommen muss. Der entscheidende Vorteil einer solchen Regelung wäre, dass die Gemeinden nicht nur insgesamt massiv entlastet würden, sondern es würden vor allem die ärmsten profitieren. Dagegen wird sich bei wohlhabenden Kommunen ohne soziale Brennpunkte kaum etwas ändern. Das passt doch gut zum Thema Verteilungsgerechtigkeit!

Mit einer solchen Regelung würden die kommunalen Ausgaben in Zeiten ökonomischer Schwäche nicht mehr automatisch so stark zunehmen. Es bliebe also mehr finanzieller Spielraum für öffentliche Investitionen, die antizyklisch eingesetzt werden sollten. Eine solche Verteilung der Mittel würde starke Wachstumsimpulse auslösen, die Konjunkturkrisen beherrschbarer machen würden. Und das ist auch eines der Ziele von Konjunkturpolitik.

Eigentlich müssten wir dankbar sein, dass es zu Beginn der Krise eine europäische Währungsunion gab. Aber wie wenig dieses Potenzial genutzt wurde, habe ich schon an anderer Stelle beschrieben. Was lehrt uns das für die Zukunft? Eines ist wohl klar: Der holprige Koordinationsprozess muss in Zeiten der Krise glatter vonstatten gehen. Das würde die Effektivität der nationalen Konjunkturprogramme deutlich erhöhe. Aber das dürfen bei Weitem nicht alle Veränderungen sein.

Die erste notwendige Veränderung betrifft die Geldpolitik. Sie muss sich von der orthodoxen Sichtweise verabschieden, dass sie primär für die Preisstabilität zuständig ist und die konjunkturelle Lage nicht in ihr Ressort fällt. Tatsächlich hat die EZB während der Krise durch ihre Zinspolitik, durch die üppige Bereitstellung von Liquidität und durch die Aufkäufe von Staatspapieren massiv Konjunkturpolitik betrieben. Sie hat den Finanzsektor stabilisiert und Unternehmen sowie privaten Haushalten eine günstige Kreditaufnahme ermöglicht.

All das stand nicht im Widerspruch zum Ziel der Preisstabilität, da die Deflationsgefahren einfach zu groß waren und die EZB handeln *musste*. In Zukunft sollte die generelle Zielsetzung der EZB darin bestehen, die Geldpolitik so auszurichten, dass ein stabiler Wachstums- und Beschäftigungspfad eingehalten wird – immer unter der Maßgabe, dass die Preisstabilität nicht gefährdet wird. Damit wäre ganz offiziell klar, dass auch die EZB eine konjunkturpolitische Verantwortung hat. Im Konfliktfall sollte die Preisstabilität für die Zentralbank Vorrang haben. Im Grunde ist diese Linie durch die geltenden Verträge bereits abgedeckt. Würde man das Ganze aber auch aktiv nach außen kommunizieren, dann könnte sich die EZB nicht mehr auf den Standpunkt zurückziehen, sie hätte keinerlei Verantwortung für die Konjunktur. Eine solche Aufgabenverteilung würde zudem die nationale Fiskalpolitik entlasten, die dann entsprechend weniger mit Blick auf die Konjunktur gestaltet werden könnte.

Es gibt noch wesentlich gravierendere Probleme auf europäischer

Ebene insbesondere im Euroraum zu lösen, wenn man die nächste Krise mit möglichst geringem Schaden überstehen will. Es stellt sich beispielsweise die Frage, wie man mit den Divergenzen zwischen den Mitgliedsländern umgehen will. Von zentraler Bedeutung sind dabei die außenwirtschaftlichen Bilanzen der Mitgliedsländer. An ihnen zeigt sich – zumindest auf Dauer –, ob es Verstöße gegen die Stabilität des gesamten Währungsraums gibt. Dieser Gedanke ist, obwohl einige Wissenschaftler schon seit Jahren darüber diskutieren, in der europäischen Wirtschaftspolitik erst seit Kurzem verankert. Erst die Krise um Griechenland und andere Länder hat zahlreiche Politiker aus ihrem Dornröschenschlaf geweckt. Bis dahin waren sie der Meinung, dass es innerhalb eines Währungsgebiets keine Leistungsbilanzkrisen geben könne, weil es ja keine Wechselkurse mehr gibt, deren Schwankungen für heftige Turbulenzen sorgen können.

Aber es gibt nach wie vor eine Leistungsbilanz zwischen den Mitgliedsstaaten. In dieser Leistungsbilanz taucht der Geldwert sämtlicher Transaktionen an Gütern und Dienstleistungen zwischen dem Mitgliedsland und dem Ausland auf. Ist die Leistungsbilanz eines Mitgliedslandes über einen längeren Zeitraum negativ, heißt das, dass die entsprechende Volkswirtschaft sich immer mehr im Ausland verschuldet, weil sie mehr Waren und Dienstleistungen importiert als exportiert. Kurzfristig ist dies kein Problem. Entweder ist genügend Vermögen im Ausland vorhanden oder die Verschuldung ist noch nicht sehr hoch oder man erwartet, dass künftiges Wachstum die Schuldenlast wieder abtragen hilft. Tritt eine der Lösungen ein, ist die Welt weiter in Ordnung. Bleiben die Defizite jedoch auf Dauer bestehen, wächst die Gefahr, dass eine Grenze erreicht wird, ab der die Finanzmärkte die Solvenz dieser Volkswirtschaft infrage stellen.

Wo es Defizite gibt, da müssen auch Überschüsse sein. Diese entstehen in Volkswirtschaften, die mehr exportieren, als sie importieren; sie häufen also Vermögen im Ausland an. Das klingt positiv und ist es auf kurze Sicht auch. Auf längere Sicht entsteht für diese Länder jedoch gleichfalls ein Problem. Denn: Wenn die Welt in dauerhafte Schuldner und dauerhafte Gläubiger zerfällt, und die

Schuldner werden irgendwann als nicht mehr solvent angesehen, dann ist es das Vermögen der Gläubiger, das auf dem Spiel steht. Ist der Schuldner insolvent, liegt der Schaden auch bei den Gläubigern. Er ist dann besonders groß und besonders ärgerlich, wenn das Vermögen durch binnenwirtschaftlichen Verzicht erwirtschaftet wurde – zum Beispiel in Form einer zurückhaltenden Lohnentwicklung. Die Beschäftigten des Gläubigerlandes haben in diesem Fall auf mögliche Einkommenszuwächse verzichtet, um auf den Auslandsmärkten erfolgreich zu sein. Tritt der Insolvenzfall ein, war dieser Verzicht umsonst.

Das ist die Geschichte Deutschlands im vergangenen Jahrzehnt – und ich kann sie keine Erfolgsgeschichte nennen. Die Welt, nicht zuletzt deren europäischer Teil, ist tatsächlich in dauerhafte Gläubiger und Schuldner zerfallen – mit den bekannten Ergebnissen. Es ist auch die Geschichte der außenwirtschaftlichen Ungleichgewichte aus der Perspektive des Euroraums. Während es für den Handel mit den Ländern außerhalb des Euroraums den Wechselkurs als Anpassungsinstrument gibt und ohnehin eine relativ ausgeglichene Leistungsbilanz besteht, existiert für den Handel innerhalb des Euroraums nichts Vergleichbares.

Die Hoffnung, dass sich innerhalb des Währungsraums Ungleichgewichte von alleine wieder korrigieren – dass also in den Defizitländern Löhne und Preise schwächer steigen als in den Überschussländern und sie dadurch ihre Wettbewerbsnachteile ausgleichen können – hat sich nicht erfüllt. Diese Anpassung konnte nicht oder nur viel zu langsam geschehen, weil der Zinsmechanismus und die Irrationalität der Märkte dem entgegenwirkten. Der Zinsmechanismus hat eine ganz bestimmte Wirkung: Bei etwa gleichen Nominalzinsen sind die Realzinsen, die sich unter Berücksichtigung der Inflationsrate ergeben, ausgerechnet in jenen Ländern niedriger, die hohe Inflationsraten aufweisen. Das verbilligt dort die Finanzierung von Investitionen im Vergleich zu Ländern mit niedriger Inflationsrate. Man konnte also erwarten, dass die Investitionen in Defizitländern besonders hoch und in Überschussländern eher niedrig sein würden. Und genauso war es.

Das erzeugt aus Sicht der einzelnen Länder ein Stabilitätsproblem. Vor diesem Hintergrund musste die Binnennachfrage in Ländern mit ohnehin schon hoher Inflationsrate beschleunigt steigen und die Inflation weiter anheizen, während die Binnennachfrage in den Ländern mit niedriger Inflationsrate eher gedrückt blieb. Aber aus gesamteuropäischer Sicht schien dies kein Problem zu sein, da ja die Inflationsrate insgesamt mit dem Ziel der Preisstabilität vereinbar war.

Es wäre auf Dauer auch kein Problem entstanden, wenn man die Investitionen in den Defizitländern dazu genutzt hätte, ihre Wettbewerbsfähigkeit zu steigern. Auf diese Weise hätten sie längerfristig ihre Defizitsituation überwinden können. Aber hier kommt nun die Irrationalität der Märkte ins Spiel, über die man oft nur den Kopf schütteln kann. Stattdessen wurde nämlich in Spanien und Irland in immer spekulativere Immobilienprojekte investiert – in Irland spekulierte man zudem mittels Krediten auf den Finanzmärkten – in Griechenland nutzte der Staat die billigen Kredite, um seine Ausgaben zu finanzieren. Im Grunde machte jeder, was er wollte, ohne Rücksicht auf die europäische Stabilität.

All das wurde in den Verträgen zur Europäischen Währungsunion nicht als Problem angesehen. Die viel beschworene Stabilität des Währungsraums wurde allein als gesamteuropäische Preisstabilität verstanden, die – und das steht in Einklang mit der staatskritischen ökonomischen Orthodoxie – höchstens durch zu hohe Staatsschulden gefährdet werden könnte. Diese viel zu enge Sichtweise hat sich als fatal erwiesen und im Gefolge der Krise der Finanzmärkte die Krise des Euroraums mitverschuldet. Man muss sich das einmal klar machen: Es waren, beispielsweise in Irland und Spanien, nicht nur Staatsschulden, die die Stabilität gefährdeten. Die öffentlichen Haushalte dieser Länder gaben ja keinen Anlass zur Beanstandung. Es ging auch um private Schulden. In Irland sind es vor allem Bankschulden. Es gibt eben nicht nur eine gesamtwirtschaftliche Irrationalität des politischen Prozesses, sondern auch eine der Märkte.

Um solche Krisen in Zukunft zu vermeiden, sind grundlegende institutionelle Reformen im Euroraum notwendig. Das erfordert eine grundsätzliche Entscheidung, für die es zwei Alternativen gibt. Entweder man strebt eine gleichsam nationalstaatliche Lösung auf der Ebene des Euroraums an. Dann ginge man wechselseitige Transferverpflichtungen ein, die dazu führten, dass die Länder mit Leistungsbilanzdefiziten Transfers von jenen mit Überschüssen erhielten. Ein Beispiel für einen solchen Prozess, der unterschiedlich organisiert werden kann, ist der Länderfinanzausgleich in Deutschland. In diesem spiegelt sich die wechselseitige Verpflichtung wider, sich in einem Bundesstaat zu unterstützen. Eine solche Lösung erscheint mir aus heutiger Sicht für Europa als eine ferne Utopie. Für viele Regierungen und Einwohner ist sie nicht einmal das. Derzeit dominieren nationale Reflexe nicht nur den Boulevard, sondern auch die Politik. Eine bundesstaatliche Lösung kann jedenfalls nicht kurzfristig realisiert werden. Aber angesichts der ewig nervös lauernden Finanzmärkte braucht der Euroraum kurzfristig einen neuen institutionellen Rahmen, um Vertrauen und Stabilität zu erzeugen.

Also bleibt nur die Alternative, unter souveränen Nationalstaaten Regeln zu vereinbaren. Diese achten – im Idealfall – einerseits genau diese Souveränität, sichern aber andererseits die wirtschaftliche Stabilität des Euroraums. Dass eine solche Konstruktion konfliktträchtig ist, liegt auf der Hand. Ich denke in diesem Zusammenhang auch mit Sorge an die Vorliebe der meisten Ökonomen für mechanische Regeln, die nicht gerade hilfreich sein dürfte. Das hat die Vergangenheit des Stabilitäts- und Wachstumspakts deutlich gezeigt. Mechanik hilft auch nicht, eine in sich chaotische Ökonomie zu bändigen. Der Gleichgewichtsgedanke, der in den mechanischen Regeln immer wieder aufscheint, setzt ein Wissen um Wachstumspotenziale und strukturelle Haushaltsdefizite voraus, das es in Wahrheit überhaupt nicht gibt. Wenn Aussagen über vermeintlich feststehende Strukturgrößen aber beständig revidiert werden müssen, wird natürlich mit der Zeit die Glaubwürdigkeit des gesamten Konzepts untergraben. Damit gehen genau die Vorteile verloren, die man sich von diesen Regeln erhofft hatte: Einfachheit und Glaubwürdigkeit.

In Zukunft sollten daher weniger mechanische Regeln gelten. Es sollten auch keine ohnehin schwer einzutreibenden Strafen verhängt werden. Ich stelle mir stattdessen positive Anreize vor, die gesetzt werden, damit die einzelnen Länder sich aus eigenem Interesse stabilitätsgerecht verhalten. Man muss bei der Leistungsbilanz ansetzen. Darin zeigt sich, ob sich ein Problem entwickelt. Konkret heißt das: Die Leistungsbilanzen müssen ständig aus europäischer Sicht überwacht werden. In Zukunft muss sowohl die Staatsverschuldung als auch die private Verschuldung im Blickfeld der Aufseher stehen. Man muss sich mit den Ursachen beschäftigen und genau beobachten, ob die Inflationsrate in der betreffenden Volkswirtschaft dem Ziel der Preisstabilität entspricht. Ist die Inflationsrate zu hoch, wie es in Spanien und Griechenland über Jahre hinweg der Fall war, sollte die EU-Kommission Vorschläge erarbeiten, wie durch eine restriktive Finanzpolitik oder Regulierungs- beziehungsweise Deregulierungsmaßnahmen gegengesteuert werden könnte. Diese Maßnahmen sollten dazu führen, dass die Lohnabschlüsse niedriger ausfallen.

Das Gleiche gilt mit gegensätzlichem Vorzeichen für Staaten, deren Leistungsbilanz ständig und möglicherweise wachsende Überschüsse aufweist. Hier müsste die Finanzpolitik tendenziell expansiver sein und die Lohnabschlüsse sollten höher ausfallen. All das können jedoch immer nur Ratschläge, aber keine Verpflichtungen gegenüber souveränen Nationalstaaten sein. Die EU-Kommission sollte aber Jahr für Jahr festhalten, ob die Staaten sich an diese Ratschläge halten oder nicht.

Falls die Antwort Nein ist, wäre im Übrigen kein europäischer Zusammenbruch zu befürchten. Mithilfe der EZB, die alle Staatspapiere aufkaufen kann, und mit einem europäischen Rettungsschirm können alle Attacken der Finanzmärkte ad infinitum abgewehrt werden. Allerdings wäre man auf diese Weise genau bei jener Transferunion angelangt, die man ja eigentlich vermeiden wollte. Darüber hinaus stellt sich die Frage, wie lange die Bürger bereit wären, über Steuermittel einen Rettungsschirm für Staaten und Gläubiger zu finanzieren, die permanent gegen die Stabilitätsprinzipien verstoßen und die Risiken auf die Steuerzahler abwälzen – und die sich selbst an den hohen Renditen schadlos halten.

Es gibt aber noch einen anderen Weg. Sollten die Leistungsbilanzungleichgewichte erneut eine Krise auslösen, verwirken in Zukunft genau die Staaten den Anspruch auf europäische Hilfe, die sich nicht an die Ratschläge der EU-Kommission gehalten haben. Für sie gibt es keinen Rettungsschirm, und die EZB dürfte auch nicht oder nur mit hohen Abschlägen ihre Staatspapiere aufkaufen.

Stattdessen sollte es für diese Länder, falls sie unter diesen Voraussetzungen ihre Schulden nicht mehr bedienen können, ein geregeltes Insolvenzverfahren geben. Dieses beteiligt dann auch die Gläubiger an den Kosten der Krise. Die Gläubiger wissen bereits dank der Beurteilung der EU-Kommission im Voraus, ob ein Anspruch auf Unterstützung besteht oder nicht. Entsprechend wird sich der Verstoß gegen die Ratschläge schon früher in Zinsaufschlägen für Staatsanleihen bemerkbar machen und damit einen handfesten finanziellen Anreiz liefern, sich brav an die Ratschläge zu halten. Das Gleiche gilt auch für die Überschussstaaten. Für sie ist der Druck zwar geringer, da sie sich nicht unmittelbar in eine Verschuldungssituation hinein bewegen, aber ihre Staatsanleihen verlieren gleichfalls an Attraktivität, wenn keine europäische Garantie mehr besteht. Zugleich sollten im Fall einer Krise sämtliche EU-Transfers an notorische Überschussländer gestoppt werden. Das erhöht die potenziellen Kosten. Sie wären von einer europäischen Krise ohnehin hart betroffen, da vor allem ihr Auslandskapital entwertet wird.

Mit einem solchen institutionellen Rahmen ließe sich die europäische Währungsunion wetterfester machen. Dieser Schutz könnte so lange halten, bis die Umstände für weitere politische Fortschritte bei der europäischen Integration wieder günstiger werden. Vielleicht muss erst eine neue Generation von Politikern und Ökonomen heranwachsen, die in der Lage und willens ist, die derzeit vorherrschenden nationalen Reflexe zu überwinden. Von den künftigen Ökonomen erhoffe ich mir ein gesamtwirtschaftliches Denken in den Grenzen der europäischen Währungsunion. Nicht mehr und nicht weniger.

Aus Krisen lernen

Das Wort »Krise« stammt aus dem Altgriechischen und bedeutet Meinung, Beurteilung oder Entscheidung. Und diese Begriffe sind bis auf den heutigen Tag Elemente einer Krise. In einer Krise muss man sich eine Meinung über die Lage bilden, sie beurteilen und schließlich Entscheidungen treffen. In der Medizin ist die Krise zusätzlich mit einem Wendepunkt im Befinden verbunden. Entweder es geht dann immer weiter bergab oder der Patient gesundet.

Aus der Sicht des Ökonomen sind alle diese Elemente von Belang, und sie waren es vor allem während der Hochphase der Krise. In dieser Krise wurde eine Illusion brutal zerstört. Die Ökonomen und mit ihnen viele Politiker hatten von der Überlegenheit unregulierter Märkte geträumt und ihre Theorien darauf gebaut. Sie glaubten, dass die Deregulierung der Märkte der Schlüssel zu mehr Wachstum und Beschäftigung sei. Die Wirklichkeit raubte ihnen diese Illusion. Damit steht die gesamte wirtschaftspolitische Strategie des vergangenen Jahrzehnts in Deutschland zur Disposition.

Das Pendel schlägt nun zurück, wie schon nach der Großen Depression in den 1930er Jahren. Mit dem erschütterten Vertrauen in die Selbstregulierungs- und Heilungskräfte der Märkte tritt staatliches Handeln wieder in den Vordergrund. Anders als während der Depression geht es aber nicht mehr um eine Debatte »Staats- versus Marktwirtschaft«. Dieser Streit ist längst und zu Recht zu Ungunsten des Staats entschieden. Wir müssen uns vielmehr fragen, ob und inwieweit eine moderne Marktwirtschaft staatliche Stabilisierung und Regulierung braucht. Der Staat hat viele Jahren wirtschaftpolitischer Demutshaltung gegenüber dem Markt hinter sich, in denen seine hauptsächlichen wirtschaftspolitischen Aktivitäten aus Steuersenkungen, Um- und Abbau des Sozialsystems, Deregulierung und konjunkturpolitischer Enthaltsamkeit bestanden. Er muss nun eine neue, aktivere Rolle finden. Der Markt ist in sich instabil und braucht ständig einen festen Rahmen, an dem sich die Akteure orientieren können, Manchmal ist auch ein aktives Eingreifen der Wirtschaftspolitik nötig, um überschäumende Euphorien zu bremsen und tiefschwarze Depressionen aufzuhellen. Es ist schon schlimm, aber: Diese Erkenntnis ist an einer ganzen Generation von Ökonomen und Wirtschaftspolitikern vorbeigegangen. Einige wenige haben ihre Sichtweise im Laufe der Krise geändert. Doch viele, allzu viele sind in die Denkweise der Vorkrisenzeit zurückgefallen. Auch an sie richtet sich dieses Buch.

Es stehen aber, jenseits dieser grundsätzlichen Überlegungen, noch andere Punkte auf der wirtschaftspolitischen Agenda. Viele Aufräumarbeiten nach der Krise liegen noch vor uns und die Prävention gegen die nächste Krise ist eine zentrale Aufgabe. Die Kosten der Krise sind bei Weitem noch nicht bezahlt. Es wird wohl ein harter Kampf darum ausbrechen, wer die Rechnung zu begleichen hat. Die Bundesregierung aus CDU/CSU und FDP vertritt die Meinung, dass die Kosten gleichmäßig (ausgewogen) verteilt werden sollen. Das ist nicht nur aus Gerechtigkeitsgründen problematisch, sondern auch ordnungspolitisch nicht zu rechtfertigen.

Es ist ungerecht, weil sich durch die Krise die Chancen auf Arbeit und Einkommen eben jener Menschen verschlechtert haben, die schon vor der Krise arbeitslos waren oder die lediglich niedrige Einkommen erzielten. Das war nicht ihre Schuld. Und nun werden sie dafür auch noch bestraft. Es ist auch ordnungspolitisch falsch, weil die Verursacher der Krise im Finanzsektor für ihre Verfehlungen nicht mehr Verantwortung übernehmen müssen als der Rest der Bevölkerung. Das erzeugt völlig falsche Anreize. Man kann als

Normalbürger durchaus den Eindruck bekommen, dass ein solches (unakzeptables) Verhalten letztlich von der Gesellschaft einfach so akzeptiert werden muss. Aber dem ist nicht so.

Auch im Hinblick auf die notwendigen Präventionsmaßnahmen gibt es noch viel zu tun. Die Regulierung des Finanzsektors kommt nur schrittweise voran und fällt häufig sehr sanft aus; man möchte die vermeintlichen Wachstumschancen des Finanzsektors ja nicht gefährden! Noch immer treibt der mehr oder minder dezente Hinweis auf die Arbeitsplätze am jeweiligen Finanzplatz London, New York oder Frankfurt Politikern den Angstschweiß auf die Stirn. Dabei geht es nicht darum, die Wachstumschancen des Finanzsektors an sich zu begrenzen, wohl aber die Risiken, die er eingeht und für die die Gesellschaft – also wir – am Ende einstehen muss. Eine zweite Finanzkrise innerhalb kurzer Zeit wäre schließlich kaum noch bezahlbar und für uns alle ein Alptraum. Einem Wachstum, das ohne diese Risiken auskommt, steht selbstverständlich nichts im Wege; allerdings werden die Renditen nicht zuletzt wegen der fehlenden Risiken deutlich niedriger sein. Das ist der Grund, warum die Finanzmanager sich Sorgen machen.

Es gibt etwas, um das ich mir noch viel mehr Sorgen mache. Es geht um die Überwindung der weltwirtschaftlichen Ungleichgewichte, eine Sache, die nur zögerlich vorangeht. Zwar haben sie sich in den meisten Fällen von ihren Höchstständen etwas zurückgebildet. Skeptisch stimmt jedoch, dass insbesondere die Überschussländer offensichtlich ihre Vorkrisenstrategien fortzusetzen gedenken. Das gilt vor allem für China und Deutschland und auch für Japan.

China verteidigt ohne Rücksicht auf globale Verluste seinen Wechselkurs gegen jede weltwirtschaftliche Vernunft. Neben der unverkennbaren Absicht, weiterhin über Außenhandelsüberschüsse Wachstum zu erzeugen, spielen mittlerweile auch Vermögensargumente eine Rolle. Chinas Auslandsvermögen besteht größtenteils aus US-amerikanischen Anleihen. Mit einer Abwertung des US-Dollars gegenüber dem Renminbi würde dieses Vermögen gleichfalls abgewertet. Das will man offenbar vermeiden, und dafür nimmt China in Kauf, dass die globalen Ungleichgewichte fortbestehen – mit dem Risiko weiterer weltwirtschaftlicher Verwerfungen.

In Deutschland sieht es nicht besser aus. Dort wird von der Bundesregierung eine asymmetrische Anpassung allein der Defizitländer gefordert, um die Ungleichgewichte zu überwinden. Das dürfte zumindest innerhalb des Euroraums nicht ausreichen, solange die Löhne in Deutschland nicht stärker steigen als vor allem in den Defizitländern und sich die Inflationsrate in Deutschland nicht ebenfalls – von unten – an das Inflationsziel der EZB anpasst. So wird man keine Verminderung der Ungleichgewichte erreichen. Und genau das ist wahrscheinlich so gewollt, um nicht eine vermeintliche Wachstumsquelle zu schließen. In dieser Frage wird die Bundesregierung aber zunehmend unter internationalen Druck geraten. Der Internationale Währungsfonds, die OECD und vor allem die EU-Kommission fordern bereits seit Längerem eine Anpassungsleistung auch von Deutschland. So kam es bereits zu ersten, jedoch unverbindlichen Akzentverschiebungen, wenn beispielsweise höhere Lohnsteigerungen von der Bundesregierung positiv kommentiert wurden.

Am wenigsten ist bisher jedoch geschehen, um die Ungleichheit von Einkommen und Vermögen in Deutschland zu mindern. Warum ist das so? Es gibt zwar, vor allem in den USA, durchaus ökonomische Debatten über die Rolle der Ungleichheit im Zuge der Krise. Wirtschaftspolitische Konzepte, deren Ziel es ist, diese Ungleichheiten zu vermindern, werden bis heute jedoch kaum diskutiert, geschweige denn umgesetzt. Das ist vor allem hierzulande so, wo das dramatische Auseinanderklaffen der Einkommen und dessen gesellschaftliche Folgen bisher nur in sozialwissenschaftlichen Kreisen mit der nötigen Tiefe diskutiert werden. Die Ökonomie verharrt weitgehend in ihrer traditionellen Haltung. Sie ignoriert die Verteilungsfragen schlicht und einfach und nimmt die gleichzeitig stattfindende Umverteilung zugunsten der Kapitaleinkommen und der höheren Einkommen wohlwollend zur Kenntnis, da sie ja vermeintlich die Beschäftigung erhöht. Mit anderen Worten: Die fette Beute des Reichtums wird in Ökonomenkreisen in der Regel als wohlverdient angesehen. Diese verquere Sichtweise ist eine der intellektuellen Quellen der Krise. Sie aufzuarbeiten und zu überwinden wird eine der schwierigen Aufgaben der künftigen ökonomischen Wissenschaft sein.

Doch dabei darf es nicht bleiben. Auch die Wirtschaftspolitik muss sich endlich wieder der Verteilungsfrage widmen. Auf diese Aufgabe ist die gegenwärtige Garde der Wirtschaftspolitiker jedoch intellektuell nicht vorbereitet – war ihr doch über Jahre von den Ökonomen versichert worden, dass Verteilungsfragen hinter Wachstumsfragen zurückzustehen hätten, ja dass sie sogar das Wachstum belasteten. In diesem Kontext wurde Umverteilung immer nur als Umverteilung von hohen zu niedrigen Einkommen missverstanden. Dass Deutschland eine ganz andere Ära in der Entwicklung der Einkommen und Vermögen durchlaufen hat, ist in den meisten Köpfen noch nicht angekommen. Und dass mit einer so extremen Tendenz zur Umverteilung Wachstum behindert und Krisen erzeugt werden, hat erst recht keiner verstanden. Wir müssen daher die Umverteilungssysteme auf den Prüfstand stellen und sehen, ob sie den heutigen Anforderungen noch gewachsen sind. Das betrifft zunächst das Steuer- und das Sozialabgabensystem. Es geht aber noch um weit mehr. Es geht um ein adäquates Bildungssystem von der Kinderkrippe bis zur Universität. Es geht um eine tarifliche Lohnfindung, die sich mithilfe staatlicher Allgemeinverbindlichkeitserklärungen wieder um flächendeckende Tariflöhne bemüht. Es geht um einen gesetzlichen Mindestlohn. Es geht um eine Regulierung des Arbeitsmarktes, die keine Schlupflöcher mehr für Lohndumping bietet.

Es geht bei alledem darum, unsere Volkswirtschaft systemisch wieder auf einen festen Boden zu bringen. Dazu gehört, dass wirtschaftspolitische Rahmenbedingungen gesetzt werden. Sie müssen dabei jenen fundamentalen Unsicherheiten Rechnung tragen, die den marktwirtschaftlichen Systemen zwangsläufig innewohnen. Mein bescheidener Beitrag zu diesem Prozess sind die hier vorgeschlagenen Regulierungen. Ich weiß schon, was die Mainstream-Ökonomen dazu sagen werden. Sie werden sagen, diese Regulierungen behindern die Flexibilität. In Wirklichkeit aber dienen sie dazu, Erwartungen zu stabilisieren und auf einer sicheren Basis allen eine Chance zu geben, ein Leben in halbwegs gesicherten Verhältnissen zu leben; vielleicht sogar einen zumindest bescheidenen Wohlstand zu erreichen. Nur mit einem solch umfassenden Ansatz lässt sich die Ära der Umverteilung überwinden.

Das alles wird aber nur funktionieren, wenn die Wirtschaft einigermaßen kräftig wächst. Ansonsten werden die Löhne unter dem Druck hoher Arbeitslosenzahlen und der Debatte um überhöhte Ansprüche der Arbeitnehmer weiterhin nur schwach steigen. Dann würde sich der Beutezug des Reichtums fortsetzen – mit allen Konsequenzen. Es gehört zu den wichtigsten Aufgaben der Wirtschaftspolitik, die Wirtschaft nach der Krise auf einen stabilen Wachstumspfad zu führen. Erst dann besteht die Chance, die Früchte des Wirtschaftens allen zukommen zu lassen, die Beutezüge des Reichtums und die berechtigte Empörung darüber zu beenden.

Anmerkungen

1 Siehe auch Robert Skidelsky: *Die Rückkehr des Meisters*, Kunstmann, München 2010.

2 Siehe Skidelsky 2010, a. a. O.

3 Für einen Überblick über die verschiedenen Strömungen des Neukeynesianismus siehe Mankiw, N. Gregory/Romer, David (Hrsg.): *New Keynesian Economics*, Cambridge, MA, MIT Press 1991.

4 Siehe hierzu Galí, Jordi: *Monetary Policy, Inflation and the Business Cycle. An Introduction to the New Keynesian Framework*, Princeton University Press, Princeton 2008.

5 Siehe Robert Solow: »Preface«, in: The Russell Sage Foundation (Hrsg.): *Case Studies in Job Quality in Advanced Economies*, New York 2008.

6 *DIE ZEIT*: ZEIT-Umfrage. »Deutschland rückt nach links«, 33/2007, und *DIE ZEIT*: »Was will das Volk?«, 39/2005.

7 Siehe zum Beispiel Sachverständigenrat zur Begutachtung der gesamtwirtschaftlichen Entwicklung: *Die Chance nutzen – Reformen mutig vorantreiben*, Jahresgutachten 2005/2006, Ziffer 153 ff.

8 Sachverständigenrat zur Begutachtung der gesamtwirtschaftlichen Entwicklung: *Widerstreitende Interessen – ungenutzte Chancen*, Jahresgutachten 2006/2007, Ziffer 487 ff.

9 Siehe Horn, G., Logeay, C. und Zwiener, R.: »Wer profitierte vom Aufschwung?«, *IMK Report* 27, 2008. Download: http://www.boeckler.de/pdf/p_imk_report_27_2008.pdf

10 Ebd.

11 Siehe Horn, Gustav: »Structural Reforms and Macroeconomic Policy«, in:

Andrew Watt und Ronald Janssen: *Delivering the Lisbon Goals. The Role of Macroeconomic Policy*, Brüssel 2006.

12 Siehe Hans-Werner Sinn: Ist *Deutschland noch zu retten?* Econ, München 2003.

13 Horn, Gustav, Camille Logeay, Diego Stapff: »Viel Lärm um Nichts?«, *IMK Report* 20, Düsseldorf 2007.

14 Sachverständigenrat zur Begutachtung der gesamtwirtschaftlichen Entwicklung: *Die Finanzkrise meistern – Wachstumskräfte stärken*, Jahresgutachten 2008/09, Wiesbaden.

15 Logeay, C./Zwiener, R.: »Deutliche Realeinkommensverluste für Arbeitnehmer: Die neue Dimension eines Aufschwungs«, *WSI-Mitteilungen*, 8/2008, S. 415–422

16 Sachverständigenrat zur Begutachtung der gesamtwirtschaftlichen Entwicklung 2008/2009, a. a. O.

17 Siehe Sturn, Simon, und Till van Treeck: »Arbeitsmarktreformen in Deutschland: Hohe soziale Kosten ohne gesamtwirtschaftlichen Nutzen«, in: *WSI-Mitteilungen* 11/2010, Düsseldorf, S. 592–600.

18 Siehe zum Beispiel Sachverständigenrat zur Begutachtung der gesamtwirtschaftlichen Entwicklung: Zwanzig Punkte für Beschäftigung und Wachstum, Jahresgutachten 2002/2003.

19 John Rawls: *Eine Theorie der Gerechtigkeit*, Suhrkamp, Frankfurt a. M. 1975.

20 Truger, Achim, und Dieter Teichmann: »IMK-Steuerschätzung 2010–2014«, *IMK Report* 49, Düsseldorf, Mai 2010.

21 Siehe hierzu auch Horn et. al.: »Von der Finanzkrise zur Weltwirtschaftskrise (III). Die Rolle der Ungleichheit«, in: *IMK Report* 41, Düsseldorf 2009, sowie Frick, J./Grabka, M. M.: »Niedrigere Arbeitslosigkeit sorgt für weniger Armutsrisiko und Ungleichheit«, *DIW Wochenbericht* 38/2008, S. 556–566.

22 »The Globalization of Labor«, in: *World Economic Outlook*, International Monetary Fund, Washington, DC, 2007; EU-Kommission: »The Labour Income Share within European Union, Employment in Europe«, Brüssel 2007, S. 237–272.

23 Für einen Überblick siehe Horn et al. 2009, a. a. O.

24 Siehe Frick, J./Grabka, M. M.: »Schrumpfende Mittelschicht – Anzeichen einer dauerhaften Polarisierung der Verfügbaren Einkommen?«, *DIW Wochenbericht* 10/2008.

25 Schupp, J. : »Mittelschicht immer unzufriedener mit ihren Einkommen«, *DIW Wochenbericht* 31/2008.

26 J. Goebel, M. Gornig, H. Häußermann: »Polarisierung der Einkommen: Die Mittelschicht verliert«, *DIW Wochenbericht* 24/2010.

27 Dieses Konzept wurde von John Muth entwickelt. Siehe Muth, John: »Rational Expectations and the Theory of Price Movments«, *Econometrica*, Vol. 39, 1961, S. 315–334.

28 Siehe Skidelsky 2010, a. a. O.

29 Siehe Andrew Smithers: *Wall Street Revalued*, Wiley, Chichester 2009.

30 Siehe Ulrike Stein: »Zur Entwicklung der Sparquoten der privaten Haushalte – eine Auswertung des SOEP«, *IMK Working Paper* 10 /2009.

31 Siehe Thomas Nipperdey: *Deutsche Geschichte 1866–1918, Band 2: Machtstaat vor der Demokratie*, Beck, München, 3. Aufl. 1995.

32 Siehe hierzu auch Skidelsky 2010, a. a. O.

33 Siehe hierzu auch Hans-Werner Sinn: *Kasinokapitalismus: Wie es zur Finanzkrise kam und was jetzt zu tun ist*; Econ, Berlin 2009.

34 Siehe Jean-Paul Fitoussi und Joseph Stiglitz: *The Ways Out of the Crisis and the Building of a More Cohesive World*, Shadow GN, Chairs Summary 2009.

35 Siehe Horn, Gustav, Heike Joebges, Rudolf Zwiener: »Von der Finanzkrise zur Weltwirtschaftskrise (II): Globale Ungleichgewichte: Ursachen und Auswege«, *IMK Report* 40, Düsseldorf 2009.

36 De Grauwe, P.: *Keynes' Savings Paradox, Fisher's Debt Deflation and the Banking Crisis.* Siehe: http://www.econ.kuleuven.be/ew/academic/intecon/Degrauwe/PDG-papers/Work_in_progress_Presentations/Flow-Stock%20Deflations.pdf

37 Ähnlich äußerte sich Stefan Homburg im Streitgespräch mit Bert Rürup. Siehe »Sind alle verrückt geworden?«, in: *Der Spiegel*, Heft 5/2009.

38 Siehe Sachverständigenrat zur Begutachtung der gesamtwirtschaftlichen Entwicklung: *Das Erreichte nicht verspielen*, Jahresgutachten 2007/2008, Ziffer 136 ff. und Ziffer 151 ff.

39 Siehe Sachverständigenrat zur Begutachtung der gesamtwirtschaftlichen Entwicklung 2008/2009, a. a. O., Ziffer 300.

40 Projektgruppe Gemeinschaftsdiagnose: »Deutschland am Rande einer Rezession«, Gemeinschaftsdiagnose Herbst 2008, *IMK Report* 32, Düsseldorf, Oktober 2008, S. 78.

41 Projektgruppe Gemeinschaftsdiagnose: »Im Sog der Weltrezession«, Ge-

meinschaftsdiagnose Frühjahr 2009,: *IMK Report* 37, Düsseldorf, April 2009, S. 78.

42 Projektgruppe Gemeinschaftsdiagnose: »Erholung setzt sich fort – Risiken bleiben«, Gemeinschaftsdiagnose Frühjahr 2010, *IMK Report* 47, Düsseldorf, April 2010, S. 78.

43 Siehe ECB: *Financial Stability Review*, December 2008.

44 Siehe Mario Müller: »Der doppelte Steinbrück«, *Mitbestimmung* 12 /2008, S. 66.

45 Siehe Douglas Elmendorf und Jason Furman: »If, When, How: A Primer on Fiscal Stimulus«, The Hamilton Project, Strategy Paper, January 2008, Revised Version.

46 Siehe Romer, Christina, und Jared Bernstein, »The Job Impact of the American Recovery and Reinvestment Plan«, Download: http://otrans.3cdn. net/ee40602f9a7d8172b8_0zm6bt50i.pdf, Washington, 8. Januar 2009, und Heileman, Ullrich, Stefan Wappler, Georg Quaas, Hagen Findeis: »Qual der Wahl? Finanzpolitik zwischen Konsolidierung und Konjunkturstimulierung«, *Wirtschaftsdienst*, Heft 9/2008.

47 Cogan, John, Tobias Cwik, John B. Taylor und Volker Wieland: »New Keynesian versus Old Keynesian Government Spending Multipliers«, CEPR Discussion Paper 7236, March 2009.

48 Zu den Zahlenangaben für die Konjunkturpakete siehe Gemeinschaftsdiagnose der Forschungsinstitute Frühjahr 2009, Tabelle 3.11, a. a. O.

49 Siehe Institut für Makroökonomik und Konjunkturforschung (IMK): »Wirtschaftspolitik belebt Konjunktur«, *IMK Report* 45, Düsseldorf 2009, S. 10.

50 Siehe Herzog-Stein, Alexander, Fabian Lindner, Simon Sturn, Till van Treeck: »Vom Krisenherd zum Wunderwerk? Der deutsche Arbeitsmarkt im Wandel«, *IMK Report* 56, Düsseldorf 2010.

51 Siehe Horn, Gustav A., Torsten Niechoj, Achim Turger, Silke Tober und Till van Treek: »Reform des Stabilitäts- und Wachstumspakts: nicht nur öffentliche, auch private Verschuldung zählt«, *IMK Report* 51, Düsseldorf 2010.

52 Zur Chronologie der Krise um griechische Anleihen siehe: Joebges, Heike, und Torsten Niechoj: »Rettungsmaßnahmen im Euroraum – Kurzfristig sinnvoll, aber nicht ausreichend«, *IMK Report* 52, Düsseldorf 2010.

53 Siehe hierzu auch Skidelsky 2010, a. a. O.

54 Ein markantes Beispiel hierfür zeigt sich in dem Kommentar von Thomas Straubhaar auf *SPIEGEL online* vom 2.09.2010: »Amerikas europäische Krankheit«, Download: http://www.spiegel.de/wirtschaft/soziales/0,1518,714521,00.html

55 Siehe Skidelsky 2010, a. a. O.

56 Siehe Dünhaupt, Petra, Eckehard Hein, Till van Treeck: »Finanzsystem und wirtschaftliche Entwicklung: Tendenzen in den USA und Deutschland aus makroökonomischer Perspektive«, *IMK Studies* Nr. 5, Düsseldorf 2007.

57 Siehe Horn, Gustav, und Katja Rietzler: »Forcierte Angebotspolitik löst keinen zusätzlichen Investitionsschub aus«, *IMK Report* 24, Düsseldorf, November 2007.

58 Akerlof, George: *The Missing Motivation in Macroeconomics*, Presidential Address for the American Economic Association, download: http://www.aeaweb.org/annual_mtg_papers/2007/0106_1640_0101.pdf

59 Schulmeister, Stephan: »Eine generelle Finanztransaktionssteuer«, *WIFO Working Papers* 352, Wien 2009.

60 Siehe Blumtritt, Marcus, Kai Eicker-Wolf und Achim Truger: »Auswirkungen der (Wieder) Einführung einer Vermögensteuer auf die hessischen Landesfinanzen«, *IMK Studies* 7, Düsseldorf 2007.

61 Siehe Sachverständigenrat zur Begutachtung der gesamtwirtschaftlichen Entwicklung 2006/2007, a. a. O., Ziffer 536 ff.

62 Siehe Stephan, Sabine, und Leonhard Redle: »Going East«, *IMK Report* 54, Düsseldorf 2010.

63 Siehe Blum, Ulrich, Buscher, Herbert S., Gabrisch, Hubert, Günther, Jutta, Heimpold, Gerhard, Lang, Cornelia, Ludwig, Udo, Rosenfeld, Martin T. W., Schneider, Lutz: *Ostdeutschlands Transformation seit 1990 im Spiegel wirtschaftlicher und sozialer Indikatoren*, 2., akt. u. verbess. Aufl., Halle (Saale) 2010.

64 Horn, Gustav A. / Hohlfeld, Peter / Truger, Achim / Zwiener, Rudolf: »Höheres Tempo erforderlich. Zu den Wirkungen des Konjunkturpakets II«, *IMK Policy Brief*, Düsseldorf 2009.

Register

Gordon Brown
Was folgt
Wie wir weltweit
neues Wachstum schaffen

2011. 352 Seiten, gebunden
ISBN 978-3-593-39453-4

E-Book:
ISBN 978-3-593-41041-8

Das große Werk zur Zukunft der Weltwirtschaft

Als Schatzkanzler Großbritanniens sorgte Gordon Brown für die längste Wachstumsperiode in der gesamten Geschichte des Landes. Während des Höhepunkts der Finanzkrise war er britischer Premierminister. Lange vor allen anderen europäischen Regierungschefs erkannte er die globale Dimension der Krise. Seine erfolgreichen Rettungsmaßnahmen waren international wegweisend. In seinem Buch zeigt er, wie es ihm gelang, sein Land durch die Turbulenzen zu steuern. Doch Brown warnt: International ist die Krise noch nicht ausgestanden. Basierend auf seiner großen wirtschaftspolitischen Erfahrung entwirft er einen fundierten Plan, mit dem es uns gelingen wird, weltweit neues Wachstum zu schaffen.

Mehr Informationen unter
www.campus.de

Frankfurt · New York